东华理工大学地质资源经济与管理研究中心、东华理工大学
济研究中心、江西省资源与环境战略软科学研究基地联合资

U0610531

中国区域能源效率与
节能政策研究

王玲玲 ◎ 著

ZHONGGUO QUYU NENGYUAN XIAOLV YU
JIENENG ZHENGCE YANJIU

经济管理出版社
ECONOMY & MANAGEMENT PUBLISHING HOUSE

图书在版编目（CIP）数据

中国区域能源效率与节能政策研究/王玲玲著．—北京：经济管理出版社，
（2023.8重印）

ISBN 978-7-5096-9096-3

Ⅰ.①中⋯　Ⅱ.①王⋯　Ⅲ.①能源效率—研究—中国 ②节能政策—研究—中国
Ⅳ.①F206 ②F426.2-012

中国国家版本馆 CIP 数据核字（2023）第 112890 号

组稿编辑：丁慧敏
责任编辑：丁慧敏
责任印制：黄章平
责任校对：张晓燕

出版发行：经济管理出版社
　　　　　（北京市海淀区北蜂窝 8 号中雅大厦 A 座 11 层　100038）
网　　址：www.E-mp.com.cn
电　　话：（010）51915602
印　　刷：北京厚诚则铭印刷科技有限公司
经　　销：新华书店
开　　本：720mm×1000mm/16
印　　张：14.5
字　　数：260 千字
版　　次：2023 年 6 月第 1 版　　2023 年 8 月第 2 次印刷
书　　号：ISBN 978-7-5096-9096-3
定　　价：98.00 元

参与研究的工作人员

马 杰 李会娟 安昕婧

前　言

随着我国工业化进程的不断推进，能源资源过度开发、粗放利用的情况日益严重。要改变传统"高消耗、高排放"的生产消费模式，把生产加工等经济活动控制在资源和环境能够承受的范围内，就必须加强对生态文明建设的重视，坚持保护环境的基本国策，节约资源，提高能源资源利用效率，推动经济低碳转型发展。我国作为世界最大的发展中国家，正处于工业化和城镇化的深化发展阶段，能源需求持续增长，生态环境保护任务艰巨。进一步强化节能意识，采取行动提高能效，对于从根本上破解资源环境约束、推动生态文明建设、实现社会高质量发展具有重要意义。近年来，我国能源产业快速发展，为经济发展注入了不竭动力，但长期以来"富煤、贫油、少气"的现实情况导致能源消费结构呈现出"以化石能源为主"的特点，造成了生态环境破坏和能源资源瓶颈等诸多问题。在此情况下，如何既保障能源安全，又可以满足经济社会发展所必须经历的能源结构变革与产业结构转型的要求，促进经济、社会和环境的协调可持续发展，是我国能源发展领域面临的重大挑战。虽然我国能源效率在不断提升，"脱碳"效果也比较明显，但从数据上看，仍有较大的提升空间，能源效率仍然不够高。与发达国家相比，我国能源效率处于较低水平，存在一定的差距。低能效是导致环境问题严峻的重要原因之一。因此，节约能源、提高能源效率是推动能源低碳转型、实现经济高质量发展的必由之路。

本书采用文献和理论研究、比较分析、定性分析与定量分析相结合、规范研究与实证研究相结合的方法，将"能源效率"作为研究对象，对我国区域能源效率和节能潜力进行评价，并对能源效率的影响因素进行定量化实证分析，借鉴国外先进经验探索符合我国国情的节能措施，并提出提升能源效率的建议。本书分为9章，第1章为绪论，主要介绍本书的研究背景、研究目的和意义、研究内容、研究方法与技术路线以及本书可能的创新点。第2章为概念界定、理论基础与研究评述，首先介绍了能源效率和节能的内涵；其次对相关理论和研究方法进行了概述；最后从能源效率测度研究、能源效率空间关联性研究、能源效率影响因素研究以及相关政策实施的研究这四个层面介绍了国内外研究的现状。第3章对我国区域能源消费现状进行分析，首先对我国近几年能源消费现状进行比较；其次分区域对能源消费现状展开进一步的分析。第4章为我国区域能源效率及节能潜力评价研究，首先剖析了我国能源效率和节能潜力评价的现状；其次通过构建评价指标体系，采用SBM模型与GML指数法对各省份及各区域的能源效率进行评价，并对节能潜力展开分析，得出目前我国区域能源效率相对较低、节能潜力较大的结论。第5章为我国与其他国家能源效率比较研究，首先将我国能源消费现状与其他国家进行比较；其次对能源经济效率和技术效率与其他国家展开对比分析；再次进一步从经济增长和能源增长的角度展开分析；最后根据中外能源效率对比结果找出存在差距的原因。第6章为我国区域能源效率主要影响因素实证分析，首先对影响能源效率的主要因素进行概述；其次通过构建Tobit模型进行实证分析；最后对实证结果进行讨论并分整体和地区得出结论。第7章为提升能源效率与节能政策借鉴，首先整理国外典型国家提升能源效率的经验；其次梳理国外多个国家建立节能政策体系的经验；最后归纳整理从中得到的启示。第8章为我国区域能源效率提升对策建议，从重视技术进步、推进能源价格变革、推动地区间协调发展和交流合作、政府宏观调控以及强化能源治理能力和体系建设等角度提出对策。第9章为研究结论与展望，总结本书所做的工作，并提出未来研究方向。

本书从理论和实证的角度进行研究，试图丰富能源效率和节能潜力评价研究，为提升我国区域能源效率、促进节能减排发展提供理论指导和操作建议。

目　录

1 绪论

1.1 研究背景

能源是国民经济的基础动力。中华人民共和国成立以来特别是改革开放以来，我国经济飞速发展，这离不开能源产业的支撑。纵观这一路的发展历程，我国能源产业发生了沧桑巨变，从百废待兴到蒸蒸日上，称得上是来之不易的胜利。中华人民共和国成立之初，煤炭在能源消费中占比极高，约占全国能源消费总量的90%以上[①]。1949年，全国原油产量非常少，只有12万吨[②]，供应严重不足，石油消费主要依靠进口。1958年2月，在中国石油勘探史上具有重大转折意义的大庆油田被发现。随后，胜利油田等的陆续发现，使我国的石油储备大大增加，开采量登上新台阶。以石油工业为代表的中国能源事业的发展，取得了举世瞩目的辉煌成就。但经济飞速增长的同时，却未完全改变"高消耗、高排放、低产出"的粗放型发展模式和"能源效率低、环境污染严重"的局面。由于能源结构以高碳的化石能源为主，化石能源燃烧不仅使得二氧化碳等温室气体的排放迅猛增长，造成严重的气候变化问题；同时也是颗粒物、二氧化硫、氮氧化物等当下大气污染物的主要来源，污染排放量大，为资源和环境带来了巨大的压力。此外，由于自然资源不可再生，能源供应短缺的问题越来越明显，且石油和天然气等能源的外部依赖性越来越大，能源安全受到严重威胁。

我国能源发展面临着诸多问题。一是"富煤贫油"导致碳强度高，能源利用效率仍需提升。2020年，我国一次能源消费中化石能源占比84.3%，而美国为81.7%，欧洲和日本分别为71.2%和87.0%[③]，可见化石能源依旧是各国消费

---

①② 数据来源：国家能源局，http：//www.nea.gov.cn/2022-01/07/c_1310413762.htm。

③ 数据来源：通过《BP世界能源统计年鉴（2021年版）》计算得出。

主力，各国之间的差异并不大。但是对比化石能源的消费结构不难发现，我国的煤炭消费占一次能源消费的比重为 67.1%，对应地，美国为 12.8%，欧洲和日本分别为 17.1% 和 30.8%[①]。相比较而言，欧美与日本等发达经济体的石油与天然气消费占据了一次能源消费的主要位置。煤炭在我国一次能源消费中的比重远超其他国家。我国煤炭的消费主力在电热行业，而煤炭的碳排放强度远高于油气能源。根据国家统计局数据，2019 年我国煤炭消费中占比最大的是电力、热力、燃气及水生产和供应业，占比高达 50.6%；其次是石油、煤炭及其他燃料加工业，占 13.4%；黑色金属冶炼和压延加工业占 7.0%，非金属矿物制品业占 5.6%，煤炭开采和洗选业与化学原料和化学制品制造业皆占 5.5%。上述六个行业的煤炭消费占到了煤炭总消费的 87.6%[②]。对比欧美、日本的电力来源，可明显发现我国的电力供应主要是煤电，而美国、欧盟和日本的电力供应中使用了大量的天然气与核能。2020 年，我国能源消费弹性系数为 0.96，2019 年为 0.55[③]，增幅较大，但仍低于 1.0，说明我国能源消费的增速低于我国国民经济的增长幅度。目前，我国仍处于工业化发展进程中，能源消费总量还将继续增加，进一步提升能源利用效率极为迫切。

二是碳排放总量大，碳排放强度高。从碳排放的贡献度来看，英国石油公司（BP）的统计数据显示，2020 年中国碳排放量高达 98.99 亿吨，约占全球总量的 30.7%[④]，位列全球之首；从碳排放强度来看，2020 年中国创造的 GDP 占全球比例约为 17.4%[⑤]，但是一次能源消费却仅为全世界的 26.1% 左右，碳排放达到了 30.7%[⑥]，显然，碳排放强度比较高，目前，我国在碳达峰和碳中和方面存在较大压力。2020 年，全球能源相关的碳排放量约为 322.8 亿吨[⑦]，其中来自中国、美国、欧洲的碳排放量合计约占全球的 55.6%。我国的碳排放量约占全球的 30.7%，是全球最大的碳排放国。2020 年，中国的碳排放量分别是法国、英国、日本、美国的 39.4 倍、31.0 倍、9.6 倍、2.2 倍[⑧]。因此，我国要实现 2030 年碳排放达峰、2060 年碳中和目标，不仅需要提高整体产业的减碳水平，还需进行产业结构调整，在高耗能产业中做好减排和提高能效工作。

三是能源安全形势依然严峻。我国石油对外依存度已从 2000 年的 43.3% 升至 2020 年的 93.7%；2020 年，天然气对外依存度达到了 41.8%[⑨]，是世界最大

---

① ④ ⑥ ⑧ ⑨　数据来源：通过《BP 世界能源统计年鉴（2021 年版）》计算得出。

② ⑤　数据来源：通过《中国统计年鉴（2021）》计算得出。

③　数据来源：《中国统计年鉴（2021）》。

⑦　数据来源：《BP 世界能源统计年鉴（2021 年版）》。

的天然气进口国。随着全球地缘政治局势变化、国际能源需求增加、资源市场争夺加剧，我国能源安全形势依然严峻。我国目前还尚未完成工业化与城镇化，人均 GDP 才刚刚迈过 1 万美元①的门槛，与发达国家相比还有很大差距，经济社会发展的很多领域对高碳产品依然有很大的需求。而发达国家早已完成工业化和城镇化，进入后工业化阶段，发展对于碳排放的依赖度较低。当前，我们既要解决社会发展不充分的问题，还要兼顾"双碳目标"，无疑增加了实现经济社会目标的难度系数。如何统筹协调社会经济发展目标与"双碳目标"，难度较大。这种以工业财富大规模生产和消费为特征的发展模式，高度依赖化石能源和物质资源的投入，必然会产生大量碳排放以及资源的消耗，导致全球气候变化和发展不可持续。能源危机、环境污染及气候变化问题已经是引起全球广泛关注并持续升温的重大热点问题。推动能源革命、推进节能降耗与低碳减排，是保障一国能源安全、应对气候变暖的重要途径。

在此背景下，为应对气候变化、环境风险挑战、资源环境约束等日益严峻的问题，党的十八大提出了"五位一体"总体布局，将生态文明建设放在突出地位，中国的能源发展也进入新时代。习近平总书记强调实现碳达峰、碳中和是一场意义深远的变革，要纳入生态文明建设的整体布局，力争实现 2030 年前碳达峰、2060 年前碳中和的目标。2021 年 9 月 22 日，中共中央、国务院印发了《关于完整准确全面贯彻新发展理念做好碳达峰碳中和工作的意见》，彰显了我国毫不动摇走绿色低碳发展道路的坚定决心和信心。习近平总书记高度重视能源安全，在出席二十国集团领导人第十六次峰会时强调，中国将"持续推进能源、产业结构转型升级，推动绿色低碳技术研发应用，支持有条件的地方、行业、企业率先达峰，为全球应对气候变化、推动能源转型的努力作出积极贡献"。目前，我们正在向全面建成社会主义现代化强国的第二个百年奋斗目标迈进。习近平总书记强调，"新时代新阶段的发展必须贯彻新发展理念，必须是高质量发展"。推动经济高质量发展是"十四五"时期经济社会发展的主题。"绿水青山就是金山银山"，实现"双碳目标"是以习近平同志为核心的党中央统筹国内国际两个大局作出的重大战略决策，也是解决资源环境约束问题、实现绿色可持续发展的必然选择。

实现碳达峰、碳中和是一个意义深远的重大转变，绝不是可以轻易实现的。我国承诺实现"双碳目标"的时间比发达国家更短，这意味着作为世界上最大的发展中国家，我国将用世界历史上最短的时间完成全球最高碳排放强度降幅。

---

① 数据来源：《中国统计年鉴（2021）》。

这毫无疑问需要我们付出千倍百倍的努力，必须深入贯彻习近平生态文明思想，全面准确地贯彻新发展理念，推动经济高质量发展，确保碳峰值和碳中和顺利融入社会发展，以能源绿色低碳发展为抓手，坚定不移走生态优先、绿色低碳的发展道路，确保如期实现碳达峰和碳中和。能源行业规模大、影响范围广，产生的碳排放占全国碳排放总量的比重较高，关系着物质文明和生态文明建设。实现经济社会发展全面绿色转型，必须跨越能源转型变革这个关口。从能源安全的角度看，能源结构将面临巨大变革，短期内需要承受转型与变革的双重挑战，但从长远看，碳达峰、碳中和是保障我国能源安全的战略选择，提高能源效率，降低碳排放，实现能源领域深度"脱碳"，才能保障能源安全。

1.2 研究目的

本书将能源作为研究对象，对我国区域能源效率和节能潜力进行定量化实证分析，并进一步研究能源效率的主要影响因素，提出有利于能源效率提升的对策建议。其主要目的在于：试图从理论和实证的角度进行研究，丰富能源效率测度方法和节能潜力评价方法，为我国区域能源效率提升提供理论指导和操作建议。具体体现在以下三个方面：

（1）丰富能源效率的测度与影响因素、节能政策实施等方面的相关研究，为研究我国区域能源效率、分析能源效率的主要影响因素、评价节能潜力提供了分析思路和依据。

（2）在理论研究和规范性实证研究的基础上，对我国区域能源消费现状、能源效率及节能潜力评价现状、与其他国家能源效率的比较等进行全面而客观的判断、分析。

（3）在理论研究的基础上，根据我国区域能源效率和节能潜力评价结果，并结合对影响能源效率主要因素的实证分析结果，从优化路径的角度出发，借鉴他国提升能源效率及节能政策的经验，针对相关问题提出解决对策，从技术进步、能源价格改革、地区间技术交流、宏观调控及投资增速等方面，为我国区域能源效率提升和节能政策优化提出一套有效的政策性建议。

1.3 研究意义

全球气候变暖在科学上的确定性增强，使控制温室气体排放、减缓气候变暖等问题变得日益迫切。自工业化开始以来，煤炭和石油等化石燃料被广泛使用，这也导致了大量二氧化碳被排放到大气中，造成温室效应，进而使得全球气候变暖。众多科学理论和模拟实验也在验证温室效应理论的正确性，更多研究证据表明人类活动是全球气候变暖和极端天气事件的主要原因，全球平均气温上升的速率明显提升。在过去一个世纪里，我国地表温度上升速度明显加快，其中，北方地区从冬季到春季有明显的变暖趋势，极端天气事件发生的频率也越来越高，如极端降水明显增加。日益严峻的气候变化对人类的生产生活产生了巨大影响。首先，全球变暖导致冰川与冻土消融，水质被影响，破坏了水资源系统的正常循环。其次，气候变化对农业产生了负面影响，扰乱了作物产量和质量，大大增加了生产成本。最后，洪水、干旱和森林火灾等极端天气事件也对人类的正常生产生活产生了严重影响，造成了难以想象的损失和伤亡。总而言之，气候变化正在威胁着人类社会的稳定性，对可持续发展产生了明显的阻碍，必须采取行动减少温室气体排放。

中国正处于工业化的后期阶段，并逐渐走向后工业化阶段，处于具有实现"双碳目标"底气的大好时期。全球气候治理关乎发展问题，而碳排放权关乎一国的发展权。长期以来，全球气候治理事务由欧洲后工业化国家引领和推进，由其主导的减排方案也势必基于本国后工业化阶段的基本国情。至于中国，在现阶段提出"双碳目标"，也与本国的基本国情紧密相关。近年来，可持续发展理念贯穿政策，政府极其重视生态文明建设。2021年3月15日，习近平总书记在中央财经会议上提出，将"双碳目标"纳入生态文明的总体布局，足见政治定位之高、决心之大。碳达峰、碳中和意味着我国经济社会未来的发展将会逐渐与碳"脱钩"，促使能源革命与经济发展结构得到新一轮升级，提高发展的质量，这与我们的绿色发展理念相契合。党的十九大提出了"两个一百年"奋斗目标，从时间节点来看，"双碳目标"与"两个一百年"奋斗目标相吻合。因此，测度我国区域能源效率、进行节能潜力评价对经济低碳转型、实现可持续发展有着重要意义。

1.4 研究内容

本书共分为以下 9 章:

第 1 章为绪论。主要介绍本书的研究背景、研究目的与研究意义、研究内容、研究方法和技术路线以及本书可能的创新点。

第 2 章为概念界定、理论基础与研究评述。本章主要介绍了能源的相关概念和理论;能源效率内涵和节能内涵;能源效率评价理论、政策执行模式理论及政策工具理论。对能源效率研究方法进行概述:数据包络(DEA)分析模型、Malmquist-Luenberger 指数分解、GML 指数法、共同前沿 DEA 方法、截断 Bootstrap 模型、VAR 模型及社会网络分析理论。评述了国内外关于能源效率的测度及空间关联性研究现状,并对能源效率影响因素及节能政策实施效率的研究现状进行评述,进而提出我国应积极借鉴发达国家的先进经验,提升能源效率,优化节能政策。

第 3 章为我国区域能源消费现状。本章首先从整体能源消费总量及构成、分品种能源消费情况两个方面剖析了我国 2010~2020 年能源消费现状,其次对京津冀地区、长三角地区、珠三角地区、老工业基地、中部地区、能源富集地区、西南地区的能源消费现状进行分析。整体来看,虽然我国能源消费总量持续上升,但煤炭消费比重持续下跌,天然气和一次电力等清洁能源消费比重持续上升,可见我国能源消费结构正在持续优化。

第 4 章为我国区域能源效率及节能潜力评价研究。本章首先对我国区域能源效率及节能潜力评价现状进行梳理总结,进而通过构建能源效率测算模型和评价指标体系,基于 SBM 模型并分为是否有碳排放约束对我国区域全要素能源效率进行静态测度分析;通过 GML 指数法对区域能源效率进行动态比较研究,分析变化趋势及变化原因等。其次通过构建测算模型对各省份的节能潜力进行测算,并根据测算结果分析地区节能潜力。通过定量分析较为准确地评价我国区域能源效率及节能潜力水平,剖析能源效率及节能发展中存在的问题。

第 5 章为我国与其他国家能源效率比较研究。本章主要是对中外能源效率进行比较研究。从能源消费总量和人均能耗量两方面对能源消费现状进行比较分析;从单位 GDP 能耗和单位产品能耗两个方面对能源经济效率进行比较分析;

对能源技术效率和节能潜力进行比较分析；从经济增长和能源增长角度展开进一步分析；并对中外能源效率的比较结果进行总结，找出存在差距的原因。

第6章为我国区域能源效率主要影响因素实证分析。本章首先基于能源发展现状，从能源消费结构、产业结构、科学技术水平、固定投资水平、政府影响力和城镇化率等方面对影响能源效率的主要因素进行分析。其次通过构建 Tobit 模型，定量研究了各因素对能源效率的影响效果，并得出结论。

第7章为提升能源效率及节能政策借鉴。本章首先从提升能源效率方面对国外典型国家的能源提升措施进行分析：主要包括美国、德国和俄罗斯。其次从建立节能政策体系方面对国外典型国家或地区的政策进行研究：主要包括美国、日本、德国和丹麦。最后从这些国家的经验中得出我们可以借鉴的地方，探索出一套符合我国具体国情的方案。

第8章为我国区域能源效率提升对策建议。针对我国区域能源效率存在的主要问题提出相关解决对策，先从技术进步角度出发，针对相关问题提出具体的解决对策；然后从促进能源比价关系协调发展、能源价格市场化及创新能源定价机制三个方面提出推进能源价格改革的措施；接着提出了推动地区之间节能减排技术的交流合作、政府部门合理进行宏观调控以及强化能源治理能力和体系建设等对策。

第9章为研究结论与展望。本章总结本书研究结论，并提出了未来的研究方向。

1.5 研究方法

本书对我国区域能源效率及节能政策进行研究。对能源的理论基础进行总结，并对国内外研究现状进行系统评价。通过构建模型定量测度我国区域能源效率和节能潜力，并根据测度结果展开评价，分析影响能源效率的主要因素，探索提升我国区域能源效率和节能政策优化路径与措施。具体研究方法如下：

（1）文献和理论研究方法。通过阅读大量国内外关于能源效率与节能的权威专家和机构的最新论文与书籍，并对其研究方法及结果进行比较分析，从中得出关于我国区域能源效率及节能潜力评价的研究思路与方法。在理论方面，运用经济学、统计学和能源领域的相关基础理论知识分析了我国区域能源效率及节能潜力的评价现状，研究了我国区域能源效率的主要影响因素，提出了提升我国区域能源效率的建议和措施。

（2）比较分析法。首先是横向对比，借鉴发达国家在能源效率和节能政策方面的经验教训，分析了我国与这些国家在效率提升及政策体系方面存在的差距，提出了切合我国实际的能源效率提升与节能政策优化方案。其次是纵向对比，对我国区域能源效率及节能政策的发展历程进行对比，总结发展趋势和特征，对影响我国区域能源效率的主要因素进行分析，并针对分析结果给出提升我国能源效率的对策。最后是将实际问题与理论进行比较，遵循理论原理和路径，以理论为指导，解决我国区域能源效率提升所面临的实际问题。

（3）定性分析与定量分析相结合的方法。本书通过构建能源效率评价指标体系和 DEA-SBM 模型，定量评价了我国区域能源效率和节能潜力，确定了影响能源效率提升的重要因素，并指出了提升能源效率的必要性及重要意义；通过构建实证模型对影响能源效率的主要因素进行分析。同时，本书运用了定性分析法，如指标体系中的具体指标是根据定性理论选择的。

（4）规范研究与实证研究相结合的方法。规范研究与实证研究一直被广泛应用于经济问题的研究中。规范研究通过解释现象来分析现象的事实和原因，其重点在于对现象进行客观、准确的描述，即解决"是什么"和"为什么"这两个问题。而实证研究是对一项活动的客观评价，侧重于该活动或行为的价值判断，即回答"应该是什么"的问题。本书关于国内外能源效率与节能政策的分析及从中得到的启示属于规范研究的范畴，而我国区域能源效率及节能潜力评价的定量分析则属于实证研究的范畴。

1.6 可能的创新点

一是将是否含有碳排放的静态能源效率测度与动态能源效率评价、能源效率的影响因素等放在同一分析框架中，更全面地对我国 2000～2020 年 30 个省份的能源效率进行测度分析，探究各因素对能源效率的影响作用，对比能源发展的特点和不同之处，使得对各省份及三大区域的全要素能源效率分析更加全面细致。

二是进行了时间和空间两种维度分析。从时间上分析了 2000～2020 年各省份与三大区域及全国的能源发展特点，从空间上分析了全国 30 个省份的能源空间分布，纵横对比了当前各省份能源发展的特点及存在的差异和问题。既能从整体上分析共性问题，又能从局部掌握各省份的特有问题，在一定程度上丰富了现有研究。

1.7　技术路线

本书的技术路线如图 1-1 所示。

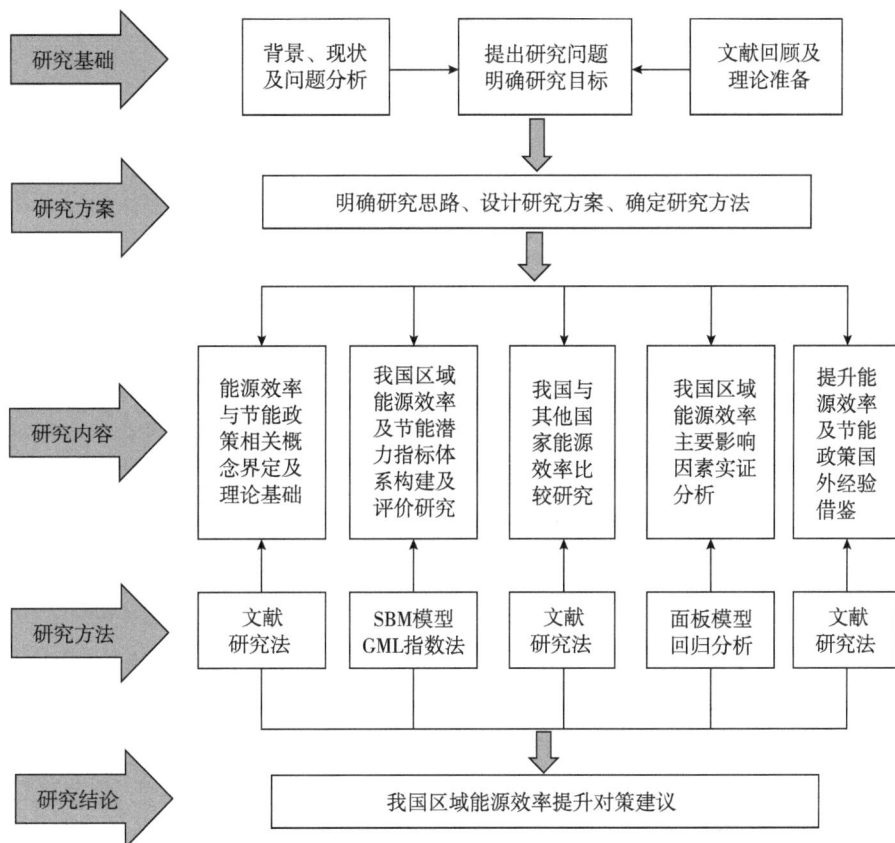

图 1-1　本书的技术路线图

2 概念界定、理论基础与研究评述

2.1 相关概念界定

2.1.1 能源效率内涵

在不同年代、不同领域背景下，能源效率的内涵在人们的概念认知里是不完全相同的。最早 Sioshansi（1986）将能源效率用热力学指标表示，具体可以用生产中的投入与输出的热量比来表示。Patterson（1996）在此基础上将物理热力、经济热力和纯经济能效指标这些定量指标加入能源效率的范畴。他认为保证服务质量不变或产出总量不变的条件下消耗更少的能源就是能源效率。Bosseboeuf 等（1997）认为能源效率可以分为降低非期望产出的同时投入较少的能源来实现更高的经济产出的经济效率以及通过社会技术革新和技术效率的提升而使得能源效率降低的技术经济效益。廖华和魏一鸣（2011）等把投入部分能源而使得经济和生态有一定的正向发展作为能源效率的定义。魏楚和沈满洪（2007）则认为能源效率应该是在能源投入固定不变的前提下实现产出最大化。随着对非期望产出的关注，王晓岭和武春友（2015）提出能源效率的本质是以尽可能少的能源投入获得最大的经济产出和最小的非经济产出。

从国外已有的大量学术资料研究报告来看，能源效率指数的统计度量法一般应依据实际生产经营过程中的各类能源要素投入和产出的顺序进行，根据统计度量时各生产环节要素数的变化程度可再分为单要素能源效率和全要素能源效率两种。单要素能源效率指标仅是依据单个能源生产的要素投入和能源有效的产出计算出来以测算单一生产要素过程中的能源效率，这种计算方式存在偏差和局限，不能反映出劳动和资本等其他要素对经济产出的影响，因此受到很多学者的质疑。全要素能源效率的投入指标不仅包含了能源，还包含了劳动和资本等其他资源。全要素能源效率更加符合客观事实，也使测算结果更加科学和准确。Hu 和 Wang（2006）提出的全要素能源效率这一概念，是将多种不同的要素作为投入量的同时，还要考虑要素与要素之间的相互作用，属于一个综合性指标。

杨红亮和史丹（2008）等分别从我国单要素能源效率情况和各省份全社会要素能源效率水平来对我国 30 个省份进行横向对比分析，发现使用全要素能源效率更加符合中国实际情况。Mukherjee（2008）首次使用了 DEA 模型来对美国全产业要素能源效率差异进行加权衡量，并第一次将其数据应用到了 6 年之后的美国、印度各个州制造业的能源效率综合计算表中，对其综合计算所得结果再次进行了统计分析。Honma 和 Hu（2009）对日本 47 个县 10 年间的能源效率变化进行了全要素能源生产效率变化指数分析。方建春和夏雨昕（2021）首次系统运用了基于非期望产出函数的 SBM 模型方法来系统化定量测度在环境条件及其约束状态条件下进口时的全要素能源效率，并第一次采用门槛回归模型方法系统研究分析了多变量函数模型间存在的一种非线性关系，发现了在进口过程的多样性特征与社会要素能源效率特征之间还可能存在明显差异的双门槛效应，并系统地采用双门槛回归分析的理论方法进一步探讨我国进口多样性变量函数间存在的非线性关系，发现了进口资源多样性政策保护与国家提升国内能源效率政策实施之间还存在较大幅度的双门槛效应，政策实施的不可预见性在一定程度上也将进一步明显削弱国家进口的能源多样性政策保护对促进我国进口能源效率增长的直接或正向作用。陈菁泉等（2022）引入了动态 StoNED 模型，发现中国全要素能源效率大致呈先下降后上升的分布特征，八大综合经济区全要素能源效率呈现由沿海向内地逐渐降低的发展态势。可见，国内外学者已经开始广泛使用全要素能源效率进行学术研究。

综上，能源效率是指各种能源再利用体系中可发挥积极作用总量的比率与实际可消耗利用的各种能源量比率的对比。能源消费紧密围绕着人类的生存和发展，发展较好的地区能源效率利用率相对较高。全要素能源效率因为测算更客观获得了学者的广泛认可。

2.1.2 节能内涵

节能，就是通过采取措施尽可能逐步减少社会能源消耗量，生产或者研制开发出另外一些能与它们社会原来的有同样社会能源数量、同样的质量特点的新节能技术产品从而实现节能；而再生产或者生产则都是想方设法降低成本以代替原来社会中同样产品的相应数量上的这种社会能源消耗量，生产和制作开发出另外那些能够比减少的产品数量更多的能源量或可以使之数量几乎等同但同时质量却要比原来要好很多倍的产品。按照世界能源委员会在 1979 年首次提出的对各种资源利用节能改造工程实施的一项新工程定义：采取一种科学技术方法原理上基本稳定可行、经济技术政策上相对安全合理、环境友好型和全体社会成员基本上可以共同接受以及其他一切节能工程措施，来达到并提高我国各种环境能源资源系统的节能最大程度利用范围及综合效率。其中技术实践上的相对可行性就是指在保持中国现有国家经济科学技术水平与发展社会稳定生产的总体原则基础上考虑同时实现或采用实现该目标的一切必要措施。经济实践上的相对合理性就是指，对节能过程中投入的资源、金钱、时间等与最后得到的能源效率提升存在合理的比例，使得节能对象有投入的意愿。环境和社会可接受是指节能过程中要总体减少对环境的影响，满足环保的相关要求。同时节能过程要减少对于社会正常开展生产活动的影响，使得各方面都能接受。最后一切措施的目的是提高对能源资源消耗的利用水平，在保证同等质量的基础上生产相同产品消耗比以前更少的能源。

李倩（2022）认为，在当前能源结构优化以提质节能增效、加强企业节能降耗力度的背景下，需要进一步构建一种与区域经济社会发展规模相适应的区域覆盖更加全面、科学且合理、运作更为高效灵活的现代能源与消费循环优化组织结构，推进我国节能降耗减排工作格局的有效持续进行。吴鹏（2022）认为，缺乏针对综合能源服务的统一的技术标准体系是节能速度较慢的原因，应加强标准化的管理与设计，以达到节能的目标。孙方煜（2021）认为，在现阶段我国化石能源市场供应日益紧张复杂的宏观环境下，节能已经成为国家当前应对此问题的战略重任，虽然任务很艰巨，但这是加快实现经济长期可持续稳定发展的必由之路。付峰等（2012）认为，节能目标的实质内涵对于工业化发达国家和农业发展中国家来说有较为明显的区别，我国目前的总体节能水平问题完全可以定义为动态均衡节能，即尽量减少我国在城镇实现社会主义现代化发展整体过程中发生的集总能耗。郭祎（2012）认为，在现代物理学领域，节能原理是指不断地通过减少自身产生的能源的消耗，来尽可能地控制自身所带来的任何不必要物质损失的一种动态方式。

节能保障工作始终是我国今后实现全社会更快更好、可持续协调发展总道路中的一项关键性与长远性的支撑战略。它和发展经济优先保障战略，都是我国当代采取全面对外开放所表现出的重要的战略性基本经济国策。确切地讲，广义上的节能工程即节能降耗是指采取了除狭义层面之外所有的一切其他形式节能减排的措施方法，如能够大幅节约传统工业原材料资源及消耗，提高其能源产品质量、劳动及综合能源生产率，减少劳动资源人力费用等消耗，提高整个企业能源资产再利用价值及运行效率等。狭义或者通俗地讲，节能减排对象一般就是单指能够大量高效节约消耗的诸如煤炭、石油、电力、天然气等生产能源的单一能源。从我国整体自然资源节约率和石化能源整体效率提升的两个宏观角度来讲，节能减排的目的和人类社会要降低整体碳资源总量排放效率也是紧密地结合起来的。目前狭义节能实际工作还主要包括从社会各种能源资源中的资源勘探开发、运送和利用以及与社会供配方的热能转换利用过程的（电力、蒸汽、煤气等）再生产过程或再生产的加工（各种成品油、副产煤气为二次能源，直到用户消费过程中的各个环节，都有节能的具体工作去做）。

2.2 相关理论基础

2.2.1 能源效率评价理论

依托于能源效率的概念，考虑需要投入要素的数量，在评价能源效率时也分为单要素和全要素两种。

（1）单要素能源效率。单要素能源效率是指在只有一种要素作为投入指标的情况下期望产出要素与投入能源要素之比。在实际应用过程中，普遍用能源消费强度的倒数来表示单要素能源效率，一般是区域内人均生产总值与该区域消费总量的比值，计算公式用式（2.1）表示：

$$n = \frac{GDP}{E} \qquad\qquad 式（2.1）$$

式（2.1）中，n 表示能源效率，GDP 是一定区域内创造的价值，表示区域生产总值，E 表示生产过程中所消耗的能源总量，可以在一定程度上反映该地区能源消耗水平，进一步分析还可得到各能源消耗的构成及变化情况。通过文献之间的对比可得单要素能源效率主要有以下两方面的用途：一方面可以用来进行横向和纵向比较。其中横向比较是不同区域之间进行对比，发现不同区域之间的差距；纵向比较则是将同一个区域在不同时间段的变化进行对比，了解本区域在不同时间段的变化及发展趋势。另一方面可以用来进行影响因素分析。首先从理论角度分析出能源效率的影响因素，其次对分析得出的影响因素进一步量化处理，最后根据量化处理的数据来分析各影响因素对能源效率的影响作用。

（2）全要素能源效率。全要素能源效率指数是一个在全面考虑国民经济其他各种投入要素成本的理论基础上用来衡量能源的投入效益与其他经济总产出效率之间的比例关系，在对现实中的能源效率进行评价时，将多种生产要素作为投入指标的全要素能源效率评价指标更符合实际情况。其内涵是计算没有能源过剩前提下的隐含能源要素投入量与实际能源要素投入量的比值，其具体计算公式如下：

$$E(x) = \frac{P_N}{A_N} \qquad\qquad 式（2.2）$$

式（2.2）中，$E(x)$ 表示第 i 个区域的全要素能源效率，P_i 表示第 i 个区域的隐含能源投入量，A_i 表示第 i 个区域的实际能源投入量。当 $E_i = 0$ 时，表明 $P_i = 0$，第 i 个区域的能源投入属于全部浪费，需要节约能源；当 $E_i = 1$ 时，表明 $P_i = A_i$，则表明第 i 个区域的能源可以充分利用，能源效率处于较高水平，达到理想状态，能源浪费情况完全消失，不需要节约能源。一般情况下全要素能源效率的取值为 $0 \sim 1$。

上文可以让我们充分系统地了解到，单要素能源效率和全要素能源效率是可以用来简单评价全球整体能源效率优劣的两种相对主流的能源计量分析方法。这两种方法各有优势和不足，适用条件也有所不同，要在不同的条件下采用不同的计算方法。其中单要素能源效率是采用经济总量除以能源的投入量，这种方法一般用于对比不同经济体的能源效率，其优点在于简单易用，灵活性比较强，但同时也存在一定的缺点，比如没有考虑其他要素对于能源效率的影响作用，因此不能很好地反映技术效率的变化情况。相反，全要素能源效率就弥补了这个缺点，全要素能源效率是一种综合性的评价方法，它可以衡量不同生产要素之间的替代效率，因此具有全面客观的特点。这种方法可以综合反映能源效率的使用情况，适用的范围比较广泛，但是它对于样本数据的质量要求较高，当数据质量不佳时可能会得到非常差的计算结果。全要素能源效率产出指标大多选择国内生产总值，而投入指标大多选择劳动力、能源和资本投入等，全要素生产率理论可以根据不同的标准划分为不同的生产率。只有能源一种投入的情况下是单要素的生产率，在能源投入的基础上还有其他资源的投入，则是全要素的生产率。其中在单要素生产率的计算中，可以得到能源投入与能源产出之间的关联利用水平，但是单要素生产率仍存在一些不足，主要体现在它无法准确地表述全部生产要素的投入产出比，过于单一和片面。相比而言，全要素生产率指的是所有的投入要素给产出带来的增长率，能更全面地反映所有要素的变动情况，同时全要素生产率的测算也更接近实际情况，因为在实际生产中往往需要多种要素配合才能有效地开展生产，只用单一要素是无法完成生产过程的，而且投入要素间往往存在关联性和替代性，只考虑一种要素的情况往往是不符合实际的。

按照是否存在参数的情况可以将全要素生产率计算方法分为参数计算方法和非参数计算方法，按照是否进行量化处理还可分为定性分析与定量分析两类。其中索罗模型是最为经典的一种方法，能达到比较好的测算效果，它是最早利用的参数化定量计算方法，这种方式将全要素的生产率视为一个生产率减去劳动生产率和资本生产率得到的值，后来乔根森又提出了超越对数生产函数用来测算全要素生产率。随着全要素生产理论的发展，有学者将影响全要素生产率的因素进行剔除，从而提出了一种随机前沿生产函数（SFA）方法，SFA方法比传统的方法更接近实际情况。虽然可以利用函数来确定具体有关变量，但这种方法由于对具体函数的要求高，可能会导致测算的值存在较大偏差。在许多非参数方法理论中，比较有代表性的是应用运筹学的DEA模型，它是一种通过生产经营过程中的线性规划模型来直接测算与评价企业单元效率快慢的非参数方法。由于较好的测算效果，此类方法应用得非常广泛，其本质是利用数学模型的方式计算投入与产出之间的占比，同时可以不用设置具体的函数形式，并且能有效处理多投入、多产出情况下的效率问题，偏差较小，应用范围较广，因此本书运用DEA方法对能源效率进行测算。

2.2.2 政策执行模式理论

20世纪70年代才逐渐开始研究政策执行模式，其后也产生了许多流传较广的理论成果。政策与执行的理论由美国学者普雷斯特曼和韦达夫斯基发表在《执行：联邦的计划在奥克兰的落空》上，在西方的公共政策和研究理论方面引起前所未有的学术轰动，学者们的目光更多地聚焦到自上而下的政策执行上来。威尔达夫斯基和马琼中的《作为进化的政策执行》则重点研究了执行前的原政策与执行后的新政策，即如何通过具体执行人身份的转换问题而产生变动，体现了对政策执行的灵活思考，改变了原先程式化自上而下执行的理解。R.埃尔默尔的"向后式"执行分析理论把政策实施看成执政者为了达到一定目标而产生的行为。其后G.富兰克林与R.里普利将人民参与政策实施和人民与执政者进行协商增添进政策执行的内容中。该理论表达了执政者虽然在政策实施的过程中占据绝对的领导地位，但是执政者并非全能，因此需要在政策实施过程中引入当事人和其他公民来进行协商，重视协商对话对政策实施的重要性。无论是自上而下的还是自下而上的模式理论基础都是单向非互动的模式，未来发展的基本趋势是以双向互动为主的公共对话的模式。

通过对政策执行模式理论的研究，可以得到如下启示：节能政策实施过程中应当根据政策执行的模式而采取适当的对策，自上而下模式和自下而上模式的立足点也不同。政策实施的过程中要特别注意政策执行者的水平，执行过程中要加强与政策实施对象之间的协商沟通，必要时要根据实际情况对政策实施进行调整。

2.2.3　政策工具理论

政策工具是指政府治理并达到政策目标的手段与途径，政策工具的运用关系到政府能否达到既定目标，具有十分重要的作用，因此政策工具理论被广泛关注并应用。政策工具理论发源于 20 世纪 80 年代的欧洲，以胡德的著作《政府工具》为早期代表作，引发了公共政策研究学界对于政策工具的关注。随后许多西方学者纷纷着手开展他们对政策相关问题的调查研究，以美国学者萨拉蒙为代表的美国新时期政策工具及研究方法理论，主要包含三个层次：一是工具理论；二是选择理论；三是运行理论。研究的主要内容是如何优化、创新和选择政策工具，以更好地实施政策。政策工具的主要目标是把施政者的政策理想切实实现在政策行为上，西方学者将政策工具细分为三个方面，分别是工具、技术、手段，将政策工具进一步延伸为政府用于优化内部流程机制的方法。卓越等在《政府工具新探》中提出政府工具的发展往往也体现政府自身的创新、优化、提升，代表着政府自身能力的加强。政府自身深化改革，创新政府工具，使得政府工具的发展与政府创新能力提升相辅相成。政策工具在金融、环境保护、经济发展等领域得到了广泛应用。

2.3　研究方法概述

2.3.1　数据包络（DEA）分析模型

数据包络分析法，简称 DEA，是指 Charnes 等在 1978 年创立的一组理论模型，可以详细分为下面两大类：不变的生产规模报酬法（CCR）和可变的规模报酬法（BCC）。在保持全部决策单元之间的相对投入相等或相对产出保持不变状态的前提下，将所有决策单元都映射到其可能形成的包络凸面即相对最有效的生产前沿面上，然后再根据所有有效决策单元与有效生产前沿面之间的平均距离关系来评估出两者之间的生产相对有效性。Charnes、Cooper 和 Rhodes（1978）等提出的 DEA 模型后来被很多人称为 CCR 模型。该模型是假设规模报酬保持不变，同时测算观察到各个决策单元之间存在的规模效率差异和技术效率。之后又在 Banker、Chames 和 Cooper（1984）等假定规模报酬可变这一情况下，又重新建立了一个模型，我们称之为 BCC 模型，使 DEA 模型中对效率的测算方式变得更精确，并且更符合真实情况。上述两个模型都可以基于投入角度或者基于产出角度来测算能源效率。投入角度是指企业在实现总产出既定目标的条件下努力寻求总投入的相对最小化，而产出角度意味着要在总投入既定目标的条件下尽力寻求产出的相对最大化。

DEA-CCR 模型的基本原理可利用图 2-1 解释。假设每个待评价决策单元均包含 2 个投入指标和 1 个产出指标，X_1 和 X_2 代表投入量，y 代表产出量。为更直观地比较单位产出的投入消耗，将 X_1/y 设为横坐标，将 X_2/y 设为纵坐标。在图 2-1 中，坐标系中的 $A \sim G$ 共 7 个点表示待测 DMU 单位产出的投入情况。其中四个点（A、B、C、D）的垂线与坐标轴围成的区域内不包含其他 DMU，表明这四点均位于有效生产前沿面上。这里的有效生产前沿面指的是将四点连接构成的曲线及其延长线。显然，这四点的 DMU 效率值为 1，被效率前沿包裹的其他DMU 的效率值介于 [0, 1]。

以点 G 为例，点 G（g_1, g_2）与原点的连线交效率前沿曲线于点 G'（g'_1, g'_2），则位于点 G 比位于点 G' 的 DMU 的单位产出消耗投入量分别多 $g_1 - g'_1$ 和 $g_2 - g'_2$。也就是说，点 G 比点 G' 多消耗的占比（即无效消耗）分别为（$g_1 - g'_1$）$/g_1$ 和（$g_2 - g'_2$）$/g_2$，有效消耗分别为 $1 - (g_1 - g'_1)/g_1 = g'_1/g_1$ 和 $1 - (g_2 - g'_2)/g_2 = g'_2/g_2$。根据几何定理，利用坐标内的线段表示点 G 的效率值为 OG'/OG，即点 G 的有效率表现部分为 OG'，无效率表现部分为 GG'。由此可以看出，DEA 测算的是相对效率值，即被评价决策单元相对于最佳决策单元的距离。

目前使用最广泛的能源效率的测度方法是数据包络分析（DEA）及随机前沿分析（SFA）。DEA 方法在实践中虽然会存在一些固有缺点，比如通常对某些异常值数据过于敏感，鲁棒性数据较差，考虑到影响因素并不太全面，但其实相比较于 SFA 方法，DEA 方法的优点却更为突出，随着越来越多学者对 DEA 计算方法应用的深入、系统研究，目前的 DEA 计算方法在实践中已经基本有了完全不同以往的方法类型的发展和延伸，甚至不需要再对数据本身进行无量化处理就能准确计算求出各种单位的投入产出指标，同时还意味着不需要事先对决策单元进行权重假设，评价结果更加客观。SBM 模型则很好地克服了传统 DEA 模型的不足，作为同时考虑投入产出量和松弛量的非径向、非角度的 DEA 延伸模型，显然其测算结果更为精准。

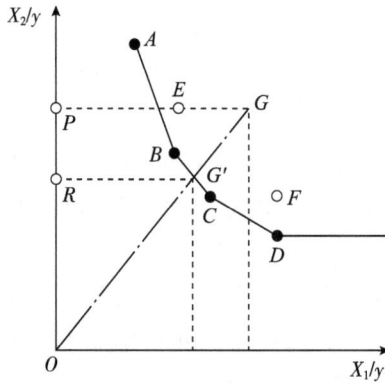

图 2-1 投入导向 CCR 模型的基本原理

Tone 提出了考虑非期望产出的 SBM 模型。其中，λ 是经过线性方程优化后得到的各个决策单元的权重系数，该系数可用于组成最有效生产前沿面，取值范围为 $[0, 1]$。s_i^-，s_r^g 和 s_r^b 分别代表决策单元的投入指标、期望产出和非期望产出的松弛量。松弛量表示待决策单元相对于最优生产前沿面可改进的量。s^-、s^g、s^b 为对应的向量，松弛量越小，表示可调整的变量的数量越少。当对某个决策单元的松弛量都取 0 时，$\rho = 1$，表示当前决策单元的位置正处于最好的生产前沿面上，是有效生产单元；当某个决策单元的松弛量不都取 0 时，表示该决策单元还有改进空间，是非有效生产单元。

定义矩阵为 X、Y^g、Y^b，分别为 $X = (x_{i,j}) \in R_{m \times n}$、$Y^g = (y_{ij}^g) \in R_{s_1 \times n}$、$Y^b = (y_{ij}^b) \in R_{s_2 \times n}$。根据各种实际要素的投入和产出，假设 $X>0$，$Y^g>0$，$Y^b>0$，生产可能性集合为 p，即 N 种实际要素的投入 X 所产生的期望与非期望产出的所有组合，可以这样被定义为：

$$p = \{ (x, y^g, y^b) \,|\, x \geq X\lambda, \ y^g \geq Y^g\lambda, \ y^b \geq Y^b\lambda, \ \lambda \geq 0 \} \qquad \text{式（2.3）}$$

加入非期望产出的 SBM-Undesirable 模型如下：

$$\rho^* = \min \frac{1 - \dfrac{1}{m}\displaystyle\sum_{i=1}^{m}\dfrac{s_i^-}{x_{i0}}}{1 + \dfrac{1}{S_1+S_2}\left(\displaystyle\sum_{r=1}^{s_1}\dfrac{s_r^g}{y_{r0}^g} + \displaystyle\sum_{r=1}^{s_2}\dfrac{s_r^b}{b_{r0}}\right)} \qquad \text{式（2.4）}$$

$$\text{s.t.} \begin{cases} X_0 = X\lambda + S^-; \quad y_0^g = Y^g\lambda + S^b \\ S^- \geqslant 0, \ S^g \geqslant 0, \ S^b \geqslant 0, \ \lambda \geqslant 0 \end{cases}$$

2.3.2 Malmquist-Luenberger 指数分解

20 世纪 50 年代，Malmquist 指数的雏形——"缩放因子"被瑞典经济学家 Malmquist 提出来，根据缩放因子比例判断消费数量指数。之后，Malmquist 指数逐步同 DEA 模型结合起来，被直接应用于生产率变化趋势的测算，用于分析决策单元相对效率的动态变化。在对能源效率的研究过程中，我们不仅会考虑不同决策单元在同一时间点的效率差异，还会考虑同一决策单元在不同时间点的效率差异。Färe 等（1992）最早在 DEA 模型方法的基础上计算了 Malmquist 指数（见图 2-2）。然而，随着非期望产出的引入，Malmquist 指数不再适用。

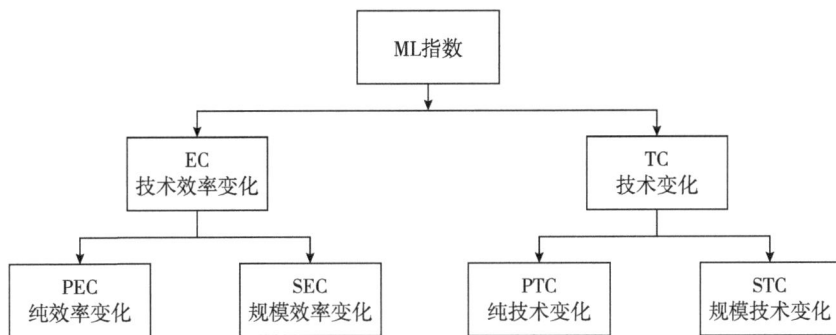

图 2-2　ML 指数分解方法

Malmquist-Luenberger（ML）指数，是在传统 Malmquist 指数的基础上，增加了对污染物排放等负面产出的测度而形成的。ML 指数能观测到全要素能源效率的跨期变动情况，这弥补了 SBM 模型只能比较同一时期数据的缺点。并且该指数还能被分解成技术上的进步、规模效率、纯技术效率，同时计算出相应部分对全要素能源效率变动的作用大小。

以 t 期为基期的 $t+1$ 期的基于 SBM 模型的 ML 指数为：

$$ML_t^{t+1} = \left\{ \frac{[1 + s_0^t(x^t, y^t, b^t)]}{[1 + s_0^t(x^{t+1}, y^{t+1}, b^{t+1})]} \times \frac{[1 + s_0^{t+1}(x^t, y^t, b^t)]}{[1 + s_0^{t+1}(x^{t+1}, y^{t+1}, b^{t+1})]} \right\}^{\frac{1}{2}} \qquad 式（2.5）$$

当假设规模报酬不变时，ML 可被简单分解为技术的进步和技术效率，即：

$$ML_t^{t+1} = EC_t^{t+1} \times TC_t^{t+1} = \frac{[1 + s_0^t(x^t, y^t, b^t)]}{[1 + s_0^{t+1}(x^{t+1}, y^{t+1}, b^{t+1})]} \times$$

$$\left[\frac{1 + s_0^{t+1}(x^t, y^t, b^t)}{1 + s_0^t(x^t, y^t, b^t)} \times \frac{1 + s_0^{t+1}(x^{t+1}, y^{t+1}, b^{t+1})}{1 + s_0^t(x^{t+1}, y^{t+1}, b^{t+1})} \right]^{\frac{1}{2}}$$

式（2.6）

式（2.6）中，当假设规模报酬可变时，技术效率可表示成规模效率和纯技术效率的乘积，即：

$$ML_t^{t+1} = TC_t^{t+1} \times PEC_t^{t+1} \times SEC_t^{t+1}$$

$$TC_t^{t+1} = \left[\frac{1 + s_0^{t+1}(x^t, y^t, b^t)}{1 + s_0^t(x^t, y^t, b^t)} \times \frac{1 + s_0^{t+1}(x^{t+1}, y^{t+1}, b^{t+1})}{1 + s_0^t(x^{t+1}, y^{t+1}, b^{t+1})} \right]^{\frac{1}{2}} \qquad 式（2.7）$$

$$PEC_t^{t+1} = \frac{[1 + s_v^t(x^t, y^t, b^t)]}{[1 + s_v^{t+1}(x^{t+1}, y^{t+1}, b^{t+1})]}$$

$$SEC_t^{t+1} = \frac{[1 + s_0^t(x^t, y^t, b^t)] \div [1 + s_v^t(x^t, y^t, b^t)]}{[1 + s_0^{t+1}(x^{t+1}, y^{t+1}, b^{t+1})] \div [1 + s_v^{t+1}(x^{t+1}, y^{t+1}, b^{t+1})]}$$

式（2.7）中，$s_0^t(x^t, y^t, b^t)$ 与 $s_0^{t+1}(x^{t+1}, y^{t+1}, b^{t+1})$ 均表示某期的 DMU 与当期的生产前沿面进行比较的 SBM 距离函数，$s_0^t(x^{t+1}, y^{t+1}, b^{t+1})$ 表示 $t+1$ 期的 DMU 与 t 期的生产前沿面进行比较所得的 SBM 距离函数，$s_0^{t+1}(x^t, y^t, b^t)$ 则描述了 t 期中的 DMU 与 $t+1$ 期的生产前沿面进行比较得出 SBM 距离函数。ML 指全要素能源效率的变动，表示它的跨期变化情况。TC 指技术进步，反映了生产可能性边界的移动情况。PEC 指纯技术效率，表示 DMU 的管理水平。SEC 指规模效率，表示资源配置水平与生产规模的情况。若 $ML>1$，则说明 t 期到 $t+1$ 期全要素能源效率增长了。类似地，$TC>1$ 表示技术有了很大的突破或产生了新的技术，$PEC>1$ 则表示纯技术效率有了进一步改进，$SEC>1$ 则表示规模效率有了很大的提升。

2.3.3 GML 指数

从效率的角度来看，生产率可以理解为在一个时间段内生产活动的全部产出与各种投入要素之间的比值关系。从根本上说，生产率全面反映了技术进步对一个国家或地区经济发展的作用，并且有研究证实促进 GDP 增长的两大因素分别是增加投入要素和提高生产率。提高生产率对于经济发展的推动作用相较于增加投入要素会更加明显而持久。"全要素生产率"这一概念最早出现在美国，类似于全要素能源效率，除了考虑人力、资本等投入要素之外，还考虑了能源投入对生产率的影响。基于 DEA 的传统全要素生产率（如 Malmquist 生产率变化指数，简称 M 指数）不能测算包含非期望产出的情况。

GML 指数具体公式如下：

$$GML_t^{t+1} = \frac{D^G(x^{t+1}, y^{t+1}, b^{t+1})}{D^G(x^t, y^t, b^t)} = \frac{1 + \vec{D}^G(x^t, y^t, b^t)}{1 + \vec{D}^G(x^{t+1}, y^{t+1}, b^{t+1})} = \frac{1 + \vec{D}^t(x^t, y^t, b^t)}{1 + \vec{D}^{t+1}(x^{t+1}, y^{t+1}, b^{t+1})} \times$$

$$\frac{(1 + \vec{D}^G(x^t, y^t, b^t))/1 + \vec{D}^t(x^t, y^t, b^t)}{(1 + \vec{D}^G(x^{t+1}, y^{t+1}, b^{t+1}))/1 + \vec{D}^{t+1}(x^{t+1}, y^{t+1}, b^{t+1})} = TECH_t^{t+1} \times BPC_t^{t+1}$$

式（2.8）

式（2.8）中，$D^G(x, y, b) = \max \{\beta | y + \beta y, b - \beta b \in p^G(x)\}$，反映了一个依赖全局生产可能性集合 $p^G(x)$ 的全局方向性距离函数，指数 GML_t^{t+1} 包含了一个研究期内相邻的两期决策单元间发生的全要素能源效率变化。$TECH_t^{t+1}$ 反映了同一研究期内发生的相邻两期决策单元所呈现出的技术效率方面的变化，BPC_t^{t+1} 反映了同一研究期内发生的相邻两期决策单元所取得的技术进步。

2.3.4 共同前沿 DEA 方法

通过对现有的能源效率研究可以发现，中国各省域间发展是不平衡、不协调的，区域间的技术水平也存在明显差异，即技术前沿面是不同的。分析区域群组间能效和节能减排的差异时，要充分考虑地区间发展和技术水平存在显著差异的事实，如果将不同技术前沿下的决策单元置于同一技术水平标准下考量，得到的结果将失去真实性和合理性。Hayami 最早提出了"Metaproduction"的概念，Battese 在 Hayami 等的研究基础上，提出了共同前沿研究方法。目前，这种新的效率研究方法已经被越来越广泛地使用。

共同前沿方法的核心思想是：首先将所有的决策单元按照一定的标准进行划分，得到具体的分组，其次分别形成有效群组前沿面和有效共同前沿面。共同前沿下的决策单元以所有决策单元中最优生产单元为标准，群组前沿下的决策单元以群组内最优生产单元为标准。对比决策单元在共同前沿和群组前沿下的能源效率值即可得到技术差距。

共同前沿方法如下所述:

先考虑将所有的决策单元分成 K 个群组,各个群组的决策单元在技术上都具有高度相似性的特征,第 k 组的技术前沿如下:

$T_k = \{ (x, y, b), 投入 x, 期望产出 y, 非期望产出 b\}, k=1, 2, \cdots, K$

式(2.9)

式(2.9)中, T_k 是求解第 k 组决策单元得到的生产前沿面,共同前沿面是所有群组前沿的并集,即:

$T_{meta} = \{T_1 \cup, T_2 \cup, \cdots, \cup T_k\}$

式(2.10)

共同前沿和群组前沿的关系如图 2-3 所示。

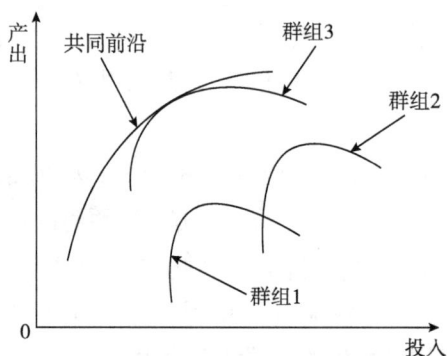

图2-3 共同前沿与群组前沿的关系

每个群组包含的决策单元具有相似的技术水平,故群组内的各决策单元能源效率存在差异的主要原因是组织水平和资源管理能力不同。而在共同前沿下,各决策单元不仅存在组织水平和资源管理能力的差异,还存在区域间的技术水平差异。从图 2-3 可以看出,决策单元到共同前沿面的相对距离与决策单元到群组前沿面的相对距离是不等的,前者大于等于后者。TGR 作为此方法中一个重要指标,其数值表示如下:

$TGR_i = \dfrac{共同前沿下的全要素能源效率值_i}{群组前沿下的全要素能源效率值_i}$

式(2.11)

式(2.11)中, $0 \leqslant TGR_i \leqslant 1$, TGR_i 值越大,技术水平就越接近共同前沿,表示该群组的技术水平相对越高。

2.3.5 截断 Bootstrap 模型

Simar 和 Wilson 批判了将 Tobit 模型用于第二阶段影响因素的分析，他们指出利用 DEA 方法得到的效率值间存在某种程度上的序列相关性，利用 Tobit 模型回归时直接将估算得到的效率值视为独立样本是不恰当的。能源效率值是通过估算而不是直接观察得到的，这与 Tobit 模型假设误差项是独立分布的不符。更糟糕的是，有效前沿面是基于人为选择的决策单元样本，这种做法将一些未能在决策单元样本中观察到的有效前沿面排除在外。

2.3.6 VAR 模型

向量自回归模型（Vector Auto Regressive Model，VAR 模型）最先是由美国诺贝尔经济学奖得主 Christopher Sims 于 1980 年提出来的。换句话说，该模型是在自回归模型基础上的一种联立形式，在它的每一个方程中，全部内生变量会对滞后值回归，用于分析判断全部相关内生变量之间存在的某种动态关系。假设可以建立下列两个自回归模型：

$$y_{1,t}=f\left(y_{1,t-1}, y_{1,t-2}, \cdots\right)$$
$$y_{2,t}=f\left(y_{2,t-1}, y_{2,t-2}, \cdots\right) \qquad 式（2.12）$$

即使 $y_{1,t}$，$y_{2,t}$ 两者之间仍存在某种关系，但目前我们依然认为无法完全正确判断出这两个变量之间可能存在的某种关系。但是如果将二者相结合建立一个新的向量自回归模型，那么它也一样可以被用来构建成在一个所含变量个数为 N、最大滞后阶数为 k 的 VAR 模型：

$$\begin{cases} y_{1,t}=\mu_1+\pi_{11.1}y_{1,t-1}+\pi_{12.1}y_{2,t-1}+u_{1t} \\ y_{2,t}=\mu_2+\pi_{21.1}y_{1,t-1}+\pi_{22.1}y_{2,t-1}+u_{2t} \end{cases} \qquad 式（2.13）$$

式（2.13）中，u_{1t}，$u_{2t} - \prod D\left(0, \sigma^2\right)$，$Cov\left(u_{1t}, u_{2t}\right) = 0$。转换成矩阵形式可以表示为：

$$\begin{bmatrix} y_{1,t} \\ y_{2,t} \end{bmatrix} = \begin{bmatrix} \mu_1 \\ \mu_2 \end{bmatrix} + \begin{bmatrix} \pi_{11.1} & \pi_{12.1} \\ \pi_{21.1} & \pi_{22.1} \end{bmatrix} \begin{bmatrix} y_{1,t-1} \\ y_{2,t-1} \end{bmatrix} + \begin{bmatrix} u_{1t} \\ u_{2t} \end{bmatrix} \qquad 式（2.14）$$

设：

$$Y_t = \begin{bmatrix} y_{1,t} \\ y_{2,t} \end{bmatrix}, \mu = \begin{bmatrix} \mu_1 \\ \mu_2 \end{bmatrix}, \prod_1 = \begin{bmatrix} \pi_{11.1} & \pi_{12.1} \\ \pi_{21.1} & \pi_{22.1} \end{bmatrix}, u_t = \begin{bmatrix} u_{1t} \\ u_{2t} \end{bmatrix} \qquad 式（2.15）$$

则：

$$Y_t = \mu + \prod_1 Y_{t-1} + u \qquad 式（2.16）$$

含有 N 个变量滞后期为 k 的 VAR 模型可以表示为：

$$Y_t = \mu + \prod_1 Y_{t-1} + \prod_2 Y_{t-2} + \cdots + \prod_k Y_{t-k} + u_t \qquad 式（2.17）$$

$$u_t \sim \prod D(0, \Omega)$$

其中：

$$Y_t = (y_{1,t}, y_{2,t}, \cdots, y_{N,t})' \qquad 式（2.18）$$

$$\mu = (\mu_1, \mu_2, \cdots, \mu_N)'$$

$$\prod_j = \begin{bmatrix} \pi_{11.j} & \pi_{12.j} & \cdots & \pi_{1N.j} \\ \pi_{21.j} & \pi_{22.j} & \cdots & \pi_{2N.j} \\ \vdots & \vdots & \ddots & \vdots \\ \pi_{N1.j} & \pi_{N2.j} & \cdots & \pi_{NN.j} \end{bmatrix}, \; j = 1, 2, \cdots, k, \; u_t = (u_{1t}, u_{2t}, u_{Nt})'$$

Y_t 为 $N \times 1$ 阶时间序列列向量，μ 为 $N \times 1$ 阶常数项列向量，$\prod_1$，$\cdots$，$\prod_k$ 均为 $N \times N$ 阶参数矩阵，$u_t \sim \prod D$（0，Ω）是 $N \times 1$ 阶随机误差列向量。

VAR 有以下三个特点：

（1）无须严格的经济学理论，仅需区分变量之间的相关性，将有关联的变量联立在 VAR 模型中，然后确定滞后期 k，最终使得模型能够反映大部分变量的影响因素。

（2）对模型化中的参数没有零的约束，且可解释变量一般不应该包括任何当期变量。

（3）参数的可估计参量相对较大，若 VAR 模型中样本数 N 为 3，最大滞后期 $k=3$，则需要计算的参数将会有 $KN^2 = 3 \times 3^2 = 27$ 个。

2.3.7 社会网络分析理论

英国人类学家 Radcliffe Brown 早在 1940 年就首次提出了社会网络并给出了一些相应的定义，致力于深入研究社会有组织群体的社会行为过程。1980 年 Wellma 修改和规范了社会网络的概念，此后，在各领域专家学者不断深入的研究中，社会网络分析逐步形成了完善的理论体系。

社会网络分析法，既是一种关系研究的基本范式，也是一种实证研究新方法，是用来对各类社会关系结构要素及其有关属性逐一加以研究分析来得出结论的一套基本规范。其着重讨论的是一些不同类型的社会单位关系（个体、群体或社会）综合构成的各类关系中的社会结构特点和属性。它同样可以广泛用来分析判断某一社会团体发展中所形成的多种人际关系，如互动的亲密度、中心度、小团体、凝聚力指数等，并对其研究所得结果进行可视化分析，使得研究结果更加直观和人性化。从一个社会网络系统的构成角度研究，在整个社会环境中人所进行的一切相互关联作用也可以抽象表达成基于某种关系而自然形成的另一种运作模式或行为规则，其实质则是映射了这个社会的系统结构，这种结构的抽象量化分析本身便是进行社会网络分析工作的出发点。社会网络理论的核心思想主要包括以 Granovetter 为代表的关系强度理论、嵌入理论和以 Burt 为代表的结构洞理论，上述核心思想为研究城市间碳排放关联网络结构提供了强有力的理论支撑。

（1）关系强度理论。美国知名经济学家格兰诺维特于 1973 年发表论文"The Strength of Weak Tie"，提出了"强关系"和"弱关系"的概念。强弱的区分依据是群体活动中人际互动的频率、交流的亲密程度、互惠交换的力度、情感强度。弱关系社会网络理论也相继被提出，并被认为很可能是打破社会界限的关键。网络的同质性与异质性是影响社会网络作用的关键，而同质性较高的个体之间由于信息的相似性使得沟通效率很低，而异质性个体间由于信息的差异化很大，往往可以扩大信息视野范围，提升个体在网络中的层级地位。继弱关系理论提出后，Krackhardt 从信任的视角切入，提出了强关系优势理论，认为在困难的境地中，强关系更有利于解决难题。我国学者边燕杰也通过实证分析发现，强关系创造人情网，人情网架起信息桥，通过人情进行信息交流和信息获取。其实强弱关系之间并不对立，只是视角与研究对象不同，强关系在巩固当前地位上以及在困难境地中优势明显，而弱关系在网络地位的提高上更显优势。

（2）嵌入理论。Granovetter 通过将经济行为的认识放置在社会结构背景下，提出了嵌入理论（Embeddedness）。Granovetter 认为在分析人的经济行动时，不应该脱离其社会框架，良好的社会关系会带来经济上的长远利益，应把"经济人"嵌入其所处的社会关系网中来分析。因为经济活动并不是不变的，它是动态的，是随着社会网络的变化而变化的。这一理论的提出颠覆了以前对经济行为的传统认知——二氧化碳排放与社会经济发展密不可分。实质上城市碳排放这一环境行为是城市发展中经济行为在环境上的表现形式。因此，嵌入理论对城市碳排放行为的研究有着强大的理论支撑。

（3）结构洞理论。1992 年美国社会学家伯特（Burt）以经济学为背景，提出了用来分析人际网络关系的结构洞理论。Burt 认为在信息网络结构中，个体信息所处个体位置远比群体关系强度大小更为重要，个体位置更能真实反映所需信息和获取渠道，位于中心地位就能获取更多的信息和资源，从而表现出更强的竞争能力。在社会网络中，并不是每个个体间都存在直接联系，而这种无联系或者间接联系就会给网络带来空洞，即结构洞。例如，a 与 b 直接相连，a 与 c 也直接相连，b 与 c 之间无关联，那么就形成了一个相对 a 而言的结构洞，a 处于 b 和 c 之间，既能够获取来自 b 的信息，也能够获取来自 c 的信息，且 b、c 要想产生联系就只能通过 a，此时，a 就占有了信息和资源上的优势。

综上可知，社会中每个参与者以及社会关系所形成的相对稳定的网络系统就是社会网络。其中"参与者"可以是政府、城市等行政单位，也可以是个人、公司等社会实体，"社会关系"指的是参与者之间发生的政治、经济、文化等关系。社会网络分析是一种融合了多学科、多视角的数据量化科学，强调的是参与者之间的相关影响和相关关联。能源效率的研究中一般用网络密度、关联度、中心性等属性表示其联系强度，强大的可视化功能和量化分析功能，使得其成为研究能源效率空间网络结构的重要手段。

2.4　国内外研究现状

2.4.1　能源效率测度研究

能源效率一般指产生经济效益所消耗的单位能源。国际能源署对其的定义为"降低提供同等能源服务的能源投入"，这也是目前国内普遍接受的概念。根据能源效率评价的发展过程中不同专家学者的理解，将能源效率测度的评价指标分为物理学角度和经济学角度两类。

Pattersou 和 Wadsworth（1993）通过对新西兰十年间的能源效率变化研究，发现能源效率的增长不只有技术水平提高这一个路径，经济结构和产业结构的调整也能改善能源的利用效率。而 Hu 和 Wang（2006）则构建多阶段数据包络分析评价模型，从公共管理过程和城市环境管理双重研究视角，对全国 2000~2012 年 200 多个城市的全要素能源效率情况进行了全面的实证计算和分析。Wattanabe（2007）利用定向产出距离函数，对 1994~2002 年中国工业的两个省级效率指标进行了测算，其中一种只考虑了理想产出的传统效率测度，而另一种则同时考虑了理想产出和非理想产出。这两个指标的比较表明：只有在考虑理想产出的情况下，效率水平才有偏差。魏楚和沈满洪（2007）基于 DEA 的生产经营前沿分析预测方法，构建出了能源效率指标，并对所有省份 1995~2004 年的面板数据进行了测算与分析，进而对得出的数据结果与中国传统衡量能源效率高低的其他各种指标结果做了客观比较，发现两者之间差异较为明显，结论是通过 DEA 生产前沿分析方法得到的能源效率的指标更接近最优值。关爱萍等（2014）考虑气候环境效应，采用了超效率 DEA 模型对我国西部区域 11 个省份的全要素能源效率进行了测算，并通过 Malmquist 指数法对数据进行了全要素能源效率分解。通过对已有研究的科学总结和对经济学理论模型的再次分析，李双杰和李春琦（2018）等对已有研究成果中仍存在的一些瑕疵提出了修改，并据此对全国 2005~2015 年 30 个省份中的传统工业全要素能源效率进行了 DEA 方法的计算，使得计算出的新数据更加科学且具有代表性。范秋芳和王丽洋（2018）课题组利用 DEA-Malmquist 指数模型和 DEA-BBC 模型分别对现阶段我国城市全要素能源效率情况进行了测算研究，并据此对我国四大区域全要素能源效率进行了定量对比，与国外其他领域学者研究不同，该系列研究均把资本存量、劳动力、能源等作为重要投入评估指标，把环境污染物排放及实际 GDP 作为期望产出和非期望产出，得出的结论是不考虑非期望产出的能源效率普遍高于考虑非期望产出的能源效率，更符合现实，不会虚高，处于正常合理的状态。何伟怡等（2019）将我国 2003~2016 年装备制造业七个子行业的实际能源总体利用率作为实证研究的主要对象，通过应用 Bootstrap-DEA 方法对其数据进行综合测算分析，发现了传统的 DEA 计算模型确有诸多不合理之处，而使用 Bootstrap-DEA 方法得出的结果则更优。张艳玲（2020）利用 DEA-BCC 模型分别对目前我国 2016 年 30 个省份的能源效率进行了综合测算，并据此对资源投入与冗余因素进行综合比较研究分析，发现还有很多省份在能源投入上仍然存在很复杂的冗余，剔除资源环境因素项及能源随机扰动项后，解决冗余问题的能源省份数竟然大幅度降低至 8 个。高鹏和岳书敬（2020）建立了非竞争型的能源投入产出模型和能源超效率 SBM 模型，得出了我国能源总体利用率有所提升，并在节省能源方面还有较大潜力的结论。陈菁泉等（2021）基于 Shephard 能源距离函数理论的随机前沿模型，从区域研究理论视角出发深入研究我国八大综合经济发展区能源生态效率及其演变发展趋势，并探讨其发展驱动性因素的演化作用机制。范丽伟等（2022）首先试图从多维度视角深入刻画各个城市中生产技术要素之间存在的各种异质性，并进一步将这些城市进行分类研究；其次系统地结合中国环境能源生产先进技术思想以及共同前沿思想，建立了不同特性环境生产技术的城市能源效率测度模型；最后在群组前沿与共同前沿两种复杂应用情景前提下对我国规划的 87 个城市能源效率进行了实证分析。

2.4.2 能源效率的空间关联性研究

中国区域能源环境效率已经在不同层面的产业经济结构、技术水平、能源产品消费模式等众多因素的共同制约下呈现出明显的空间区域差异，同时在各区域经济社会协调发展重大战略以及市场机制这双重驱动力量的共同作用下，能源环境效率间的区域空间关联也已经开始显现出系统的、复杂多元的网络结构形态，因此从新的层面研究中国能源环境效率问题的时空关系以及怎样才能有效改进相关策略已日渐成为我国学术界公认的重大研究热点。在此宏观背景下，科学测度我国能源环境效率，系统分析中国区域能源环境效率空间关联的网络结构变化及其各种影响环境的因素，明确指出各地区空间关联网的独特地位特征和影响作用，对适应经济新常态要求下加快构建提高我国能源环境效率跨区域协同提升机制具有极为重要的作用和应用价值。

周四军等（2017）根据经济和地理之间的联系，构建三种权重矩阵分析能源效率空间相关度，结果显示经济发展水平对能源效率的空间关系有着正向的影响，经济发达地区通过辐射带动周边邻近地区经济水平和能源效率的发展，进一步提高本地区能源效率的空间相关程度。李恩平和郭晋宇（2017）基于全要素能源效率分析框架，运用空间统计方法对中国省域 2004～2014 年的能源效率进行空间相关性测算及集群效应分析，结果显示中国能源效率存在正向的空间自相关性，且东部地区的集聚程度高于中西部地区，具有很强的稳定性。张志雯和王子龙（2018）基于技术异质视角，分析和探讨了中国东部、中部、西部三大区域之间的技术差距和能源效率低下的根本原因。陶宇等（2019）等从找到区域污染空气源进而提高治理效率的角度出发，将我国含 CO_2、工业 SO_2、工业排放产生的 PM_{10} 三种空气污染物的排放作为非期望产出，采用非径向方向的距离函数模型进行测算得到了 1998～2014 年全国 30 个省份的工业能源环境效率，进而测算了其空间相关性并发现了我国的空间相关性存在正相关。郭姣和李健（2019）等曾使用非期望产出水平的 SBM 模型分别对我国的三大城市群内 53 个核心城市的全要素能源技术效率指标和城市的全要素能源技术相对效率进行综合评估，在此理论框架上再对其潜在节能潜力水平与节能减排的潜力水平进行关联分析，并综合运用二维矩阵法研究探索中国各试点城市的节能及减排实施路径。郭劲光和孙浩（2019）利用空间计量模型探究不同"邻近"矩阵下哪种类型产业集聚对提升能源效率更有利，结果表明：我国省际能源效率均呈现显著的正向空间关联关系，东部、中部、西部地区产业多样化对能源效率提升均有显著的促进作用；中、西部地区的产业专业化所发挥的作用要远大于产业多样化。刘元玲等（2020）采取全国 30 个省份统计局 2003～2017 年能耗统计年报的面板数据，从能源经济空间内相互关联及耦合度的多维视角来分析论证，得到了我国工业集聚对能源效率差异变化的长期潜在综合影响。研究结果显示：工业集聚有利于大幅提高本地区的能源效率，因此在较大程度上正向空间效应显著，即该区域可进一步提高其工业集聚度，这有利于从总体上推进本地区的能源效率，对邻近地区能源效率的提升也有积极的带动作用。邵帅等（2022）提出，我国仍需要在推动产业结构战略性升级、能源结构进一步优化、要素市场更趋完善、绿色转型创新率先突破、城市化全面集约高效推进、区域政府间深度协调发展等方面做出持续协同与努力，才可能最终全面有效地推动世界碳绿色转型跨越发展。张慧萍和李彦华（2022）基于韧性与效率的协同发展视角，测算了 2000～2019 年 30 个省份能源韧性和效率值，分析了能源系统可持续发展水平。结果表明：能源系统发展度及协调度都呈现波动上升趋势，但能源系统发展度高低排列依次为东部、西部、中部，东部地区的能源系统协调度最低，各区域能源可持续发展水平存在差异。

2.4.3 能源效率影响因素研究

在能源效率的影响因素方面，国内外学者依据研究对象进行了较多的实证研究，影响地区能源利用效率的因素较多且不尽相同，同一因素在不同的研究地区对能源效率的作用也不尽相同，主要的影响因素可归纳总结为六个：产业结构、能源消耗结构、技术水平、经济水平、对外开放程度以及政府干预程度。

多数学者视产业结构本身为极为重要的影响因素之一，认为其对能源效率指标的总体提高具有积极显著的作用，但另外也有研究数据表明其变化对整体能源效率提升的积极影响不是很明显，甚至有负向影响。花隆（2017）用我国第三产业产值增长占国内生产总值（GDP）之比来表示国民经济产业结构，发现产业结构对能源效率提升有较大的促进作用。刘乐（2018）用第二产业增长值占 GDP 之比来表示产业结构，发现产业结构对能源效率提升有抑制作用。Malin Song 等（2018）用产业升级系数法测度产业结构，发现产业结构变量对区域和省级全要素能源效率有显著的负向影响，且在 1% 的水平上具有显著性。曾胜和靳景玉（2013）认为天然气和电力等较为清洁的能源使用可以提高能源效率，并给出升级能源消耗结构、减少化石能源消耗、增加清洁能源投入的建议。李浩（2019）用空间误差模型和回归模型分析中国 30 个省份能源效率的影响因素时，发现技术进步因素中的研究与试验发展经费对中部与东部地区的能源效率的影响为负，对西部地区的影响为正，而专利数对整个国家的能源效率都是积极影响。邹勇树（2019）用科学研究人员数占就业人数之比反映技术进步，通过动态面板模型实证发现技术进步对能源效率的作用方向为正。陈浩（2019）研究江西省能源效率时，将技术进步这一因素用专利申请数目这一指标来衡量，研究发现技术进步与能源效率间的正向关系是长期存在的。通常认为经济发展可以提升生产效率，进而提高能源效率。方丹（2019）使用人均 GDP 代表经济水平，建立了三种空间杜宾模型，结果都显示经济水平与能源效率间的关系是正向的。Yang 等（2019）用人均 GDP 衡量经济水平，研究表明全国、东部和西部地区的经济水平与能源效率均存在明显的正向关系。方东方（2020）采用人均 GDP 表示经济水平，研究表明在经济发展初期，经济水平对能源效率的提升有一定的阻碍作用，经济发展到一定程度时，经济水平对能源效率的提升有一定的推动作用，即经济水平对能源效率的作用关系呈现为"U"型。政府控制程度也是一个重要的影响因素，孙叶飞等（2016）在对中国沿海地区城市能源利用效率的分析中也认为政府的干预程度能促进能源效率的提高。但如果政府对市场的干预达到了某种临界点，继续干预则会适得其反。师博和任保平（2019）发现政府的有偏干预可能导致资源错配，没有达到预期提升能源效率的作用。丁誉（2021）采用基于非期望产出SBM 模型对我国 1997~2017 年能源效率值进行计算，基于地理探测器模型对能源效率的影响因素进行探讨。结果表明：中国能源效率整体处于中上等水平，东部片区呈"急剧—递增型"、西部片区呈"平稳—提高型"、东北部片区呈"突变—延长型"、中部片区呈"波动—递增型"的演变规律。

2.4.4 有关政策实施效率评价研究

政策效率是政策投入与产出的比例，是政策过程的实践环节。具体来说，政策效率是指将政策目标转化为政策现实，即指最有效地使用社会资源以满足人类的愿望和需要。在对政策效率的研究中，学者使用了不同的方法进行研究，较常见的方法有 AHP 法、DEA-BCC 模型、VAR 向量自回归模型等。

牛风君和崔光莲（2015）通过对 2005~2013 年哈萨克斯坦的中央银行货币政策整体效率指标进行全面分析并评价，得出了通货膨胀始终是直接影响其货币政策的最大因素，有决定性作用，且发现效率指标呈现三大阶段的发展，并提出建议。王韧等（2016）以湖南省为例，使用 AHP 法对我国农业保险补贴等政策和扶贫措施效率进行了综合评价研究，并提出了农业保险补贴服务精准扶贫的优化机制保障措施。李伟伟（2014）首先运用 DEA-BCC 模型对我国环境治理政策效率进行评价，其次运用 AHP 与模糊综合评价方法相结合对我国环境治理政策实施效果进行评价。张晶晶（2014）运用 DEA 模型对我国 31 个省份农业补贴政策进行效率分析，得出粮食主产区的综合技术效率大部分有效，而主销区和产销平衡区综合技术效率大部分无效，并以此提出建议。郑勇和刘超（2014）曾利用熵值法对国内货币政策效率变化进行定量评价，发现了经济增长水平（GDP 增长率）变化、稳定物价幅度（CPI）波动、就业率、国际收支差额之比与商业银行不良贷款波动率是现阶段影响我国经济货币政策效率变化的主要因素。相对于熵值法和模糊数学法，DEA 是一种比较常用的政策评价方法。吕明洁（2009）基于 DEA 和前沿技术生产面，运用 Malmquist 指数模型分别从技术政策进步变化指数和产业技术效率进步变化指数对中国上海市高技术行业企业的自主技术创新与政策效率关系以及其他影响创新因素进行了定量分析。宋梅等（2007）运用改进 DEA 模型对我国 5 个省份煤炭产业政策进行研究，并对各省份政策效率好坏排序后提出建议。宁凌等（2011）运用 DEA-Malmquist 模型对广东省高技术产业政策进行评价。陈明艺和裴晓东（2013）基于 DEA 模型对当前中国的环境治理财政政策实施效率进行研究，并将成本型指标作为投入指标，将收益型指标作为产出指标。迟美青（2015）和曾怡萍（2016）对财政政策在节能领域的影响进行研究，构造出 DEA 模型分析节能财政政策实施效率，以此给出意见。李庆雪等（2020）运用 DEA-Tobit 方法，测算与分析出我国当前装备制造业综合服务化的科技政策效率，研究报告数据表明：整体来看，我国现阶段的装备制造业综合性服务化的科技政策纯技术效率基本都有效，但相当少部分年份的综合服务效率相对无效；服务化科技政策效率普遍存在较大的行业异质性问题。柳可等（2021）主要基于土地制度结构变迁的理论来研究 1949 年以来我国农村土地制度管理及其政策执行的各发展阶段土地公平利用与用地效率提高的动态关系，发现集体所有制阶段农村土地政策变迁在保证公平的基础上逐渐向效率倾斜。李慧宁（2021）选择了 VAR 向量自回归模型实证考察了电子货币规模波动对其他货币政策环境和经济指标影响的时序性变化，结果发现尽管电子货币规模波动对货币乘数调整有直接促进作用，但也可能造成价格型货币政策出现较为明显的长期不稳定性。王怀璐（2021）基于国家宏观层面和中国新转三板中小企业财务现状分析，对疫情及其冲击作用下中国科技型中小企业资金生存保障现状、政策保障支持及其成效状况进行客观评估，并同时从政策、金融等支持小企业角度出发，提出有关强化金融服务政策保障、构建良性健康产业融资新生态、推动金融改革机制建设的相应政策建议。梁琦等（2022）根据 2004~2019 年全国 204 个重点地级市面板数据，通过双重差分法来研究生态文明发展先行示范区的设立对生态效率变化的相关影响，结果发现生态文明类先行示范区主要通过驱动技术创新的投入和优化产业结构等途径来改善城市建设的生态效率。彭顺绪和王骏（2022）运用 DEA 方法探讨了广西壮族自治区南宁市城乡间普惠园与非普惠园办园效率的差异，分析了办园效率的影响因素。张兵兵等（2021）以中国 2010 年以来连续三批次国家推行过的低碳城市发展试点相关政策为准自然实验，运用双重差分法综合评估其对全国对地级市及以上全要素能源效率高低的影响。研究结果表明：低碳城市试点政策的启动实施能够有效持续提高城市全要素能源效率水平。

2.5　本章小结

本章首先介绍了相关概念理论，其次介绍了基于能源效率与节能政策的常见研究方法，最后整理了国内外学者有关能源效率测度、能源效率的空间关联性、能源效率影响因素和有关政策实施效率评价的研究。

在能源效率方面，发展较好的地区能源效率利用率相对较高，全要素能源效率因为测算更客观获得了学者的广泛认可。它可以衡量不同生产要素之间的替代效率，综合反映了能源效率的使用情况，因此具有全面、客观的特点。在综合节能管理方面，我国当前存在的主要节能问题可以归结为动态节能，即尽量减少我国企业实现现代化目标整体过程中带来的集总能耗。在政策执行上，政策实施的过程中要特别注意政策执行者的水平，执行过程中要加强与政策实施对象之间的协商沟通，必要时要根据实际情况对政策进行调整。

在研究方法上，本章主要介绍了数据包络（DEA）分析模型、Malmquist-Luenberger 指数分解、GML 指数、共同前沿 DEA 方法、截断 Bootstrap 模型、VAR 模型和社会网络分析理论，其中数据包络（DEA）分析模型在学术界使用范围最广，本书也将利用 SBM-SEA 模型和 GML 指数进行后续研究。

在国内外研究现状方面，能源效率测度的评价指标被学者分为了物理学角度和经济学角度两类。在能源效率空间关联性上，中国能源效率存在正向的空间自相关性，且东部地区的集聚程度高于中、西部地区。在我国能源效率提升的具体影响因素方面，一些学者基于研究对象进行过较深度的分析研究，发现主要的影响成因可概括归纳为六个：产业结构、能源消耗结构、技术水平、经济水平、对外开放程度以及政府控制程度。在有关政策实施效率评价方面，学者均使用了不同的方法进行研究，较常见的方法有 AHP 法、DEA-BCC 模型、VAR 向量自回归模型等。

3 我国区域能源消费现状

3.1 近几年我国能源消费比较分析

我国是世界上第一大能源生产国和消费国，为世界能源市场创造了广阔的发展空间。根据《中国统计年鉴（2021）》，近年来，我国无论是能源供应量还是消费量都在持续增长，为经济发展提供了重要的支撑。然而，能源消费与环境污染密不可分。能源消费在支持经济增长的同时，也对环境造成严重影响。因此，我国政府正在坚持节约资源和保护环境的基本国策，大力推动节能减排，深入打好污染防治攻坚战，加快建立健全绿色低碳循环发展经济体系，推进经济社会发展全面绿色转型，助力实现碳达峰、碳中和目标。可见，节能减排已经成为我国经济发展的长期目标，节能减排的关键在于降低能源消耗强度，这就需要我们充分认识我国能源消费现状。本章以《中国能源统计年鉴》中"能源消费量"为数据来源，从2010~2020年我国能源消费的实际情况出发，从不同品种、不同区域等角度，具体分析我国能源消费总量及构成情况。

3.1.1 我国整体能源消费总量及构成

从能源消费量来看，2010~2020年，我国的能源消费总量持续上升，如图3-1所示。我国能源消费总量从2010年的360648万吨标准煤上升至2020年的498000万吨标准煤，增加了137352万吨标准煤，累计增长38.8%。其中，2011年是我国能源消费总量增速最快的一年，由360648万吨标准煤增长到387043万吨标准煤，同比增加7.32%。随后，2012~2015年增速逐渐放缓，增速从3.9%降低至1.35%。接着，2016~2018年增速又回归上升态势，但增速仍不超过3.53%。具体来看，2017年全国的能源消费总量为455827万吨标准煤，同比增

加 3.25%；2018 年全国的能源消费总量为 471925 万吨标准煤，同比增加
3.53%。最后，2019～2020 年能源消费增速又开始逐渐放缓。2019 年，我国能源
消费总量为 487488 万吨标准煤，同比增加 3.3%；2020 年，我国能源消费总量为
49800 万吨标准煤，同比增加 2.16%。综上，2010～2011 年我国能源消费总量增
速较快，2012 年开始能源消费增速放缓，年增速不超过 4%[1]。

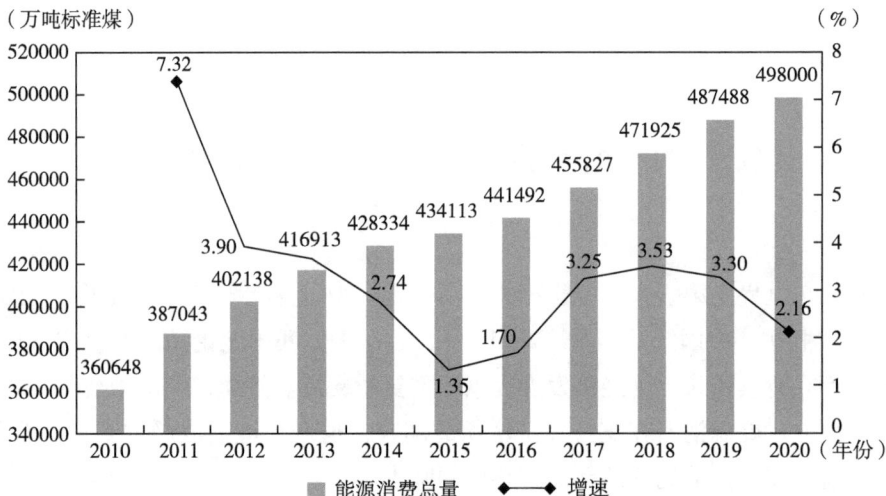

图 3-1　2010～2020 年我国能源消费总量及趋势

数据来源：《中国统计年鉴（2021）》9-2 能源消费总量及构成。

　　从能源消费结构来看，我国能源消费品种主要由煤炭、石油、天然气、一次
电力及其他能源构成。2010～2020 年，随着我国能源转型步伐加快，我国能源消
费结构持续优化，如表 3-1 所示。天然气的消费占比从 2010 年的 4% 上升至
2020 年的 8.4%；一次电力及其他能源的消费比重从 2010 年的 9.4% 上升至 2020
年的 15.9%；2010～2020 年，我国石油的消费比重始终保持在 17.4%～18.9%，
涨幅不明显；煤炭的消费占比从 2010 年的 69.2% 下降至 2020 年的 56.8%。可
见，我国天然气和一次电力及其他能源等清洁能源占比逐渐上升，煤炭和石油等
非清洁能源占比逐渐下降，但是我国能源结构失衡仍然较为严重。2010～2020
年，我国能源消费始终以煤炭为主，煤炭在能源消费总量中的比重始终保持在
56%～70%[2]，超过能源消费总量的一半。可见，我国煤炭消费量占比较大，石

---

　　①②　数据来源：《中国统计年鉴（2021）》9-2 能源消费总量及构成。

油消费占比较小，天然气和一次电力及其他能源的消费占比接近。因此，我国的能源消费结构的基本特点大致可以概括为"多煤、少油、乏气"。

表 3-1 2010~2020 年我国能源消费量及构成情况

年份	能源消费总量（万吨标准煤）	占能源消费总量的比重（%）			
		煤炭	石油	天然气	一次电力及其他能源
2010	360648	69.2	17.4	4	9.4
2011	387043	70.2	16.8	4.6	8.4
2012	402138	68.5	17	4.8	9.7
2013	416913	67.4	17.1	5.3	10.2
2014	428334	65.8	17.3	5.6	11.3
2015	434113	63.8	18.4	5.8	12
2016	441492	62.2	18.7	6.1	13
2017	455827	60.6	18.9	6.9	13.6
2018	471925	59	18.9	7.6	14.5
2019	487488	57.7	19	8	15.3
2020	498000	56.8	18.9	8.4	15.9

数据来源：《中国统计年鉴（2021）》9-2 能源消费总量及构成。

在我国能源消费结构中，作为消费比重始终位列第一的能源消费品种，煤炭消费占比正在逐年下降。除了 2011 年煤炭消费占比较 2010 年略微上升外，其他年份煤炭消费占比均呈下降趋势，如图 3-2 所示。煤炭消费比重从 2010 年的 69.2% 下降至 2020 年的 56.8%，下降幅度超过 12%。但不可否认的是煤炭仍然是我国消费量最大的能源品种。尤其是 2010~2013 年，煤炭消费占比均高达 70% 左右。2018 年，煤炭消费占比首次跌入 60% 以内，并在 2020 年持续下跌至 56.8%。其次，消费量占比排第二的是石油。2010~2020 年，我国石油消费占能源消费总量的 17%~19%，趋于稳定。其中，2010~2014 年石油消费量占能源消费总量的 17% 左右，较为平稳；从 2015 年开始，石油占比略微上涨，上浮比例不足 2%。2015~2020 年，石油消耗量又恢复平稳，占比为 18%~19%。再次是天然气，天然气的能源消费比重涨幅最显著，从 2010 年的 4% 上升至 2020 年的 8.4%，涨幅超过了 1 倍。最后是一次电力及其他能源，在能源消费总量中的比重一直呈递增趋势，占比为 8%~16%，涨幅较为明显。除了 2011 年一次电力及其他能源的消费占比较 2010 年略微下降外，其他年份一次电力及其他能源的消费比重都呈现稳步递增的趋势，从 2011 年的 8.4% 上涨至 2020 年的 15.9%①，几近翻番。

（%）

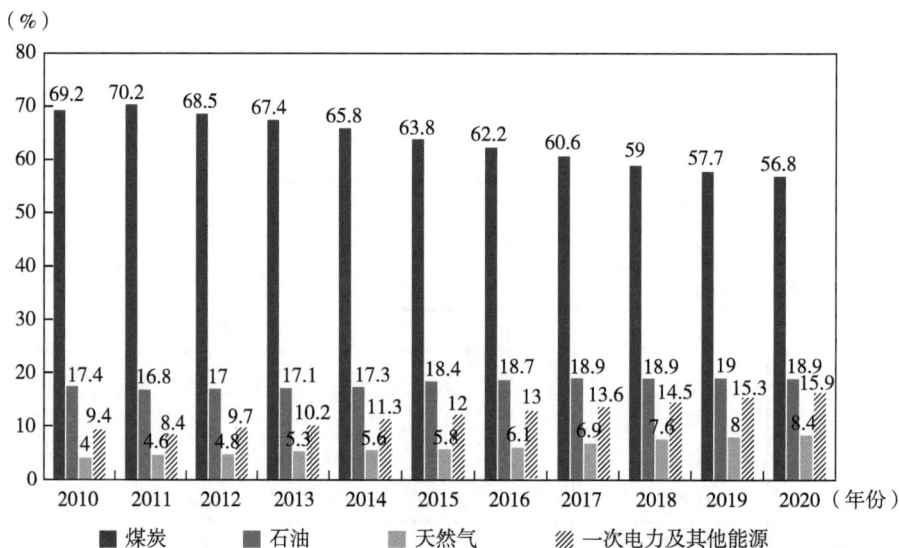

图 3-2　2010~2020 年我国能源消费结构

数据来源：《中国统计年鉴（2021）》9-2 能源消费总量及构成。

2020 年，我国全年能源消费总量为 498000 万吨标准煤，煤炭、石油、天然气、一次电力及其他能源分别占比 56.8%、18.9%、8.4%、15.9%，如图 3-3 所示。我国各能源品种的消费量呈现显著差异，尤其是煤炭消耗量超过了能源总消费量的一半，占比为 56.8%。石油和一次电力及其他能源占比接近，分别为 18.9% 和 15.9%。消费占比最小的是天然气，仅占 8.4%，不及煤炭消费量的 1/7，也不及石油的 1/2。其中，一次电力及其他能源主要由水电和核电构成，依次占比 8% 和 2.1%，水电的消费量超过了一次电力及其他能源消费量的一半。由此可见，我国能源消费高度依赖煤炭，而石油和天然气的支持作用显然不足。这是由我国"富煤、贫油、少气"的资源禀赋决定的。我国是世界上第一大煤炭生产国及消费国，煤炭资源丰富，煤炭从始至终都处于能源主体地位；但石油、天然气等优质能源短缺，对外依存度高②。

---

①②　数据来源：《中国统计年鉴（2021）》9-2 能源消费总量及构成。

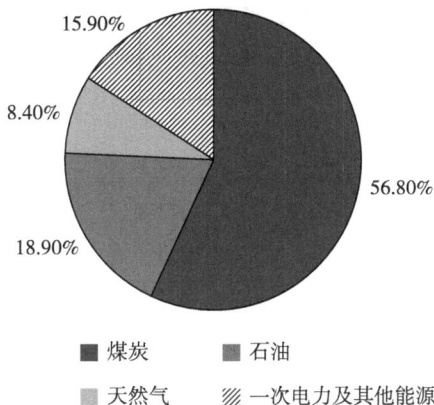

图 3-3　2020 年我国各能源品种消费比重

数据来源:《中国统计年鉴（2021）》9-2 能源消费总量及构成。

　　整体上看，虽然煤炭消费量占比始终居于高位，能源消费结构不太合理。但是，从 2011~2020 年的数据可以明显看出，煤炭消费量占比持续下跌，天然气和一次电力及其他能源消费占比持续提升。可见，近年来我国能源消费结构正在持续优化。

3.1.2　分品种能源消费情况

3.1.2.1　我国煤炭消费情况

　　煤炭是目前全球储量最为丰富、分布最为广泛且使用最为经济的能源资源之一。煤炭作为我国长期以来的主体能源，在能源消费结构中始终位列第一。究其原因是我国煤炭资源丰富。实际上，我国很早就是世界第一大煤炭生产国，2020 年煤炭产量约占全球的 51%。从 2010 年开始，我国原煤产量就超过了 23 亿吨标准煤，如图 3-4 所示。根据《中国统计年鉴（2021）》，2020 年我国原煤生产总量为 27.58 亿吨标准煤[①]，创历史新高，占一次能源生产总量的 67.6%，同比增长 2.67%。2010~2020 年，我国原煤生产量从 23.78 亿吨标准煤上升至 27.58 亿吨标准煤，增加了 3.8 亿吨标准煤，增长率接近 16%。其次，生产量排第二的是一次电力及其他能源，2020 年一次电力及其他能源占比接近 1/5，产量为 8.00 亿吨标准煤。2010~2020 年一次电力及其他能源生产量逐年递增，从最初的 3.25 亿吨标准煤增加到 8 亿吨标准煤，产量增幅最为明显。剩下原油和天然气占比相近，

---

　　① 数据来源:《中国统计年鉴（2021）》9-1 一次能源生产总量及构成，"一次能源生产总重×比重"。

2020 年二者占比分别为 6.8% 和 6%。长期以来，我国原油、天然气和一次电力及其他能源产量之和都不及原煤的一半，可见我国原煤资源禀赋好、开采条件好。

（亿吨标准煤）

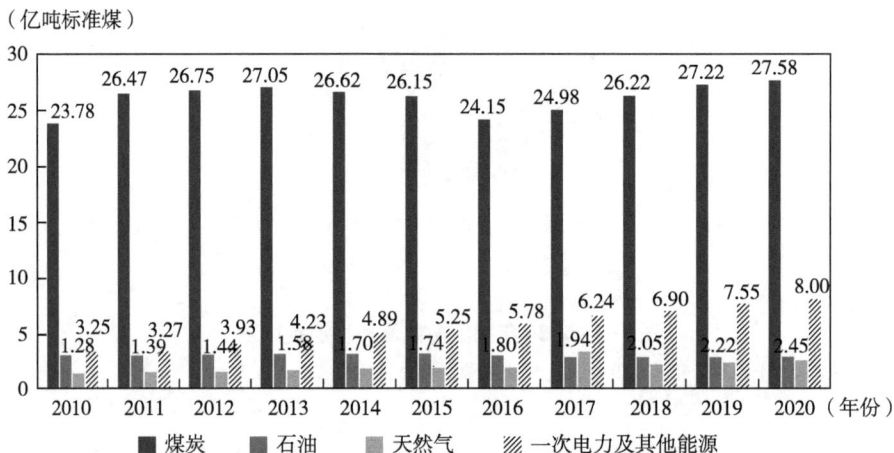

图 3-4 2010~2020 年我国各能源品种生产量

数据来源：《中国统计年鉴（2021）》9-1 一次能源生产总量及构成，"一次能源生产总重×比重"。

从煤炭消费比重来看，2010~2020 年我国煤炭消费占能源消费总量的比重先上升后下降，如图 3-5 所示。其中，只有 2011 年的煤炭消费比重较往年有所上升，其他年份的煤炭消费比重均显著下降。2011 年，我国煤炭消费比重为 70.2%，同比增长 1%。同时，这一年的煤炭消费占比在 2010~2020 年首次突破 70%，也是

（%）

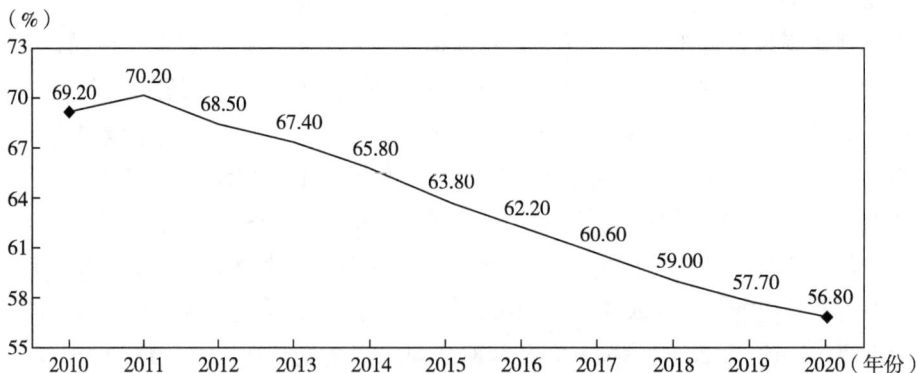

图 3-5 2010~2020 年我国煤炭消费占能源消费总量的比重

数据来源：《中国统计年鉴（2021）》9-2 能源消费总量及构成。

唯一一次超过 70%。随后，2011~2020 年我国煤炭消费占比持续下降。煤炭在我国能源消费总量中的占比从 2011 年的 70.2% 下降至 2020 年的 56.8%，下降了 13.4 个百分点，降幅较显著。虽然我国煤炭消费占比降幅非常明显，但仍远高于全球的煤炭消费比重。值得注意的是，2018 年我国煤炭消费占比首次跌入 60% 以内，并且 2018~2020 年煤炭消费占比仍然持续下跌，煤炭消费比重每年下降 1%~1.5%。可见，我国能源消费结构正在持续优化[①]。

从煤炭消费量来看，2010~2020 年我国煤炭消费量主要表现为三个阶段的变化趋势，先上升后下降再回升，如图 3-6 所示。第一阶段：2010~2014 年，我国煤炭消费量显著上升，从 2010 年的 249568 万吨标准煤上升至 2014 年的 281844 万吨标准煤，涨幅接近 13%。其中，2011 年煤炭消费增速最快，较 2010 年增加了 22136 万吨标准煤，增速为 8.87%。随后 2011~2014 年，煤炭消费量增速放缓，增速最高仅为 2.01%。第二阶段：2014~2016 年，我国煤炭消费量开始缓慢下降，从 2014 年的 281844 万吨标准煤下降至 2016 年的 274608 万吨标准煤，下降了 7236 万吨标准煤，下降率仅为 2.57%。其中，2015 年我国煤炭消费量为 276964 万吨标准煤，同比下降 1.73%；2016 年我国煤炭消费量为 274608 万吨标

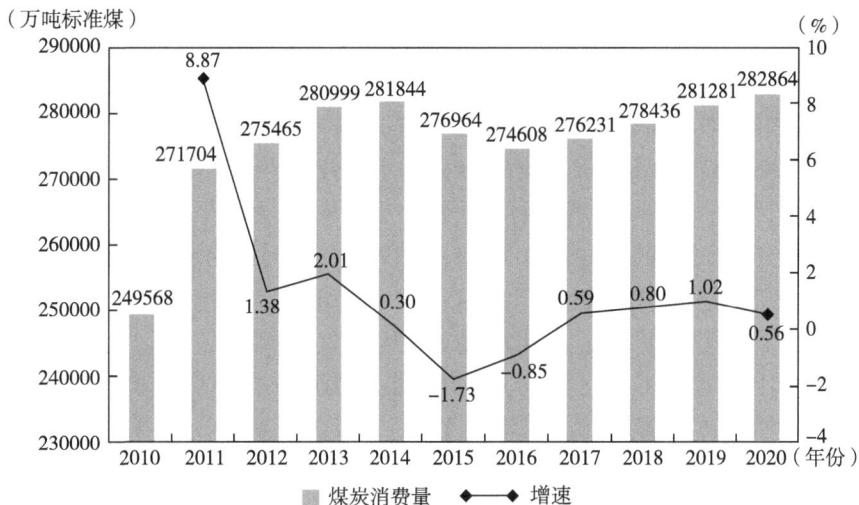

图 3-6 2010~2020 年我国煤炭消费量及趋势

数据来源：《中国统计年鉴（2021）》9-2 能源消费总量及构成，"能源消费总量×煤炭的比重"。

---

① 数据来源：《中国统计年鉴（2021）》9-2 能源消费总量及构成。

准煤，同比下降 0.85%。第三阶段：2016~2020 年，我国煤炭消费量回归上升态势，但增速较缓慢。煤炭消费量从 2016 年的 274608 万吨标准煤上升至 2020 年的 282864 万吨标准煤，增加了 8256 万吨标准煤，年增长率保持在 0.5%~1.1%[①]。总体来看，2011~2020 年我国煤炭消费量趋于稳定，波动并不明显。无论是从能源消费结构来看，还是从能源消费量来看，煤炭在短期内仍是我国主要的能源来源。

3.1.2.2 我国石油消费情况

随着经济的高速发展，我国对石油的需求量日益上升。目前，我国已经成为仅次于美国的全球第二大石油消费国。但是，我国石油储量较低，石油消费缺口巨大。因此，我国原油市场的需求高度依赖进口，我国已成为全球第一大原油进口国。1993 年，我国成为石油产品净进口国；1996 年，我国成为原油净进口国。随着我国对原油需求量的不断增加，我国原油进口量也在逐年攀升，原油对外依存度也逐年提高，从 2008 年的 47.8% 增长至 2020 年的 73.5%[②]，增加了 25.7 个百分点。据中国海关数据统计，2004~2019 年我国原油进口量从 1.23 亿吨上升至 5.06 亿吨[③]，增加了 3.83 亿吨，年均增长 19.46%。除了我国原油储量较低的原因外，原油价格较低可能也是我国对外依存度提高的重要原因。2020 年，中国原油进口 54238.6 万吨，同比增长 7.3%；原油进口金额 12217.6 亿元，同比减少了 26.8%[④]。

从石油消费比重来看，2010~2020 年我国石油消费量占能源消费总量的比重先下降后上升，如图 3-7 所示。其中，只有 2011 年和 2020 年的石油消费比重较往年有所下降，其他年份的石油消费比重均呈上升趋势，与煤炭消费比重的走势几乎相反。2010~2011 年，我国石油消费的比重从 17.40% 下降至 16.80%，下降了 0.6 个百分点，降幅并不明显。2011~2019 年，我国石油消费比重开始缓慢上升，从 16.80% 上升至 19.00%，上升了 2.2 个百分点。其中，2011~2014 年，我国石油消费比重趋于稳定，占比均接近 17%。2015 年，我国石油消费比重为 18.40%，同比增加 1.1 个百分点，上升幅度较为明显。随后，2015~2019 年石油消费占比增速再次放缓，占比均在 18%~19%。最后，我国石油消费占比从 2019 年的 19.00% 下降至 2020 年的 18.90%，值得注意的是 2017 年、2018 年和

---

① 数据来源：《中国统计年鉴（2021）》9-2 能源消费总量及构成，"能源消费总量×比重"。
② 数据来源：华经情报网：《2021 年中国原油市场现状分析，全球市场将呈现供需紧平衡状态》（sohu.com）。
③ 数据来源：我国原油生产与消费——知乎：《BP 世界能源统计年鉴 2019》（zhihu.com）。
④ 数据来源：中国石油新闻中心：《2020 年中国原油进口 54238.6 万吨　价格震荡修复》（cnpc.com.cn）。

2020 年的石油消费占比均为 18.90%①。可见，我国石油消费占比趋于稳定。

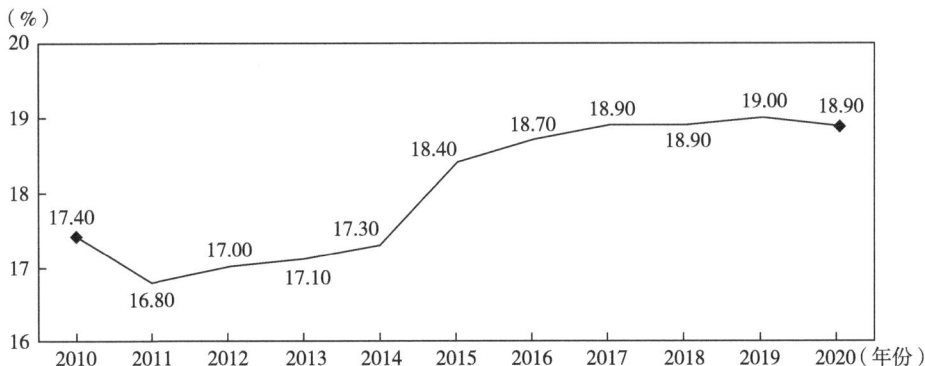

图 3-7　2010~2020 年我国石油消费占能源消费总量的比重

数据来源：《中国统计年鉴（2021）》9-2 能源消费总量及构成。

从石油消费量来看，2010~2020 年我国石油消费量逐年递增，增速波动变化大，如图 3-8 所示。我国石油消费量从 2010 年的 62753 万吨标准煤上升至 2020 年的 94122 万吨标准煤，增加了 31369 万吨标准煤，增长率接近 50%。具体来看，

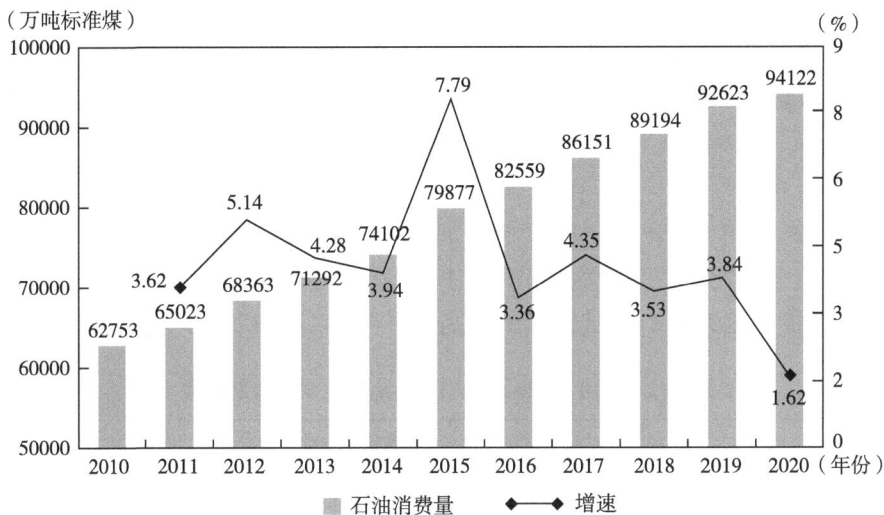

图 3-8　2010~2020 年我国石油消费量及趋势

数据来源：《中国统计年鉴（2021）》9-2 能源消费总量及构成，"能源消费总量×石油比重"。

———————————

① 数据来源：《中国统计年鉴（2021）》9-2 能源消费总量及构成。

2015 年的石油消费量增速最为明显，同比增长 7.79%。2010~2015 年，我国石油消费增速均在 3.6% 以上。相比之下，2016~2020 年我国石油消费增速有所放缓。2019 年，我国石油消费量首次突破 90000 万吨标准煤，同比增长 3.84%。2020 年，我国石油消费量达到了 94122 万吨标准煤，同比仅增长 1.62%，2020 年也是石油消费量增速最缓慢的一年①。究其原因可能是 2020 年受"新冠"疫情影响，我国石油需求疲软。但是，随着我国"新冠"疫情得到有效控制，生产生活秩序稳步恢复，预计未来我国石油消费量将继续保持增长。

总体来看，我国石油消费始终保持增长趋势。我国是世界第一大石油进口国、世界第二大原油消费国。石油消费产业对国计民生和经济发展至关重要，石油消费在保障国家能源安全和产业链平稳运行上发挥着关键作用。随着我国油气生产企业加大供应力度，积极释放优质产能，油气开采力度不断加大，原油产量取得较快增长，原油产能稳中有升。预计在未来很长一段时间，我国经济的迅速发展将会推动石油需求持续上升。

3.1.2.3 我国天然气消费情况

天然气是一种重要的能源，广泛用作城市煤气和工业燃料。我国是较早使用天然气的国家之一，但受限于天然气的开采技术，我国天然气的开发利用落后于部分发达国家。天然气作为清洁能源，是当今世界所推崇的重点能源，提高天然气在我国能源消费总量中的比重是当前我国的重点任务。近年来，随着我国天然气产供储销体系建设的不断推进，天然气生产量稳步提升。2010~2020 年，我国天然气生产由 12797.13 万吨标准煤上升至 24480.00 万吨标准煤，累计增加 11682.87 万吨标准煤，增长率接近 91.3%。2016~2020 年，我国天然气产量连续 4 年增长超 1000 万吨标准煤，其中 2020 年较 2019 年增加了 2230 万吨标准煤。2020 年，我国天然气产量占一次能源生产总量的 6%，约 24480 万吨标准煤，是 2010 年天然气产量的 1.91 倍，达到近 11 年来产量的最高水平②，如表 3-2 所示。

表 3-2　2010~2020 年我国一次能源生产总量及构成

年份	一次能源生产总量（万吨标准煤）	占能源生产总量的比重（%）			
		原煤	原油	天然气	一次电力及其他能源
2010	312125.00	76.2	9.3	4.1	10.4

---

① 数据来源：《中国统计年鉴（2021）》9-2 能源消费总量及构成。

② 数据来源：《中国统计年鉴（2021）》9-1 一次能源生产总量及构成，"一次能源生产总量×比重"。

年份	一次能源生产总量 （万吨标准煤）	占能源生产总量的比重（%）			
		原煤	原油	天然气	一次电力及 其他能源
2011	340178.00	77.8	8.5	4.1	9.6
2012	351041.00	76.2	8.5	4.1	11.2
2013	358784.00	75.4	8.4	4.4	11.8
2014	362212.00	73.5	8.3	4.7	13.5
2015	362193.00	72.2	8.5	4.8	14.5
2016	345954.00	69.8	8.3	5.2	16.7
2017	358867.00	69.6	7.6	5.4	17.4
2018	378859.00	69.2	7.2	5.4	18.2
2019	397317.00	68.5	6.9	5.6	19.0
2020	408000.00	67.6	6.8	6.0	19.6

数据来源：《中国统计年鉴（2021）》9-2 能源消费总量及构成。

在我国天然气生产量稳步提升的同时，消费量也在持续攀升。2010~2020年，我国天然气的消费占比不断增长，增长趋势较为明显，如图3-9所示。2020年，我国天然气消费占比为8.40%，较2010年增加了4.4个百分点，是2010年天然气消费占比的两倍有余。2010~2012年，我国天然气消费占比在4%~5%，趋于稳定。随后，2013年开始我国天然气消费占比突破5%，连续3年保持在5%~6%。接着，2016~2018年，我国天然气消费比重从6.10%上升至7.60%，增速相对于其他年份较为显著。但是，2019年后天然气消费占比增速放缓，但占比首次超过8%[①]。南部、中部和东北部等地区是我国天然气消费的主战场，广东省、江苏省和四川省等是我国天然气消费的主要省份。根据《加快推进天然气利用的意见》，未来我国天然气消费区域毫无疑问会进一步扩大。

从天然气消费量来看，2010~2020年我国天然气的利用有序推进，消费规模持续增长，如图3-10所示。天然气持续上升的原因可能是近年来我国天然气储量产量均快速增长，多元供应体系持续完善。2011年，我国天然气消费量为17804万吨标准煤，较2010年增加了3378万吨标准煤，增速高达23.42%，是我国天然气消费增速最显著的一年。2013年，我国天然气消费量首次突破2亿吨标

---

① 数据来源：《中国统计年鉴（2021）》9-2 能源消费总量及构成。

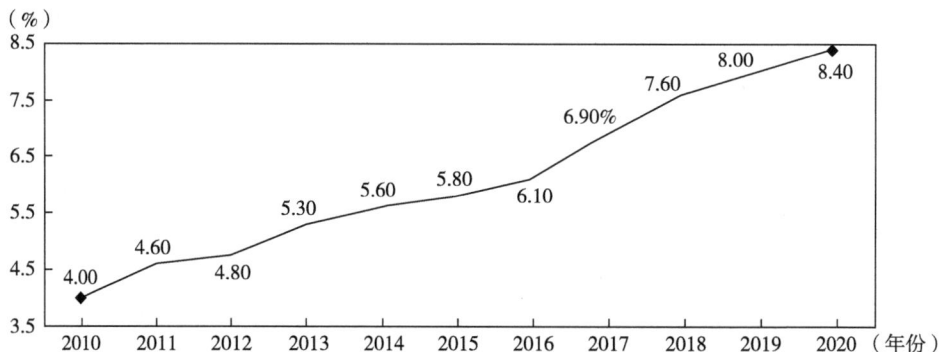

图 3-9   2010~2020 年我国天然气消费占能源消费总量的比重

数据来源：《中国统计年鉴（2021）》9-2 能源消费总量及构成。

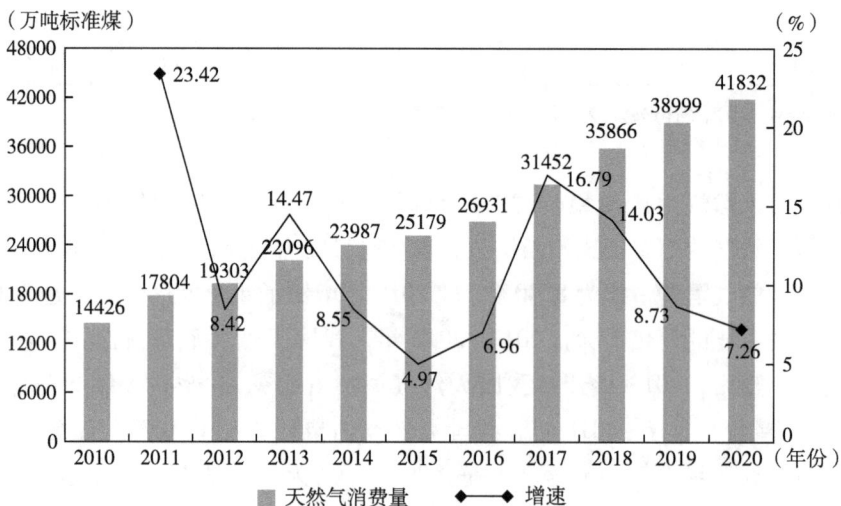

图 3-10   2010~2020 年我国天然气消费量及趋势

数据来源：《中国统计年鉴（2021）》9-2 能源消费总量及构成，"能源消费总量×天然气的比重"。

准煤。2013~2015 年，我国天然气消费量增速逐年放缓。2013~2016 年，我国天然气消费量始终保持在 2 亿~3 亿吨标准煤。直到 2017 年，我国天然气消费量又开始陡然攀升。消费量从 2016 年的 26913 万吨标准煤上升至 31452 万吨标准煤，同比增加 16.79%。随后，2017~2020 年我国天然气消费量增速又趋于缓和。虽然 2020 年我国天然气消费量首次突破 4 亿吨标准煤，但是同比增加仅为 7.26%，增速较 2017~2019 年明显放缓[①]。可能是因为 2020 年受"新冠"肺炎疫情、经济和市场等综合因素影响。

总体来看,2010~2020 年我国天然气表观消费量呈现快速增长的趋势,2020 年的天然气消费量是 2010 年的 2.9 倍[②]。随着我国经济的发展、能源消费的持续增长和日趋严格的 CO_2 减排,天然气作为优质高效、绿色清洁的低碳能源,其消费量增速将长期高于煤和石油。预计未来,随着国家不断加大对天然气勘查的投资,新增天然气探明储量将持续增加,同时随着我国供暖领域煤改气进程的不断深入,叠加"双碳"目标下压减燃煤发电的刚性要求,未来我国天然气消费量将延续增长趋势。

3.2 我国各区域能源消费现状

我国幅员辽阔,各地区的能源资源禀赋特点和能源利用情况差异较显著。因此,在分析我国能源消费现状时,要结合区域进行分析。本章以《中国能源统计年鉴》(2014~2020)中"分地区分品种能源消费量"为数据来源,分别计算京津冀地区、长江三角洲(长三角)地区、珠江三角洲(珠三角)地区、老工业基地、中部地区、能源富集地区以及西南地区的能源消费总量以及能源消费结构占比,对各区域能源消费现状展开分析。

从能源消费量来看,2019 年各区域能源消费总量较 2014 年都有较大提升,如图 3-11 所示。2014~2019 年,长三角地区能源消费量始终排在首位,并且远高于其他区域。2019 年,长三角地区能源消费量为 80485 万吨标准煤,较 2014 年增加了 8700 万吨标准煤,累计增长 12.12%。在这段时间,珠三角地区增长趋势较为稳定,没有明显的转折点,年增长率在 2%~4%[③]。此外,京津冀地区、能源富集地区的能源消费量也呈现逐年上升趋势,但增长速度偶尔波动。剩下的中部地区、老工业基地、西南地区的能源消费量呈现"先升,后降,再升"趋势,其中主要是在 2015 年能源消费量有所下降。

3.2.1 京津冀地区能源消费现状

京津冀地区是中国的"首都经济圈",京津冀城市群包括北京、天津两大直

---

①② 数据来源:《中国统计年鉴(2021)》9-2 能源消费总量及构成。
③ 数据来源:《中国能源统计年鉴》(2014~2020 年)分地区分品种能源消费量。

辖市，是我国规模最大、最具活力的经济、政治、文化中心。北京市的人才、科技、教育资源等优势明显，能够为京津冀地区的经济与能源协同发展提供知识、技术和人才等支撑；天津市有着完整的制造业体系，供应链配套布局完善，能够为京津冀地区的能源消费提供动力支撑；河北省是我国的矿产资源大省，能源种类齐全，储备丰富，能够为京津冀地区提供充足的能源支撑。为满足经济的快速发展，京津冀地区势必有着巨大的能源消费需求。

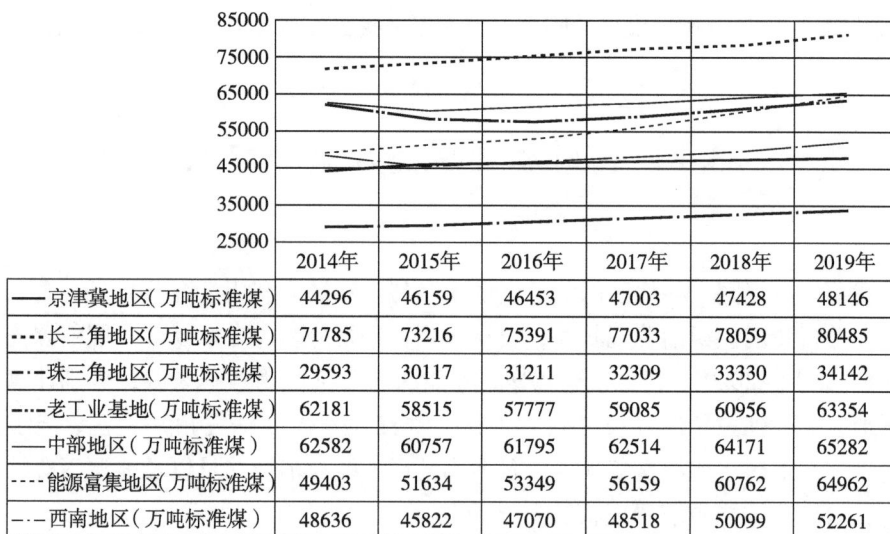

	2014年	2015年	2016年	2017年	2018年	2019年
——京津冀地区（万吨标准煤）	44296	46159	46453	47003	47428	48146
····长三角地区（万吨标准煤）	71785	73216	75391	77033	78059	80485
—·—珠三角地区（万吨标准煤）	29593	30117	31211	32309	33330	34142
——老工业基地（万吨标准煤）	62181	58515	57777	59085	60956	63354
——中部地区（万吨标准煤）	62582	60757	61795	62514	64171	65282
····能源富集区（万吨标准煤）	49403	51634	53349	56159	60762	64962
—·—西南地区（万吨标准煤）	48636	45822	47070	48518	50099	52261

图 3-11　2014~2019 年各区域能源消费总量

数据来源：《中国能源统计年鉴》2015~2020 年分地区分品种能源消费量。

从能源消费总量来看，2014~2019 年京津冀地区能源消费总量逐年增长，但增速偶尔有波动，总体上增长趋势是"先加快，后缓慢"，如图 3-12 所示。2014~2019 年，京津冀地区能源消费总量从 44296 万吨标准煤上升至 48146 万吨标准煤，仅仅五年增长了 3850 万吨标准煤，年均增速 1.68%。其中，2015 年京津冀地区能源消费量上升趋势最为明显，从 2014 年的 44296 万吨标准煤上升至 2015 年的 46159 万吨标准煤，同比增加 4.21%，即 2015 年京津冀地区能源消费总量较 2014 年增加了 1863 万吨标准煤，接近这五年增长总量的一半。2015~2019 年，京津冀地区的能源消费增长量较平稳，平均年增速低于 1.1%。2019 年，京津冀地区能源消费总量 48146 万吨标准煤，较 2018 年增加了 718 万吨标准煤。总体来看，2015~2019 年京津冀地区的年均增长量不足 500 万吨标准煤，增速较 2014~2015 年有所放缓①。

（万吨标准煤）

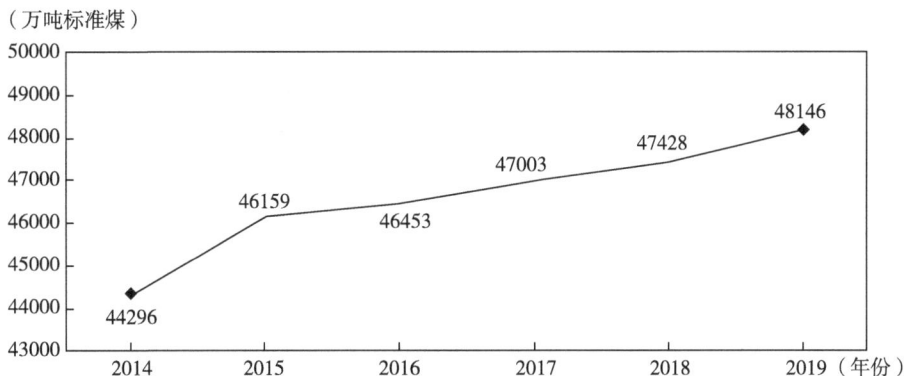

图 3-12　2014~2019 年京津冀地区能源消费总量

数据来源：《中国能源统计年鉴》2015~2020 年分地区分品种能源消费量，北京、天津、河北的能源消费量汇总得来。

从不同地区的能源消费量来看，2014~2019 年，河北省的能源消费量始终排在首位，远高于北京市和天津市的消费量总和，如图 3-13 所示。2014~2019 年，河北省的能源消费量从 29320 万吨标准煤上升至 32545 万吨标准煤，累计增加 3225 万吨标准煤，年均增速约 1.92%，超过京津冀地区能源消费总量的年均增速。2015年，河北省能源消费量较 2014 年增加了 1717 万吨标准煤，同比增加 8.86%，增幅相对其他年份较显著。2016~2019 年，河北省能源消费量虽仍然持续增加，但是增幅并不明显，平均年增速不足 1.2%。2014~2019 年，北京市和天津市的能源消费总量一直都相差不多，但总体来看天津市的能源消费量始终略高于北京市。尤其是2014~2015 年，天津市与北京市的能源消费量差距略为明显，2014 年和 2015 年二者能源消费量分别相差 1314 万吨标准煤、1516 万吨标准煤。2016 年开始，天津市与北京市能源消费量差距在逐年缩小，年均差距不超过 800 万吨标准煤②。

2014~2019 年，天津市能源消费量增速波动较明显，如图 3-14 所示。2014~2015 年，天津市能源消费量呈现上升趋势，从 8145 万吨标准煤增加到8319 万吨标准煤。2015~2017 年，天津市能源消费量呈现下降趋势，从 8319 万吨标准煤下降至 7832 万吨标准煤，减少了 487 万吨标准煤，降幅较为明显。但是，

---

①　数据来源：《中国能源统计年鉴》2015~2020 年分地区分品种能源消费量，北京、天津、河北的能源消费量汇总得来。

②　数据来源：《中国能源统计年鉴》2015~2020 年分地区分品种能源消费量。

（万吨标准煤）

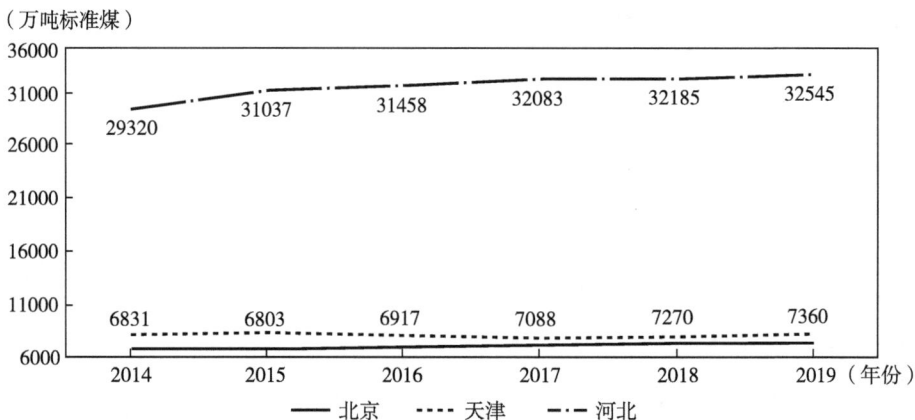

图 3-13　2014~2019 年京津冀各地区能源消费量

数据来源：《中国能源统计年鉴》2015~2020 年分地区分品种能源消费量，北京、天津、河北。

（万吨标准煤）

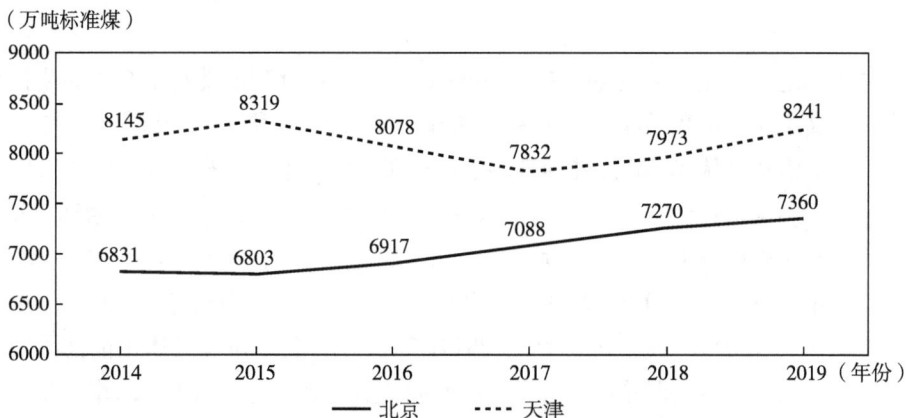

图 3-14　2014~2019 年北京市和天津市能源消费总量

数据来源：《中国能源统计年鉴》2015~2020 年分地区分品种能源消费量，北京、天津。

从 2018 年开始天津市能源消费量又开始回归上升趋势。尽管 2017~2019 年，天津市能源消费量逐年上升，但是 2019 年天津市能源消费量仍然不及 2015 年的消费量，大约相差 78 万吨标准煤。相反，2014~2019 年，北京市的能源消费量增速波动较小。唯独 2015 年北京市的能源消费量较上年略微下降，仅下降了 28 万吨标准煤，同比下降 0.4%，其他年份北京市的能源消费量都呈递增趋势。2015~2019 年，北京市能源消费量从 6803 万吨标准煤上升至 7360 万吨标准煤，年均增速不超过 2%①。总体来看，北京市的能源消费量波动较小，增速较缓慢，而天津市的能源消费量波动幅度较大。

从能源消费结构来看，京津冀地区能源消费结构变化较显著。北京市煤炭、石油等非清洁能源消费结构占比直线下降，其中煤炭消费占比下降幅度最明显。2014~2019 年，北京市的煤炭消费量从 1736.54 万吨标准煤下降到 182.8 万吨标准煤，累计下降 1553.74 万吨标准煤，2019 年北京市煤炭消费量大约是 2014 的 10.53%，如图 3-15 所示。可能是因为北京市作为我国的政治中心、文化中心、国际交往中心，始终严格把控重工业的发展，大力推进压减燃煤和清洁能源的设施建设，不断优化能源消费结构，提高清洁能源的使用效率。无独有偶，2014~2019 年天津市的煤炭消费量也显著下降，从 5027.28 万吨标准煤下降到 3766.11 万吨标准煤，累计下降 1262.17 万吨标准煤，下降率高达 25.87%②。

（万吨标准煤）

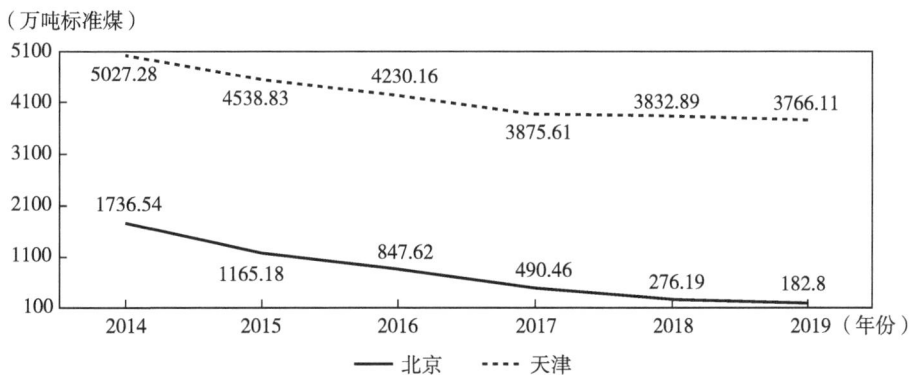

图 3-15　2014~2019 年北京市和天津市煤炭消费量

数据来源：《中国能源统计年鉴》2015~2020 年分地区分品种能源消费量，北京、天津。

然而，河北省作为京津冀地区的能源消费大省，其能源消费结构与北京市和天津市相比，较不合理。长期以来，煤炭一直都是河北省的能源消费主体，而天然气和一次电力及其他能源等清洁能源的消费比重非常小，均不超过 16%。这可能是因为近年来北京市的大部分工业迁移到了河北省，导致河北省的非清洁能源的消费比重明显上升，尤其是北京市煤炭消费量显著下降，而河北省煤炭消费量上升。但是，从 2015 年开始河北省优化能源产业结构，降低煤炭的使用数量，

①②　数据来源：《中国能源统计年鉴》2015~2020 年分地区分品种能源消费量。

提高煤炭的消费质量，同时鼓励电力和天然气等清洁能源的消费。因此，2015年以后，河北省煤炭消费量直线下降，由 2015 年的 31700.5 万吨标准煤下降到2019 年的 28738.44 万吨标准煤，仅仅四年煤炭消费量就下降了大约 3000 万吨标准煤[1]，如图 3-16 所示。

（万吨标准煤）

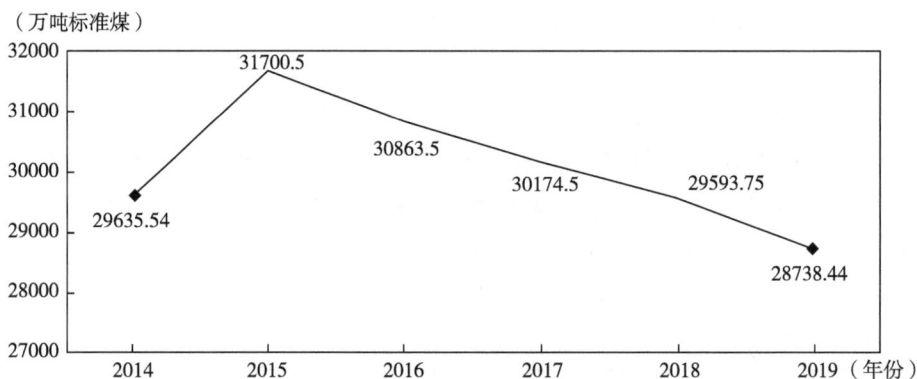

图 3-16　2014~2019 年河北省煤炭消费量

数据来源：《中国能源统计年鉴》2015~2020 年分地区分品种能源消费量，河北。

3.2.2　长三角地区能源消费现状

长江三角洲地区（简称"长三角"），包括上海市、江苏省、浙江省、安徽省，共 41 个城市。由于数据获取受限，本章指的长三角地区主要包括以下一市三省：上海市、江苏省、浙江省、安徽省。长三角地区是我国经济发展最活跃、开放程度最高、创新能力最强的区域之一，在国家现代化建设大局和全方位开放格局中具有举足轻重的战略地位。截至 2019 年底，长江三角洲地区人口 2.27亿，区域面积 35.8 万平方千米，区域铁路网密度达到 325 千米/万平方千米，是全国平均水平的 2.2 倍。2020 年，长江三角洲地区生产总值 24.5 万亿元；常住人口城镇化率超过 60%，以不到 4% 的国土面积，创造出中国近 1/4 的经济总量，1/3 的进出口总额[2]。作为引领中国经济高质量发展的重要区域，长三角的能源消耗碳排放引人关注。

随着长三角地区开放程度的不断提高和经济的飞速发展，长三角地区的能源

---

①　数据来源：《中国能源统计年鉴》2015~2020 年分地区分品种能源消费量。

②　数据来源：百度百科。

消费总量不断攀升,如图 3-17 所示。长三角地区的能源消费总量从 2014 年的 71785 万吨标准煤上升至 2019 年的 80485 万吨标准煤,累计增加 8700 万吨标准煤,增长率约 12.12%。这可能是因为近年来长三角经济发展迅速,三省一市的经济增速远高于全国平均水平,处于我国领先地位。截至 2021 年,长三角地区占全国经济比重为 24.5%,经济的迅猛发展无疑需要较高能源消费支持。此外,长三角地区在传统工业稳步增长的情况下,第三产业的飞速发展也可能是长三角地区能源消费量增长的一个重要因素。虽然长三角地区的能源消费总量在不断攀升,但是该地区能源消费量占全国消费总量的比重有所下降,从 2014 年的 10.34%下降至 2019 年的 9.88%[1]。

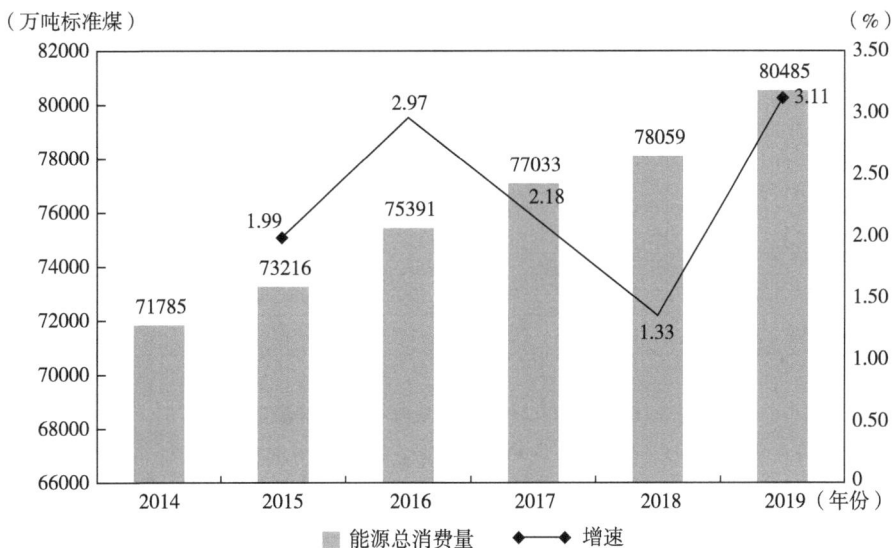

图 3-17　2014~2019 年长三角地区能源消费总量

数据来源:《中国能源统计年鉴》2015~2020 年分地区分品种能源消费量,上海、江苏、浙江、安徽的能源消费量汇总得来。

从不同地区的能源消费量来看,2014~2019 年,浙江、江苏、安徽能源消费量呈逐年上升态势,而上海市能源消费量趋于平稳,如图 3-18 所示。相较于其他地区,浙江省的能源消费量增幅明显,从 2014 年的 18826 万吨标准煤增长至 2019 年的 22393 万吨标准煤,累计增加 3567 万吨标准煤。其次是江苏省,从

_____

[1]　数据来源:《中国能源统计年鉴》2015~2020 年分地区分品种能源消费量。

2014 年的 29863 万吨标准煤增长至 2019 年的 32536 万吨标准煤,累计增加 2663 万吨标准煤。2014~2019 年,上海市的能源消费量始终保持在 11000 万吨标准煤左右①。整体来看,长三角地区的能源消费量增幅并不明显,这可能是因为长三角地区实行特殊的经济政策和经济体制,吸引了大量外商投资,拥有先进的生产技术和管理理念,使得长三角地区的经济发展并没有伴随能源消费的同步增长。

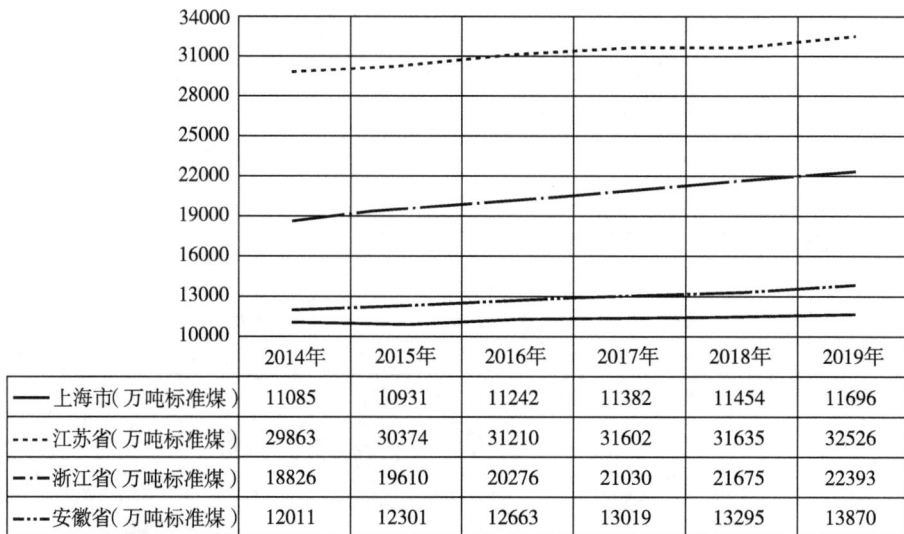

	2014年	2015年	2016年	2017年	2018年	2019年
—— 上海市(万吨标准煤)	11085	10931	11242	11382	11454	11696
---- 江苏省(万吨标准煤)	29863	30374	31210	31602	31635	32526
—·— 浙江省(万吨标准煤)	18826	19610	20276	21030	21675	22393
—··— 安徽省(万吨标准煤)	12011	12301	12663	13019	13295	13870

图 3-18　2014~2019 年长三角各地区能源消费量

数据来源:《中国能源统计年鉴》2015~2020 年分地区分品种能源消费量,上海、江苏、浙江、安徽的能源消费量汇总得来。

从能源消费结构来看,2014~2019 年煤炭在长三角地区的能源消费结构中占主导地位,如图 3-19 所示。2019 年,长三角地区的煤炭消费量约 59516.97 万吨,石油消费量约 10930.91 万吨,天然气消费量约 594.3 亿立方米,占全国的比例分别为 13.07%、18.87%、21.29%。从主要能源煤炭消费量来看,2019 年江苏省、浙江省、上海市的煤炭消费量较 2014 年有所下降。其中浙江省煤炭消费量下降较为明显,从 2014 年的 26912.61 万吨标准煤下降至 2019 年的 24902.05 万吨标准煤,累计减少了 2010.56 万吨标准煤。但是,2014~2019 年,安徽省的煤炭消费量不仅没有下降,反而呈略微上升趋势,从 15786.98 万吨标准煤上升至

---

① 数据来源:《中国能源统计年鉴》2015~2020 年分地区分品种能源消费量。

16699.74 万吨标准煤，累计增加 912.76 万吨标准煤。整体来看，2014~2019 年，长三角地区煤炭总消费量呈下降趋势，从 61419.74 万吨标准煤下降至 59516.97 万吨标准煤，累计下降 3.98%[①]。这可能是因为近年来长三角经济迅猛发展，曾经以煤炭能源为主的消费结构已经不能满足需要，不得不引入天然气等高效替代能源，进而使得煤炭的消费比重有所下降。

（万吨标准煤）

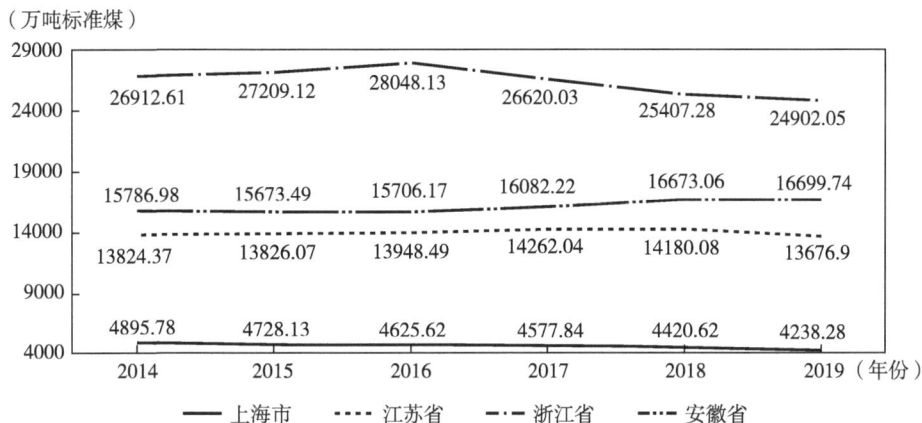

图 3-19   2014~2019 年长三角各地区煤炭消费量

数据来源：《中国能源统计年鉴》2015~2020 年分地区分品种能源消费量，上海、江苏、浙江、安徽的煤炭消费量汇总得来。

近年来，长三角地区的电力消费量一直在增长，2019 年电力消费量超过 14839 亿千瓦时，相较于 2014 年的 11473 亿千瓦时，增加了 3366 亿千瓦时，涨幅约 29.33%。但是，长三角地区一市三省的电力消费差距较大，如图 3-20 所示。2019 年，上海市、江苏省、浙江省、安徽省的电力消费量分别为 1568.58 亿千瓦时、6264.36 亿千瓦时、4706.22 亿千瓦时、2300.68 亿千瓦时，分别占全国电力消费量的 2.12%、8.47%、6.36%、3.11%%。由此可见，江苏省的电力消费量远高于长三角地区的其他省市，大约比浙江省、安徽省分别高出 1558 亿千瓦时、3963 亿千瓦时，是浙江省的 1.33 倍，安徽省的 2.72 倍[②]。这可能是因为江苏省近些年来城市化进程不断加快，城乡居民对家用电器、计算机等电力消费品的需求迅速增加，人均生活用能水平不断提高，电力消费量也持续增长。

---

①②   数据来源：《中国能源统计年鉴》2015~2020 年分地区分品种能源消费量。

（亿千瓦时）

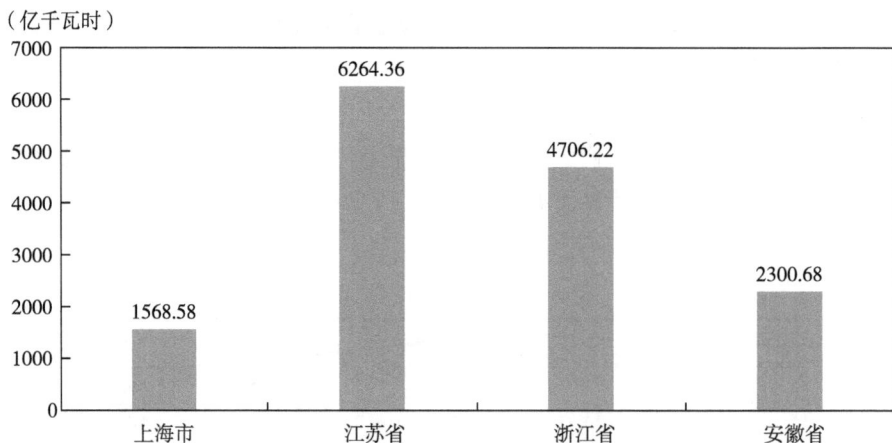

图 3-20　2019 年长三角各地区电力消费量

数据来源：《中国能源统计年鉴（2019）》分地区分品种能源消费量，上海、江苏、浙江、安徽的电力消费量。

随着经济规模的不断扩大，江苏省的能源消费需求稳步增加。2019 年，江苏能源消费总量为 32526 万吨标准煤，比 2014 年增加了 2663 万吨标准煤，增长率约 8.92%，如图 3-21 所示。回首过去，20 世纪五六十年代江苏省主要发展重工业，并且高耗能行业占主导地位，因此能源消费形成了以煤为主、多能互补的能源消费体系。改革开放后的 40 多年，江苏省的能源消费结果逐步转变，煤炭消费比重逐年下降，清洁能源的消费比重不断上升。2000~2008 年，江苏省经济快速发展，能源需求增速显著，能源消费总量年均增速高达 12.3%。江苏省经济

（万吨标准煤）

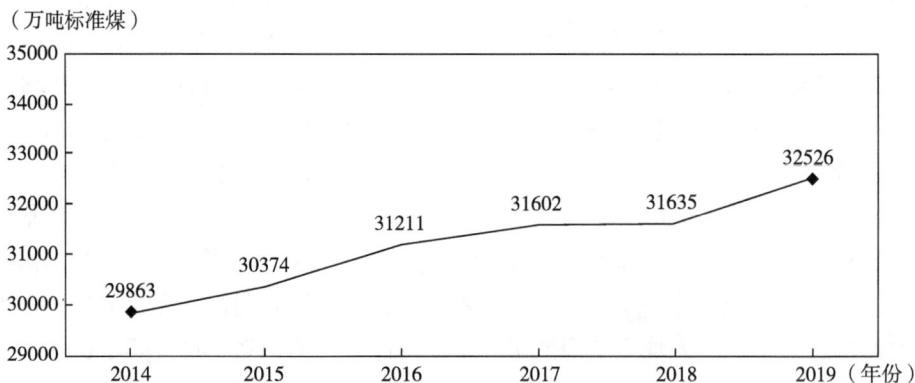

图 3-21　2014~2019 年江苏省能源消费总量

数据来源：《中国能源统计年鉴》2015~2020 年分地区分品种能源消费量，江苏的电力消费量。

的快速发展需消耗大量的化石能源，化石能源的燃烧造成大气污染，CO_2 等在大气中的含量不断上升，导致温室效应逐渐增强。面对资源和环境约束的进一步加剧，为促进经济社会持续健康发展和生态文明建设，江苏省大力开展节能降耗工作，通过设置能源消费"天花板"，逐步实现了对新增能源消费量的有效控制，能源消费总量增速由高速增长逐步进入低速增长轨道。2014 年以后，江苏省能源消费总量增速始终保持在 3% 以内[1]，合理控制能源消费总量初见成效。

3.2.3　珠三角地区能源消费现状

珠三角地区位于广东省中南部，包括广州、佛山、深圳、珠海等 9 个城市，是我国改革开放的先行地区，也是我国重要的经济中心区域，在全国经济社会发展和改革开放大局中具有突出的带动作用和举足轻重的战略地位。珠三角 9 市总面积 55368.7 平方千米，占广东省国土面积的不到 1/3，集聚了国内经济第一大省 53.35% 的人口，79.67% 的经济总量[2]。但受限于数据的可获得性，本书中的珠三角地区泛指整个广东省。2014~2019 年，广东省能源消费量逐年攀升，如图 3-22 所示。2014~2019 年，广东省能源消费量从 29593 万吨标准煤上升至 34142 万吨标准煤，累计增加 4549 万吨标准煤，增速先加快后放缓。2016 年，广东省能源消费量同比增加 3.63%，增长较明显。随后，2017 年开始能源消费量增速放缓，年均增速在 3% 左右[3]。

根据《广东统计年鉴（2021）》，2010 年广东省一次能源消费量为 21942.15 万吨标准煤，2020 年增长到 32818.22 万吨标准煤，大约是 2000 年的 1.5 倍，如表 3-3 所示。2010~2020 年，广东省以原煤和原油为主的非清洁能源消费比重呈直线下降，而天然气和电力等清洁能源的消费比重逐年上升。其中，原煤占能源消费总量的比重下降趋势最显著，从 2010 年的 45.2% 下降到 2020 年的 31.3%，下降接近 14 个百分点。同时，原油占能源消费总量的比重也在下降，但降幅并不显著，从 2010 年的 29.0% 下降到 2020 年的 27.2%。值得注意的是，广东省天然气和一次电力及其他能源等清洁能源的消费结构占比逐年上升。其中，天然气从 2010 年仅 5.7% 上升至 2020 年的 10.3%，大约翻了一番，可见天然气增长的速度非常快。同时，一次电力及其他能源的消费比重上升速度也极其显著，从 2010 年的 20.1% 上升至 2020 年的 31.2%，大约上升了 11 个百分点[4]。由此

---

① ③　数据来源：《中国能源统计年鉴》2015~2020 年分地区分品种能源消费量。

②　数据来源：百度百科。

④　数据来源：《广东统计年鉴（2021）》7-3 能源消费总量及构成。

可见，广东省的能源消费结构正在不断优化，绿色发展战略得到了较好的落实。

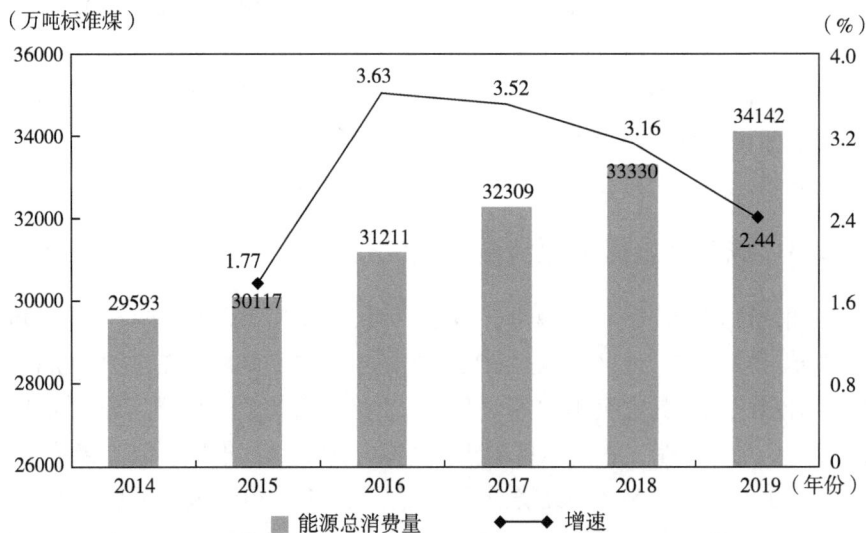

图 3-22 2014~2019 年广东省能源消费总量

数据来源：《中国能源统计年鉴》2015~2020 年分地区分品种能源消费量。

表 3-3 2010~2020 年广东省能源消费量及构成情况

年份	一次能源消费量（万吨标准煤）	占能源消费总量的比重（%）			
		原煤	原油	天然气	一次电力及其他能源
2010	21942.15	45.2	29.0	5.7	20.1
2011	23318.44	50.2	27.0	6.4	16.4
2012	23786.60	46.4	27.1	6.4	20.1
2013	24930.93	46.4	27.1	6.5	20.0
2014	25636.29	43.7	26.6	6.8	22.9
2015	26999.64	40.2	25.9	7.1	26.8
2016	28179.17	38.2	25.6	7.8	28.4
2017	29253.74	38.7	25.4	8.2	27.7
2018	30154.66	37.2	28.1	8.3	26.4
2019	31122.99	34.2	25.9	8.7	31.2
2020	32818.22	31.3	27.2	10.3	31.2

数据来源：《广东统计年鉴（2021）》7-3 能源消费总量及构成。

具体来看，2019 年广东省的能源消费量占全国能源消费总量的 8.46%，仅次于山东省，位居全国第二，如图 3-23 所示。主要是因为近年来广东省的经济发展不断加快，拉动了较高的能源消费需求。2019 年，广东省煤炭消费量相对其他省份较少，仅占全国煤炭消费量 3.7%；但是，广东省石油、汽油、柴油、液化石油气消费量均居全国首位。其中，能源消费量最为显著的品种是液化石油气，消费量为 911.07 万吨标准煤，占全国液化石油气消费量的 26.67%，是消费量第二的浙江省的 3.4 倍。广东省石油消费量 6417.06 万吨标准煤，占全国石油消费量的 11.08%；汽油消费量 1561.02 万吨标准煤，占全国汽油消费量的 10.04%；柴油消费量 1672.22 万吨标准煤，占全国柴油消费量的 9.37%①。

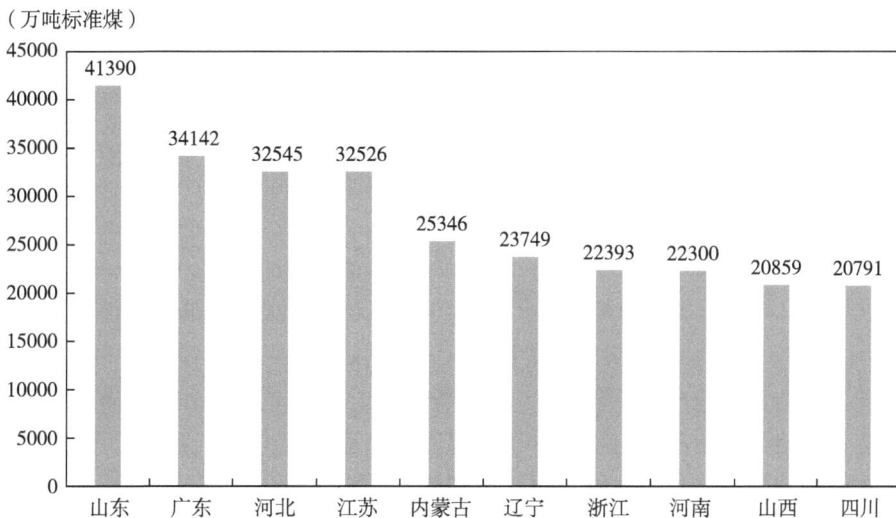

（万吨标准煤）

省份	数值
山东	41390
广东	34142
河北	32545
江苏	32526
内蒙古	25346
辽宁	23749
浙江	22393
河南	22300
山西	20859
四川	20791

图 3-23　2019 年我国能源消费总量前十的省份

数据来源：《中国能源统计年鉴（2020）》分地区分品种能源消费量。

电力是广东省非常重要的能源消费品种之一。广东省是国内率先开展节能发电调度、电力大用户和发电企业直接交易、输配电价等改革试点工作的省份。2019 年，广东省电力消费量为 6695.85 亿千瓦时，占全国电力消费量的 9.06%②，位居全国第二，如图 3-24 所示。这可能是因为广东省致力于加快发展海上风电，因地制宜发展陆上风电，良好的电力基础设施为广东省的电力消费奠定了扎实的基础。

①②　数据来源：《中国能源统计年鉴（2020）》分地区分品种能源消费量。

（亿千瓦时）

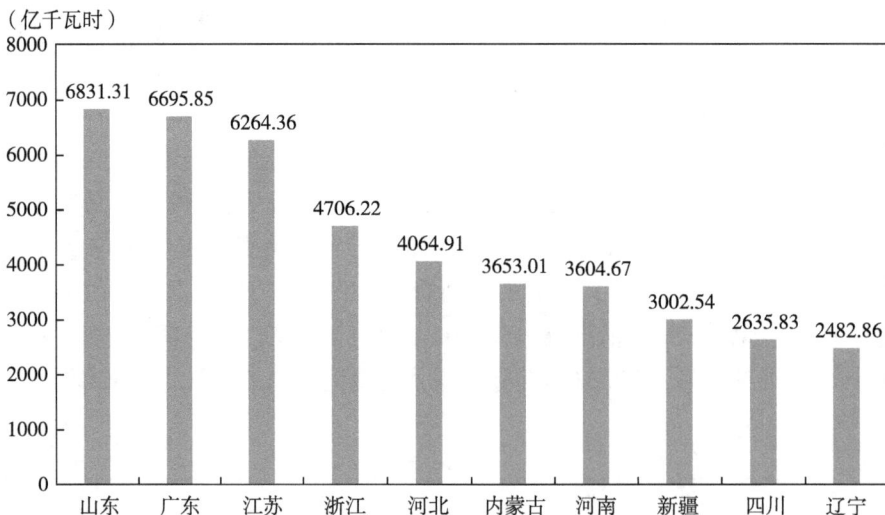

图3-24　2019年我国电力消费量前十的省份

数据来源：《中国能源统计年鉴（2020）》分地区分品种能源消费量。

2019年，广东省的原油、煤油、燃料油消费量居全国第三，依次为5632.08万吨标准煤、313.11万吨标准煤、346.25万吨标准煤，依次占全国消费量的8.59%、7.96%、7.38%。煤炭和焦炭的消费量较少，尤其是焦炭，消费量仅为985.06万吨标准煤，占比2.25%，排名第14①。整体来看，广东省的能源消费结构发生了巨大的变化，能源消费品种日益多样化，煤炭在终端消费中的比重不断下降，优质能源在能源消费中的比重不断上升，能源消费结构不断优化调整。

3.2.4　老工业基地能源消费现状

老工业基地包括东北三省和山西省，曾是我国重要的工业和能源供应基地。东北三省包括黑龙江省、吉林省、辽宁省，山环水绕，被称为"白山黑水"之地。黑龙江占地面积47.3万平方千米，辖12个地级市、1个地区②。吉林省占地面积18.74万平方千米，辖8个地级市、1个自治州③。辽宁省占地面积14.8万平方千米，辖14个地级市④。山西省占地面积15.67万平方千米，辖11个地级市⑤。东北三省是我国对东北亚地区开放的窗口，毗邻的俄罗斯、朝鲜、韩国、日本等国在资源、市场、资本、技术和先进的管理经验等方面各有所长。东

---

①　数据来源：《中国能源统计年鉴（2020）》分地区分品种能源消费量。
②③④⑤　数据来源：百度百科。

北毗邻华北，有北京、天津等大都市支持。东北三省不仅是我国重工业基地之一，也是装备制造业基地和重要的粮食生产基地，每个省都有丰富的能源禀赋。煤炭资源是东北三省的共有能源，黑龙江省有着丰富的煤炭和石油能源储备，同时也是中国的能源输出大省。

2014~2019 年，老工业基地能源消费总量呈先下降后上升的趋势，如图 3-25 所示。2014~2016 年，老工业基地能源消费总量呈下降趋势，由 2014 年的 62181 万吨标准煤下降至 2016 年的 57777 万吨标准煤，其中 2014~2015 年降幅最为明显。2016~2019 年，老工业基地能源消费总量开始平稳上升。2019 年能源消费总量为 63354 万吨标准煤，较 2016 年增加了 5577 万吨标准煤，涨幅接近 9.65%。虽然 2019 年老工业基地能源消费总量较 2016~2018 年有明显上升，但是 2019 年的消费量只是略高于 2014 年的消费量。2014~2019 年，老工业基地平均每年能源消费量约 60311 万吨标准煤。从能源消费增速来看，2014~2015 年，老工业基地能源消费总量下降速度较快，下降率为 5.9%；2016~2019 年，老工业基地能源消费总量上升速度较为平缓，平均消费量增长率为 2.025%①。

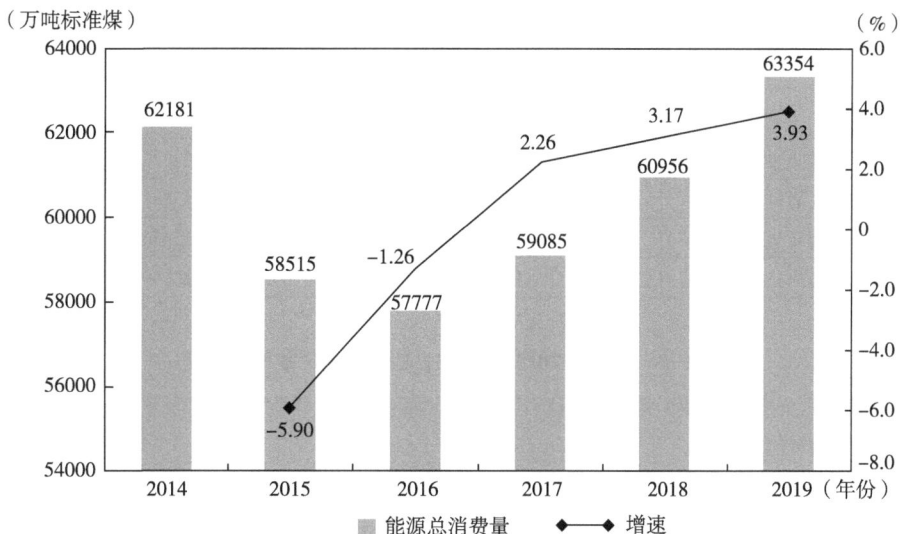

图 3-25　2014~2019 年老工业基地能源消费总量

数据来源：《中国能源统计年鉴》2015~2020 年分地区分品种能源消费量，辽宁、吉林、黑龙江、山西的能源消费量汇总得来。

———————

①　数据来源：《中国能源统计年鉴》2015~2020 年分地区分品种能源消费量。

2014~2019 年，老工业基地各省份（辽宁、吉林、黑龙江、山西）的能源消费量与老工业基地整个地区的能源消费总量变化趋势相同，都是先下降后上升，如图 3-26 所示。在此期间，辽宁省和山西省每年的能源消费量接近，且始终远高于吉林省和黑龙江省。其中，辽宁省的能源消费量始终位居首位，吉林省的能源消费量始终排在末尾。黑龙江省和吉林省的能源消费量合计小于辽宁省的能源消费量。作为老工业基地能源消费量最高的辽宁省，2010~2020 年，能源消费情况波动幅度较大，如图 3-27 所示。2010~2012 年，辽宁省的能源消费总量增速较快，从 19856.4 万吨标准煤上升至 22313.9 万吨标准煤，累计增长 8.24%。然而，2012~2016 年辽宁省的能源消费量明显下跌，从 2012 年的 22313.9 万吨标准煤下降到 2016 年的 19677.0 万吨标准煤，下降率最高达 8.13%①。

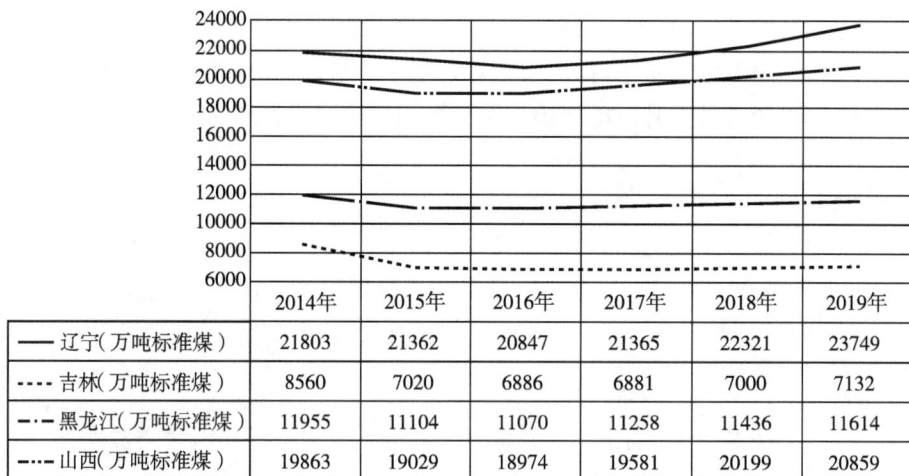

	2014年	2015年	2016年	2017年	2018年	2019年
—— 辽宁（万吨标准煤）	21803	21362	20847	21365	22321	23749
····· 吉林（万吨标准煤）	8560	7020	6886	6881	7000	7132
—·— 黑龙江（万吨标准煤）	11955	11104	11070	11258	11436	11614
—··— 山西（万吨标准煤）	19863	19029	18974	19581	20199	20859

图 3-26 2014~2019 年老工业基地各省份能源消费量

数据来源：《中国能源统计年鉴》2015~2020 年分地区分品种能源消费量，辽宁、吉林、黑龙江、山西的能源消费量汇总得来。

从能源消费结构来看，2010~2020 年辽宁省能源消费主要由煤炭和石油构成，天然气和水电、风电、太阳能及其他能源的消费量占比较小，如表 3-4 所示。2010~2020 年，虽然煤炭在辽宁省能源消费量中的比例有下降趋势，从 2010 年的 67.9% 下降到 2020 年的 57.5%，但仍然是辽宁省的主体能源。2010~2020

---

① 数据来源：《辽宁省统计年鉴（2021）》7-2 能源消费总量及构成。

年，辽宁省的石油消费占比逐年上升，石油消费量的比重从 2010 年的 27.3% 上升到 2020 年的 32.4%，始终位列第二。与此同时，辽宁省的天然气和水电、风电、太阳能及其他能源发电的比重也在逐年增加。天然气占能源消费总量的比重由 2010 年的 1.30% 上升到 2020 年的 4.2%；电力占能源消费总量的比重由 2010 年的 0.60% 上升到 2020 年的 3.3%。总体来看，虽然辽宁省的天然气和水电、风电、太阳能等清洁能源的消费比重逐年上升，非清洁能源煤炭的消费占比逐年下降，但是在能源消费总量中，天然气和电力的占比仍然非常小，两者之和不足 8%。相反，煤炭和石油等非清洁能源占比仍然比较大，两者之和早已超过 90%[①]。由此可见，辽宁省的煤炭、石油消费占比份额太大，清洁能源消费占比不足，环境污染可能会比较严重，节能减排战略实施较困难。

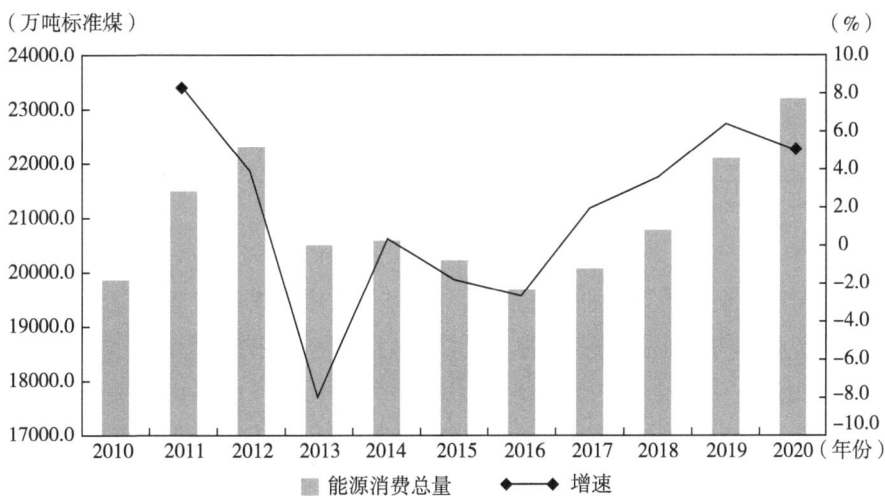

图 3-27 2010~2020 年辽宁省能源消费总量及趋势

数据来源：《辽宁省统计年鉴（2021）》7-2 能源消费总量及构成。

表 3-4 2010~2020 年辽宁省能源消费总量及不同能源占比

年份	能源消费总量（万吨标准煤）	占能源消费总量的比重（%）			
		煤炭	石油	天然气	水电、风电、太阳能及其他能源发电
2010	19856.4	67.9	27.3	1.3	0.6

---

① 数据来源：《辽宁省统计年鉴（2021）》7-2 能源消费总量及构成。

年份	能源消费总量（万吨标准煤）	占能源消费总量的比重（%）			
		煤炭	石油	天然气	水电、风电、太阳能及其他能源发电
2011	21492.1	65.3	29.0	2.4	0.6
2012	22313.9	61.3	31.6	3.8	0.8
2013	20499.6	62.5	28.2	5.0	1.5
2014	20585.7	62.1	28.2	5.4	1.6
2015	20217.3	60.6	31.4	3.6	1.8
2016	19677.0	60.5	31.4	3.4	2.4
2017	20060.9	59.1	31.7	4.1	2.6
2018	20779.0	58.2	31.5	4.7	3.2
2019	22103.0	57.9	31.7	4.5	3.3
2020	23199.5	57.5	32.4	4.2	3.3

数据来源：《辽宁省统计年鉴（2021）》7-2 能源消费总量及构成。

山西省作为全国重要的能源基地之一，多年来依靠煤炭工业发展，形成了以煤为主的产业结构和能源消费结构，经济社会发展与煤炭生产、消费关联密切。2019 年，山西省工业企业中煤炭企业贡献了 67%的税收，44%的就业岗位；全省 58%的原煤、79%的焦炭、30%①的电力输往省外，为全国提供坚实有力的能源基础保障。但是，长期高强度的煤炭开采和利用在支撑全省经济社会发展的同时，也给环境空气质量改善、温室气体减排和人群健康水平提升带来较大压力，太原、临汾、晋城等城市空气质量长期不良。"十三五"期间，在"打赢蓝天保卫战"的重要决策部署下，山西省以"调结构、控增量、减存量"为基本原则，推动开展煤炭消费总量控制工作。

2019 年，山西能源消费总量达 2.1 亿吨标准煤，占全国能源消费的比重为 4.3%，在全国排第 9，如图 3-28 所示。2015~2019 年，全省能源消费总量逐年增长，累计增长 1475 万吨标准煤，年均增速 1.9%，较全国平均增速 2.9%约低 1 个百分点；山西单位 GDP 能耗累计下降 12.9%，与全国累计下降 12.7%基本一致。

---

① 数据来源：山西省"十四五"煤炭消费总量控制政策研究：山西减煤路径分析-报告精读-未来智库（vzkoo.com）。

近年来，新能源在满足全国能源消费新增量中扮演着越来越重要的角色，在山西煤炭消费总量中逐年增加，在全国排名第3，仅次于内蒙古和山东。2019年，山西煤炭消费总量约3.5亿吨标准煤，较2015年累计增长6391万吨标准煤①。

（万吨标准煤）

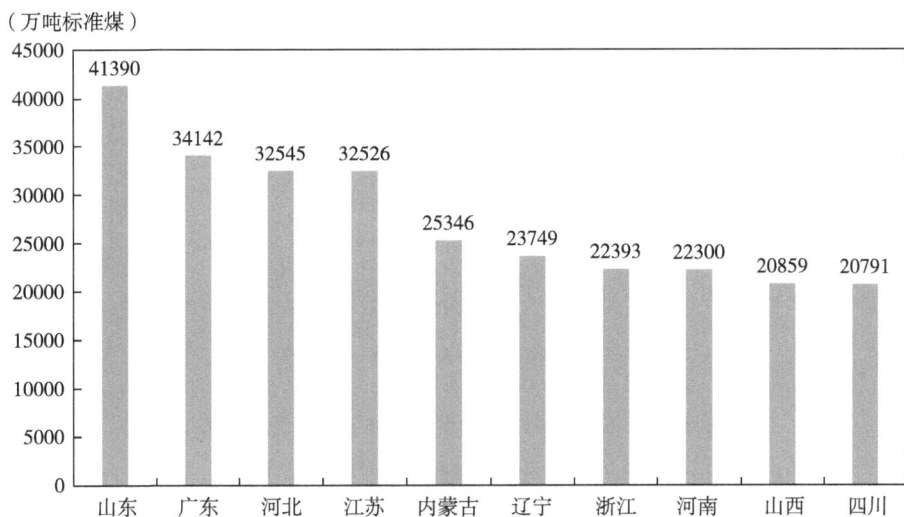

图3-28　2019年我国能源消费总量前十的省份

数据来源：《中国能源统计年鉴（2020）》分地区分品种能源消费量。

与山西省类似，黑龙江省也是国家重要的能源基地之一。黑龙江省有着丰富的能源储备，能源品种齐全，主要特点是多煤、多油、少气。2014~2019年，黑龙江省能源消费量先下降后上升，如图3-29所示。2014~2015年，黑龙江省能源消费量下降明显，从11955万吨标准煤下降至11104万吨标准煤；2015~2016年，黑龙江省能源消费量略微下降，降幅不足0.31%，仅下降了34万吨标准煤；2016~2019年，黑龙江省能源消费量开始平稳上升，每年的增速都在1.5%左右。巧合的是，2019年与2018年都比上年增加了178万吨标准煤。虽然2016~2019年能源消费量平稳上升，但是2019年的能源消费量仍然没有2014年的能源消费量高，两者相差341万吨标准煤②。

3.2.5　中部地区能源消费现状

中部地区包括河南、湖北、湖南、江西4个相邻省份。依据国家的"中部崛

---

①②　数据来源：《中国能源统计年鉴（2020）》分地区分品种能源消费量。

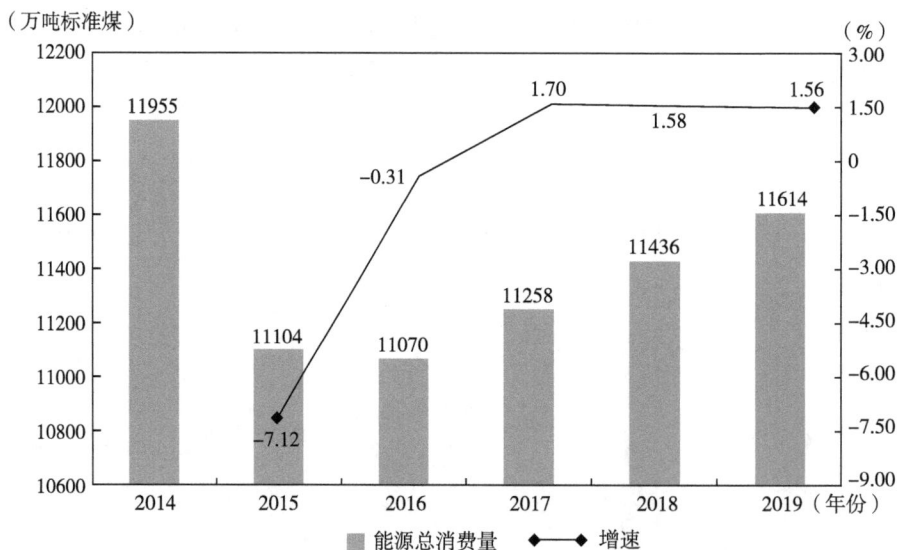

图 3-29　2014~2019 年黑龙江省能源消费量及趋势

数据来源：《中国能源统计年鉴》2015~2020 年分地区分品种能源消费量。

起"战略，中部地区包括河南、湖北、湖南、江西、安徽和山西 6 个省，但是本书已将安徽省列在长三角地区中分析，将山西省列在老工业基地分析。因此，为避免数据统计和分析的重复，本书中部地区仅包括河南、湖北、湖南和江西 4 省。河南省总面积 16.7 万平方千米，辖 17 个地级市、1 个省直辖县级市。河南是中国重要的经济大省，2021 年，河南省地区生产总值 58887.41 亿元，比 2020 年增长了 6.3%，2020~2021 年平均增长 3.6%①。湖北省总面积 18.59 万平方千米，占中国总面积的 1.94%，辖 12 个地级市、1 个自治州。2021 年湖北省地区生产总值增长 12.9%，总量迈上 5 万亿元大台阶，达到 50012.94 亿元②。湖南省总面积 21.18 万平方千米，辖 13 个地级市、1 个自治州，2021 年湖南省地区生产总值 46063 亿元③。江西省总面积 16.69 万平方千米，辖 11 个设区市④。

　　"中部崛起"是我国最重要的经济发展战略之一。中部地区具有明显的地理位置优势，是我国重要的能源输送通道和能源供给保障区，在我国起着"承东启西"的重要作用。但是，中部地区煤炭资源匮乏、水资源丰富，导致其能源资源分布不均衡。依靠丰富的水资源，中部地区成了我国重要的水电工业基地。2014~2019 年，中部地区能源消费总量呈现先下降后上升的趋势，如图 3-30 所

①②③④　数据来源：百度百科。

示。2014~2015 年，能源消费量从 62582 万吨标准煤下降至 60757 万吨标准煤，下降了 1825 万吨标准煤，降幅为 2.92%。随后从 2015 年开始，中部地区能源消费总量稳步上升，从 2015 年的 60757 万吨标准煤上升至 2019 年的 65282 万吨标准煤，上升了 4525 万吨标准煤，增幅为 7.45%[①]。

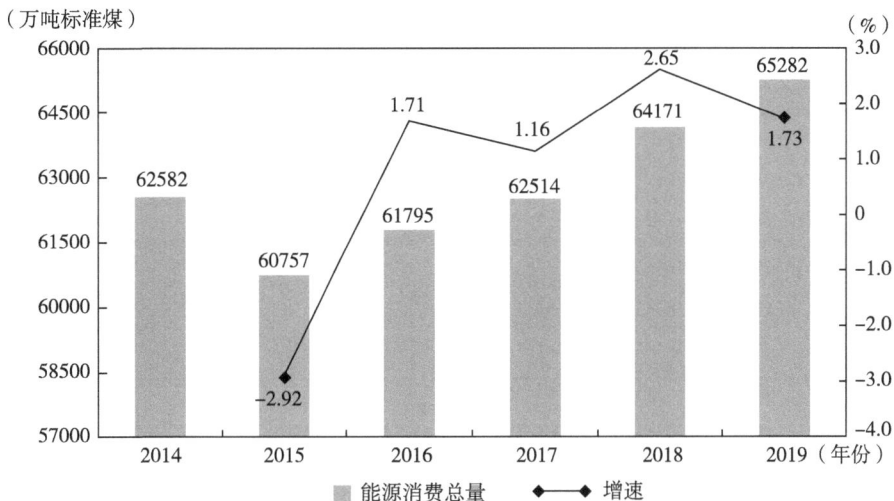

图 3-30 2014~2019 年中部地区能源消费总量

数据来源：《中国能源统计年鉴》2015~2020 年分地区分品种能源消费量，河南、湖北、湖南、江西的能源消费量汇总得来。

虽然 2015~2019 年中部地区能源消费量逐年上升，但是煤炭消费量却呈下降趋势，如图 3-31 所示。2014~2019 年，中部地区煤炭消费量从 54514.53 万吨标准煤下降至 50473.74 万吨标准煤。其中 2015~2018 年，煤炭消费量降幅较小，年降幅均不超过 1%；2014~2015 年、2018~2019 年，煤炭消费量降幅较明显，消费量分别减少 1338.13 万吨标准煤、1759.24 万吨标准煤，降幅分别为 2.45%、33.68%[②]。虽然中部地区煤炭消费量有所下降，但化石能源仍然是主要的能源消费品种，并且中部地区对外部能源的依存度也始终位居高位。因此，中部地区仍然面临着加快能源结构优化调整的问题。

2020 年，湖南省能源消费总量约 1.6 亿吨标准煤，以 1.7%的能源消费增速支撑了全省 3.8%的经济增长。2020 年，湖南省能源活动碳排放量约为 2.98 亿

---

①② 数据来源：《中国能源统计年鉴》2015~2020 年分地区分品种能源消费量。

吨。其中，煤炭的碳排放占比最高，达78%；石油碳排放占比居中，为19%；天然气碳排放占比最低，仅为3%。2016~2020年，湖南省能源消费结构呈现"两升两降"的特点：天然气、电力消费分别同比增长3.7%、3.5%[①]，煤炭、石油消费量稳中有降。这可能是因为"十三五"期间，湖南省能源系统大力推进节能减排工作，使得能源结构持续优化。

（万吨标准煤）

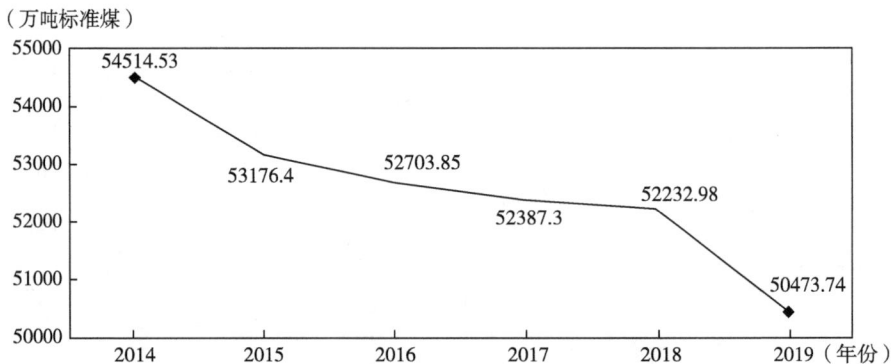

图3-31　2014~2019年中部地区煤炭消费量

数据来源：《中国能源统计年鉴》2015~2020年分地区分品种能源消费量，河南、湖北、湖南、江西的能源消费量汇总得来。

3.2.6　能源富集地区能源消费现状

能源富集地区主要包括新疆维吾尔自治区（以下简称"新疆"）、宁夏回族自治区（以下简称"宁夏"）、内蒙古自治区（以下简称"内蒙古"）和陕西省，资源型经济特色突出。新疆面积166.49万平方千米[②]，是中国陆地面积最大的省级行政区，约占中国国土总面积的1/6。宁夏面积6.64万平方千米，辖5个地级市[③]。内蒙古面积118.3万平方千米，辖9个地级市、3个盟[④]。陕西省面积20.56万平方千米，辖10个地级市[⑤]。

2014~2019年，能源富集地区能源消费总量稳步提高，如图3-32所示。2019年，能源富集地区能源消费总量为64962万吨标准煤，较2014年增加了

---

①　数据来源：《湖南省能源发展报告2020》。

②③④⑤　数据来源：百度百科。

15559 万吨标准煤，是 2014 年能源消费量的 1.31 倍[1]。这可能是因为能源富集地区的经济发展主要依赖能源产业，煤炭、石油、天然气等能源储备丰富。其中，煤炭储备量优势最明显，约占全国煤炭总储备量的 70%[2]。从能源消费结构来看，能源富集地区的煤炭消费占比近年来稳居高位。能源富集地区的化石能源在能源生产和消费结构中占比较高，清洁能源的占比较小。能源富集地区是我国"西煤东运""西气东输""西电东送"的重要基地，是保障我国能源安全的压舱石。

（万吨标准煤）   （%）

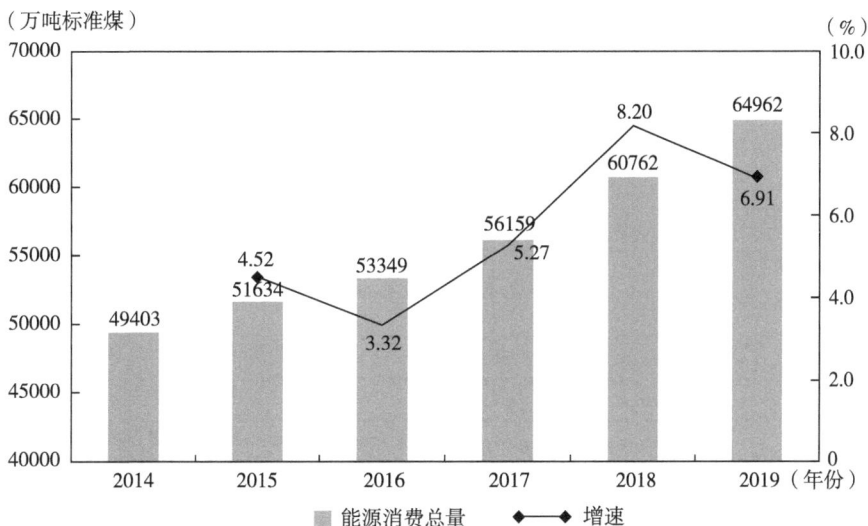

图 3-32   2014～2019 年能源富集地区能源消费总量

数据来源：《中国能源统计年鉴》2015～2020 年分地区分品种能源消费量，新疆、宁夏、内蒙古、陕西的能源消费量汇总得来。

新疆作为我国最重要的资源宝库和能源基地之一，能源消费总量逐年上升，如表 3-5 所示。2010～2020 年，新疆能源消费量从 7915.2 万吨标准煤上升至 18981.8 万吨标准煤，2020 年能源消费量是 2010 年的约 2.4 倍。从能源消费结构来看，新疆能源消费品种中煤炭的消费量占比最大，其次为石油、天然气，最后是水电、风电、太阳能及其他能源发电。截至 2020 年，煤炭和石油占比达

---

① 数据来源：《中国能源统计年鉴》2015～2020 年分地区分品种能源消费量。

② 数据来源：微信公众号"中国工程院院刊"（ID：CAE-Engineering），作者：高丹、孔庚、麻林巍、严晓辉、张衡，原文标题《我国区域能源现状及中长期发展战略重点研究 | 中国工程科学》。

79.6%,而天然气和水能、风能、太阳能等清洁能源占比仅为20.4%。2010~2020年,新疆的煤炭消费量居高不下,占比始终处在65%~69%。其中2017~2020年,新疆的煤炭消费占比不仅没有下降,反而呈现上升趋势。2020年煤炭消费占比高达68.9%,是近11年来煤炭消费占比最高的一年①。此外,2010~2020年新疆的石油和天然气消费占比总体呈现下降趋势,水电、风电、太阳能及其他能源发电增长缓慢。可能是由于我国大力推动"一带一路"倡议,使得新疆电网发展迅速,尤其是在新疆电网本地的建设和新疆电能的向外输送上。

表3-5　2010~2020年新疆能源消费总量及构成

年份	能源消费总量（万吨标准煤）	占能源消费总量的比重（%）			
		煤炭	石油	天然气	水电、风电、太阳能及其他能源发电
2010	7915.2	65.7	15.3	13.0	6.0
2011	9474.5	66.9	14.9	12.9	5.3
2012	11293.7	66.8	14.9	12.5	5.8
2013	13631.8	66.0	13.7	12.5	7.8
2014	14926.1	65.1	12.4	15.2	7.3
2015	15666.1	67.1	12.7	11.6	8.6
2016	16302.2	67.5	13.0	10.0	9.5
2017	17386.3	67.0	13.0	8.6	11.4
2018	17694.0	67.1	12.5	7.9	12.5
2019	18489.8	67.5	11.8	7.0	13.7
2020	18981.8	68.9	10.7	6.7	13.7

数据来源:《新疆统计年鉴(2021)》7-2主要年份能源消费总量及构成。

2010~2020年,新疆不仅能源消费量逐年上升,而且能源生产总量也持续上升。新疆的能源生产量从2010年的14697万吨标准煤上升至2020年的29373.5万吨标准煤,涨幅接近100%②。从生产量和消费量的对比来看,新疆的能源消费总量远小于生产总量。主要原因可能是新疆本地经济发展对能源需求不足,存在能源的对外输送,如"西气东输""疆电外送"工程。虽然新疆是我国煤炭、

———————————

①② 数据来源:《新疆统计年鉴(2020)》第七篇能源。

油气、清洁能源的重要基地和运输通道，清洁能源近年来得到了飞速发展，但是能源基础设施尚未完善，导致风能、光能等清洁能源未高效利用。

3.2.7 西南地区能源消费现状

西南地区包括四川、云南、贵州 3 个省份和重庆市（由于西藏自治区能源数据缺失，本书未涉及）。四川省总面积 48.6 万平方千米，辖 21 个地级行政区[1]，地处长江上游，具有全国首屈一指的天然气（页岩气）资源优势。重庆市总面积 8.24 万平方千米[2]，地处中国内陆西南部，是长江上游地区的经济、金融、科创、航运和商贸物流中心和西部大开发重要的战略支点，具有丰富的氢气资源优势。云南省总面积 39.41 万平方千米[3]，入选国家自由贸易试验区，是长江经济带的重要组成部分，全国热门旅游目的地和文旅大省。2021 年，云南省实现地区生产总值 27146.76 亿元，比 2020 年增长 7.3%。贵州省总面积 17.62 万平方千米，属亚热带季风气候，地跨长江和珠江两大水系，辖 6 个地级市、3 个自治州[4]。2014~2019 年，西南地区能源消费量仅在 2015 年有所下降，其他年份都在上升，如图 3-33 所示。

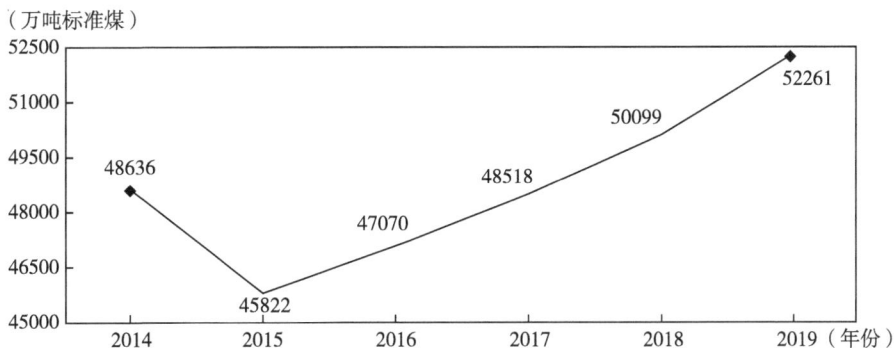

图 3-33 2014~2019 年西南地区能源消费总量

数据来源：《中国能源统计年鉴》2015~2020 年分地区分品种能源消费量，重庆、四川、贵州、云南的能源消费量汇总得来。

2014~2019 年，各省份消费量趋势和西南地区的总消费量趋势相同，均在 2015 年出现下降拐点，2016 年开始能源消费量又回归稳定上升趋势，如图 3-34

---

①②③④ 数据来源：百度百科。

所示。2019 年，西南地区能源消费总量为 52261 万吨标准煤，重庆市、四川省、贵州省和云南省的能源消费量分别为 8889 万吨标准煤、20791 万吨标准煤、10423 万吨标准煤和 12158 万吨标准煤，分别占西南地区能源消费总量的 17.01%、39.78%、19.94%和 23.26%，可见四川省是西南地区的能源消费大省。除四川省外，其他省份的能源消费量差距较小。2014~2019 年，四川省能源消费量始终远高于其他省份，大约是云南省和重庆市的消费量总和。2014 年，四川省能源消费总量是 19879 万吨标准煤，2019 年达到了 20791 万吨标准煤，大约是 2014 年的 1.04 倍，增幅并不明显。2015 年，四川省能源消费量较上年有所下降，从 2014 年的 19879 万吨标准煤下降到 2015 年的 18306 万吨标准煤，同比下降 7.91%①。

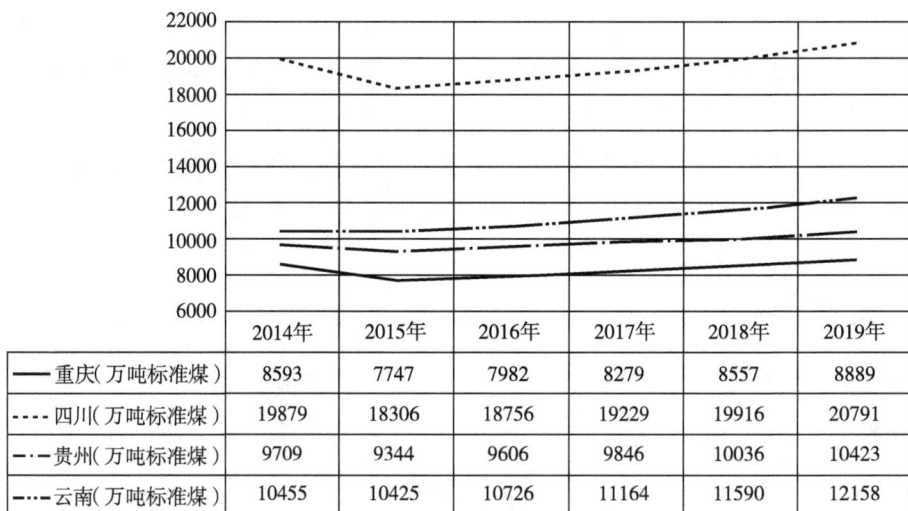

图 3-34 2014~2019 年西南地区各省份能源消费量

数据来源：《中国能源统计年鉴》2015~2020 年分地区分品种能源消费量，重庆、四川、贵州、云南的能源消费量汇总得来。

四川省作为西南地区能源消费量最大的省份，全省能源消费量从 2014 年的 19879 万吨标准煤增长到 2020 年的 21185.9 万吨标准煤，年均增长 1.28%。从能源消费结构来看，"十三五"期间，四川省煤品燃料、油品燃料的消费比重逐年下降，天然气、一次电力等清洁能源的消费比重逐年上升。四川省煤品燃料、油品燃料的消费占比分别从 2016 年的 33.9%、19.0%下降至 2020 年的 27.0%、

① 数据来源：《中国能源统计年鉴》2015~2020 年分地区分品种能源消费量。

17.6%；天然气、一次电力的消费占比分别从 2016 年的 14.4%、52.9%上升至2020 年的 16.5%、56.6%①，如表 3-6 所示。根据《四川省"十四五"能源发展规划》，未来四川省将会统筹推进电源建设、推动电网提档升级、加快天然气勘探开发利用、推进煤炭清洁化生产利用、加强能源安全储备和风险管控等十大重点任务，加快构建清洁低碳、安全高效的能源体系。

表 3-6   2016~2020 年四川省能源消费量

项目 \ 年份		2016	2017	2018	2019	2020
能源消费总量	标准量	18755.8	19229.0	19916.2	20790.6	21185.9
	构成	100.0	100.0	100.0	100.0	100.0
煤品燃料	标准量	6365.4	6085.1	5865.3	5886.1	5728.9
	构成	33.9	31.6	29.5	28.3	27.0
油品燃料	标准量	3563.1	3711.6	3680.7	3881.8	3729.6
	构成	19.0	19.3	18.5	18.7	17.6
天然气	标准量	2695.4	2876.3	3152.2	3387.7	3486.6
	构成	14.4	15.0	15.8	16.3	16.5
一次电力	标准量	9913.4	10516.8	10915.6	11206.1	11996.3
	构成	52.9	54.7	54.8	53.9	56.6
电力净调入（+）、调出（-）量	标准量	-4164.2	-4460.9	-4270.7	-4157.5	-4274.1
	构成	-22.2	-23.2	-21.4	-20.0	-20.2
其他能源	标准量	382.8	500.2	573.1	586.3	518.6
	构成	2.0	2.6	2.9	2.8	2.4

注：标准量的单位是万吨标准煤，构成的单位是%，按电力等价值计算。

数据来源：《四川统计年鉴（2021）》6-3 能源消费量和构成。

　　虽然云南省的面积约占全国总面积的 4%，但却蕴藏了全国约 20%的清洁能源，是全国平均资源富集程度的 5 倍②，能源储备非常丰富。自 2010 年以来，云

---

① 数据来源：《四川统计年鉴（2021）》6-3 能源消费量和构成。

② 数据来源：喜迎省第十一次党代会｜绘就绿色能源产业发展新图景_云南省农业农村厅（yn.gov.cn）。

南省能源消费量快速增长，煤炭、石油消费比重持续下跌，天然气、一次电力消费比重持续上升，如表 3-7 所示。2010~2020 年，云南省能源消费总量由 8674.17 万吨标准煤上升至 12981.94 万吨标准煤，年复合增长率 3.5%左右。从能源消费结构来看，2010~2014 年，云南省能源消费以煤炭消费为主。2015 年，煤炭和一次电力及其他能源消费比重接近。2016 年，云南省一次电力及其他能源比重高达 41.22%，首次超越煤炭，成为云南省能源消费的主体。2020 年，云南省一次电力及其他能源消费比重 44.74%，较 2010 年增加了 20.76%[①]。云南省一次电力及其他能源消费持续走高可能是因为近年来，云南依托地域、资源优势，不断发展水电，在清洁电力快速发展的同时，利用"铝电联营"的模式，积极推进绿色硅铝项目，消纳清洁电力。

表 3-7　2010~2020 年云南省能源消费总量及构成

年份	能源消费总量（万吨标准煤）	占能源消费总量的比重（%）			
		煤炭	石油	天然气	一次电力及其他能源发电
2010	8674.17	56.73	15.11	0.56	23.98
2011	9540.28	55.97	14.88	0.53	27.72
2012	10433.68	53.16	14.93	0.50	29.87
2013	10072.09	50.63	14.36	0.53	33.05
2014	10454.83	43.07	14.71	0.54	40.66
2015	10424.69	40.99	16.20	0.75	40.87
2016	10725.95	39.93	16.68	0.89	41.22
2017	11163.57	38.06	17.25	1.05	42.27
2018	11590.02	36.30	17.04	1.33	43.96
2019	12157.65	34.57	17.63	1.80	44.55
2020	12981.94	34.87	16.75	1.91	44.74

数据来源：《云南省统计年鉴（2021）》8-9 主要年份能源生产和消费总量及构成。

① 数据来源：《云南省统计年鉴（2021）》8-9 主要年份能源生产和消费总量及构成。

3.3　本章小结

本章首先分析了我国近几年的能源消费总量及构成情况，其次按能源品种梳理了我国煤炭、石油、天然气等主要能源的消费数据，最后分地区分品种对京津冀、长三角、珠三角、老工业基地、中部地区、能源富集地区以及西南地区的能源消费现状展开分析。

从能源消费总量及构成来看，2010～2020年我国的能源消费总量持续上升。其中，2011年的能源消费总量增速最迅猛，同比增加7.32%。随后，我国能源消费总量增速逐年放缓，直到2016年增速回归上升态势。我国能源消费结构的基本特点大致可以概括为"多煤、少油、乏气"。虽然煤炭占我国能源消费总量的比重始终位列第一，但比重正在逐年下降，石油的比重始终保持在17%～19%。相反，天然气、一次电力等其他清洁能源的消费比重逐年攀升，2020年天然气的比重较2010年翻了一番，一次电力及其他能源从9.4%上升至15.9%。由此可见，近几年来我国能源消费结构正在持续优化。

从不同地区的能源消费情况来看，2019年各地区的能源消费总量都较2014年显著提升。2019年，各区域的能源消费总量排名依次为长三角、中部地区、能源富集地区、老工业基地、西南地区、京津冀、珠三角地区。其中，长三角地区的能源消费总量始终排在首位，并且远高于其他区域。2019年，中部地区、能源富集地区、老工业基地的能源消费总量接近。2014～2019年，长三角、能源富集地区、京津冀、珠三角地区的消费总量逐年递增，其中能源富集地区消费量增速最显著，珠三角地区增速最平缓，而中部地区、老工业基地、西南地区的能源消费量呈现先下降后上升的趋势。由此可见，我国幅员辽阔，各地区的能源消费情况差异较显著。

4 我国区域能源效率及节能
潜力评价研究

4.1 我国区域能源效率及节能潜力评价现状

提高能源资源利用效率、实施节能减排是推动经济社会低碳转型发展的关键。因此，提高能源效率、挖掘节能潜力已成为社会的研究热点。

4.1.1 区域能源效率评价现状

提高能源效率有助于实现国家制定的节能减排目标，是实现经济低碳转型发展的重要途径，学术界的相关研究成果也较为丰富。目前，研究低碳能源效率差异的文献多以国家和省域层面为研究对象。研究结果表明我国区域能源效率相对较低，而且各地区间发展不均衡，能源效率值呈现出东部优于中部、中部优于西部的情况。

邹艳芬和陆宇海（2005）定量分析中国能源利用效率的特征，发现我国省域能源利用效率和该地区经济发展之间表现出显著的依赖性，并且空间差异表现比较明显。史丹（2006）研究发现，我国能源效率较高的省市集中在东南沿海地区，能源效率值普遍较高，而与之相反的是，虽然内陆省区资源富裕，但其消费品种主要为煤炭，能源效率较低。左中梅和杨力（2011）的研究表明中国区域能源效率整体水平较低，而且各地区间的效率差异越来越大，高能效区集中在东部与南部。周超（2012）利用 Super-SBM 模型测算中国 29 个省份 2004~2009 年的绿色能源效率值，研究后发现地区差异明显，东部地区明显高于中西部地区。齐亚伟和陶长琪（2012）测算了 2000~2009 年我国各省市的环境效率及环境全要素生产率变动状况后发现，环境无效率普遍存在，且在省际间的分布差异较大；

如不考虑非期望产出，全要素能源效率的增长显著低于环境全要素生产率的增长。王兆华和丰超（2015）对中国 2003～2010 年全要素能源效率进行了测算和分析，发现目前能源效率整体较低，呈现出先下降后上升的走向。吴传清和董旭（2016）运用超效率 DEA 模型和 ML 指数法测算了长江经济带各省市 1999～2013 年的能源效率，分析后得出结论，能源效率呈现出"M"型变化规律。吴巧生和李慧（2016）基于共同前沿理论，利用 DEA 构建非参数前沿，将 SO_2 排放量这一非期望产出纳入 DEA 模型中，对 2005～2014 年长江中游城市群全要素能源效率进行比较分析，发现总体上处于较低水平，但地区差异并不显著；三大区域之间的能源技术差距不是很大，实际能源强度和潜在能源强度都在下降，两者之间的差距逐渐缩小。张忠杰和邓光耀（2017）基于 Global Malmquist Luenberger（GML）指数测算中国各省份 2003～2014 年全要素能源利用效率变动情况，发现 GML 指数在大多数时期都大于 1，表明各省份的全要素能源利用效率在大多数情况下都在逐步提高。GML 指数和它的分解结果 EC 指数和 BPC 指数都经常变化，上升和下降交替出现，但是变化趋势并不一致。

吴江等（2019）使用 NUSBM 模型和 ML 指数测算了中国 30 个省份 2005～2015 年的全要素能源效率，同时采用三阶段 NUSBM-ML 指数将环境和随机因素纳入分析框架，并将 SBM-ML 指数测算的结果、Hybrid-ML 指数测算的结果与该书测算的结果进行比较分析，发现东部地区的全要素能源效率最高，中部次之，西部最低，且中部与东部地区的差距越来越小。田泽等（2020）选取中国三大城市群 54 个城市作为研究对象，运用考虑非期望产出的共同前沿动态 SBM 模型和能源无效率分解等方法对三大城市群 2013～2017 年的能源效率及变化进行了全面分析，得出结论：中国三大城市群能源效率总体处于中等水平；三大城市群共同前沿能源效率表现为京津冀城市群>长三角城市群>珠三角城市群，且 2015 年是其能源变化的拐点，能源效率呈现出上升趋势；群组前沿能源效率则呈长三角城市群>京津冀城市群>珠三角城市群的现状。

崔琪等（2022）使用 2005～2018 年中国 30 个省份数据，采用 EBM-GML 方法测度了八大经济区的绿色全要素能源效率水平，发现各经济区效率水平普遍较低，但呈上升趋势；与技术效率相比，绿色全要素能源效率水平上升主要是由于技术的进步。蔡海霞和程晓林（2022）构建了非期望产出的不可分混合 DEA 模型，并考虑可再生能源的影响，测算我国 2011～2018 年 30 个省份的全要素能源效率。研究得出：从整体数据趋势来看，中国的区域能源效率距离生产前沿面有一定距离，而且在 2016 年以前一直处于下降的趋势，2016 年以后基本保持平稳；

各省份之间的能源效率表现也有较大差异，东部地区如北京、上海和广东等省市的能源效率最高，西南和西北省份的能效最低，远远低于全国平均值。

4.1.2 节能潜力评价现状

节能对提高能源效率、确保能源安全和提高经济发展质量具有重要价值。我国是全球主要的能源消费和碳排放国家，推行节能战略是助力实现碳达峰、碳中和目标的重要手段。关于节能潜力的研究成果也较为丰富，研究结果普遍表明我国东、中、西部地区间的节能潜力差异较大。相较于中西部地区，东部地区的节能潜力较小。

韩亚芬等（2007）实证分析了1990～2004年中国不同地区能源利用效率和经济发展之间的关系，认为两者之间呈正相关关系，东部沿海地区的能源利用效率较高，中西部地区较低，节能减排的空间较大。杨红亮等（2009）基于2005年中国各地区的数据，对各地区的能源效率和节能潜力进行了比较。郑明慧和王亚飞（2012）发现，东、中、西部地区能源效率最高的分别为北京、江西和广西，而能效最低的分别为河北、山西和宁夏，这三个省区的节能潜力巨大。王蕾等（2012）认为，短期内中西部地区能源效率较低，很难赶上东部地区，与全国平均节能潜力相比，中西部地区的节能潜力较低。范丹和王维国（2013）测度了各地区的全要素能源效率和节能减排潜力，提出东部沿海地区是高效区，中部地区及东北老工业区是中效区，西部大多数地区处于低效区；节能减排的潜力由西部到中部和东北部再到东部依次降低。

魏新强和张宝生（2014）发现2011年中国各省份存在五个发展层次，中部和西部地区的平均能源效率低于东部地区。郭玲玲和武春友（2014）发现中国的节能减排潜力较大，且呈"西—中—东"依次递减的阶梯式分布，节能减排的重点区域是西部地区。郭姣和李健（2019）运用考虑非期望产出的SBM模型对中国三大城市群53个城市全要素能源效率进行测算，在此基础上对其节能潜力与减排潜力进行分析。研究发现，三大城市群全要素能源效率整体偏低，三大城市群节能潜力与减排潜力总体上处于较高水平，其中城市群之间呈现"京津冀>长三角>珠三角"的分布。于静和屈国强（2021）估算各地区的节能减排潜力发现，中国2011～2017年平均生态能源效率分数相对较低，与效率前沿相比，存在很大的改善潜力；东部地区的生态能源效率平均得分最高，其次是中部地区，西部地区的生态能源效率最低；2011～2017年，中国及各地区的节能减排存在较大的潜力，尤其是西部地区的节能减排潜力最大。

郑陈亮（2021）发现无碳排放约束下的西部地区全要素能源效率被高估了，1995～2013 年，整个西部地区的节能潜力呈波动下降趋势，平均每年约 21% 的能源被浪费了。

4.2　区域全要素能源效率测度

本章将构建能源效率评价指标体系，并使用 SBM 模型和 GML 指数法对我国各省份的全要素能源效率进行静态测度和动态评价，从各省份到分区域进行分析，并采用节能模型测算现阶段下我国各地区的节能潜力和节能规模。结果表明我国能源效率水平较低，东、中、西部的能源效率呈递减趋势，节能潜力较大。

4.2.1　能源效率测算模型构建

目前关于全要素能源效率的研究大多采用一种非参数的统计方法：基于松弛变量的 SBM-DEA。为解决效率评价过程中的非期望产出问题，Tone 等（2004）提出了非径向和非角度的 SBM（Slack-Based Measure）方向性距离函数，SBM 模型在目标函数中增加了非零的松弛变量，反映了实际效率，这更符合实际情况，同时也允许在非预期产出下对效率问题进行更有效的评估。

假定有 n 个决策单元（DMU），且每个决策单元有 3 个向量：投入向量、期望产出向量和非期望产出向量，分别表示为 $x \in R_m$、$y^g \in R_{s1}$、$y^b \in R_{s2}$。

定义矩阵 X、Y^g、Y^b 分别为 $X=(x_{i,j}) \in R_{m*n}$、$Y^g=(y_{ij}^g) \in R_{s1*n}$、$Y^b=(y_{ij}^b) \in R_{s2*n}$。根据实际投入产出，假设 $X>0$、$Y^g>0$、$Y^b>0$ 生产可能性集合为 P，即 N 种要素投入 X 所产生的期望与非期望产出的所有组合，可以定义为：

$$P=\{(x, y^g, y^b) \mid x \geq X\lambda, y^g \leq Y^g\lambda, y^b \geq Y^b\lambda, \lambda \geq 0\} \qquad 式（4.1）$$

根据定义，加入非期望产出的 SBM-Undesirable 模型如下：

$$\rho^* = \min \frac{1-\frac{1}{m}\sum_{i=1}^{m}\frac{S_i^-}{X_{i0}}}{1+\frac{1}{S_1+S_2}\left(\sum_{r=1}^{s_1}\frac{S_r^g}{y_{r0}^g}+\sum_{r=1}^{s_2}\frac{S_r^b}{y_{r0}^b}\right)} \qquad 式（4.2）$$

$$s.t. \begin{cases} X_0=X\lambda+S^-; \ y_0^g=Y^g\lambda+S^g; \ y_0^b=Y^b\lambda+S^b \\ S^- \geq 0, \ S^g \geq 0, \ S^b \geq 0, \ \lambda \geq 0 \end{cases}$$

式（4.2）中，S_i^-、S_r^g、S_r^b 分别为第 i_0 个决策单元 DMU 的投入指标、期望产出松弛量、非期望产出松弛量，即表示投入冗余量、正产出不足量以及副产出超标量，S^-、S^g、S^b 为其对应的向量，λ 为权重向量，ρ^* 是目标函数且是严格递减的，且 $0 \leq \rho^* \leq 1$。

当 $\rho^* = 1$ 时，即 $S^- = 0$、$S^g = 0$、$S^b = 0$ 时，决策单元才是有效率的；

当 $\rho^* < 1$ 时，即 S^-、S^g、S^b 中至少有一个不等于零时，决策单元是无效率的，存在投入产出上改进的必要性。

然而，上述方法衡量的效率实际上是包含非期望产出的生产技术效率，并不是本章所研究的效率值，本书的研究需要从模型中得到的关键结果是投入和产出的松弛量，通过这些松弛量得到最佳目标值，即理想能源投入。全要素能源效率（Total Factor Energy Efficiency，TFEE）是指决策单元理想状态下的能源投入与实际生产过程的能源投入之比，且满足理想状态下的能源投入等于实际能源投入减去能源投入的松弛部分。如果能源投入的松弛变量为 0，意味着该决策单元的实际能源投入与理想能源投入相同，没有能源投入变动的余地，此时的能源效率为 1。因此基于上述分析，借鉴胡和王（2006）、魏楚等（2010）的全要素能源效率测度思路，利用 SBM 模型得出的结果，可以得到全要素能源效率具体的计算公式：

$$TFEE_{it} = \frac{AEI_{it} - SEI_{it}}{AEI_{it}} = \frac{TEI_{it}}{AEI_{it}} \qquad \text{式（4.3）}$$

式（4.3）中，$TFEE_{it}$ 表示第 i 个省份在第 t 年时的全要素能源效率，AEI_{it}（Actual Energy Inputs）、SEI_{it}（Slack in energy inputs）和 TEI_{it}（Target Energy Inputs）分别表示第 i 个省份在第 t 年时的实际能源投入量、能源投入的松弛量和理想能源投入量。

4.2.2 能源效率评价指标体系构建

本书基于松弛变量的 SBM-DEA 模型对我国区域能源效率进行分析。选取 2000~2020 年我国 30 个省份（不包含西藏自治区、中国香港、中国澳门和中国台湾地区）的投入产出数据，参考以往大多数文献的方法，将每一个省（区、市）作为一个决策单元，分为东部、中部、西部三个地区研究我国区域能源效率。

本书选取了能源、资本、劳动力作为投入指标，以各省份 GDP 作为期望产出，以二氧化碳排放量作为非期望产出（见表 4-1）。大部分数据来源于历年

《中国统计年鉴》、《中国能源统计年鉴》、各省份统计年鉴、《中国固定资产投资统计年鉴》、中经网、国泰安数据库、EPS 数据平台等的原始数据，部分数据是在原始数据的基础上计算得到，个别缺失数据通过插值法和预测函数得出。

表 4-1　我国区域能源效率评价指标体系

指标类型	指标名称	具体衡量指标	折算方法
投入指标	资本投入（亿元）	资本存量	永续盘存法
	劳动投入（万人）	就业人数	各省份就业人数
	能源投入（万吨标准煤）	能源消耗总量	采集自中国统计年鉴公布的"分地区能源消耗总量"
产出指标	期望产出（亿元）	GDP	采用 GDP 平减指数
	非期望产出（万吨）	二氧化碳排放量	各省份二氧化碳排放量

（1）资本投入。参考大多数学者们的研究方法，本书的资本投入通过资本存量来衡量。资本存量采用"永续盘存法"估算，公式表示为：

$$K_{it} = I_{it} + (1-\delta_{it})K_{it-1} \qquad\qquad 式（4.4）$$

式（4.4）中，i，t 分别表示省份和年份，K_{it} 和 K_{it-1} 分别表示 i 省份在第 t 年和第 $t-1$ 年的资本存量，I_{it} 表示 i 省份在第 t 年的投资额，投资指标选取各省份的固定资本形成总额，为消除通货膨胀等因素影响，通过固定资产投资价格指数进行平减，价格指数数据缺失的借鉴张军等（2004）的方法，用商品零售指数补充。δ 表示折旧率，参考张军等（2004）以 9.6% 作为折旧率测算资本存量，本书以 2000 年为基期，以 1952 年不变价格计算得出各年的资本存量。基期 2000年的资本存量引用自张军等（2004）计算得到的 2000 年的资本存量数据，由于张军等（2004）在搜集数据时将重庆 1996 年以后的数据并入了四川，故需做出如下拆分：根据 1996~2000 年四川和重庆的名义固定资本形成总额估算两者之间的比例，将 2000 年的资本存量按照比例分开，四川占 70%，重庆占 30%。

（2）劳动力投入。选取各省份 2000~2020 年就业人数作为劳动力投入衡量指标。

（3）能源投入。选取各省份 2000~2020 年能源消耗总量作为能源投入衡量指标。

（4）期望产出。用各省份 GDP 表示。考虑到物价变动和资本存量测算的基期，本书以 2000 年为基期做平减处理，测算各省份历年 GDP 作为期望产出。

（5）非期望产出。由于二氧化碳是温室气体的主要来源，因此发展低碳经济、减少碳排放至关重要。本书选取各省份二氧化碳排放量作为非期望产出衡量指标。

2000~2020年我国30个省份的投入产出变量的描述性统计分析结果如表4-2所示。

表4-2 我国30个省份能源效率测度投入产出变量描述性分析

衡量指标	最大值	最小值	均值	标准差
资本存量（亿元）	190332	126	29509	32685
就业人数（万人）	7039	275.5	2476	1614
能源消耗总量（万吨标准煤）	41827	479.9	11577	8270
GDP（亿元）	16384	263.7	4142	3239
二氧化碳排放量（万吨）	173805	548.6	33751	27346

本书对投入产出的同向性采用Pearson相关性检验法进行检验，结果见表4-3。可以看出，各省份投入指标和产出指标之间的关系系数不仅都为正数，而且系数值都比较高，都通过了1%显著水平的检验。从系数的绝对值上看，二氧化碳排放量与投入指标中资本和能源投入的相关性系数超过了GDP产出与二者的关系系数。由此可见，在能源效率的测度中，只考虑GDP产出而忽略非期望产出是不合理的。

表4-3 能源效率评价投入产出指标相关性检验

衡量指标	资本存量	就业人数	能源消耗总量	GDP	二氧化碳排放量
资本存量	1				
就业人数	0.540***	1			
能源消耗总量	0.814***	0.718***	1		
GDP	0.687***	0.807***	0.762***	1	
二氧化碳排放量	0.716***	0.538***	0.928***	0.563***	1

注：***、**、*分别代表在1%、5%、10%的水平上显著。

4.2.3 结果比较分析

（1）根据SBM模型，运用Stata16.0软件，以资本、劳动力、能源为投入要素，GDP 为产出要素，计算整理得到 2000~2020 年不包含非期望产出的、非低碳经济下我国各省份全要素能源效率，见表 4-4、图 4-1。

表 4-4 2000~2020 年全国各省份不含非期望产出的能源效率

年份	北京	天津	河北	山西	内蒙古	辽宁	吉林	黑龙江	上海	江苏
2000	0.897	0.540	0.432	0.330	0.440	1.000	0.388	0.394	1.000	0.779
2001	0.924	0.675	0.651	0.396	0.567	0.359	0.366	0.417	0.919	0.914
2002	0.922	0.874	0.320	0.317	0.407	0.456	0.410	0.379	0.867	0.847
2003	0.922	0.747	0.503	0.254	0.303	0.417	0.635	0.605	0.832	0.824
2004	0.869	1.000	0.403	0.484	0.569	0.421	0.337	0.489	0.806	0.999
2005	0.902	0.938	0.726	0.457	0.782	0.876	0.993	0.937	0.773	0.996
2006	0.875	0.765	0.920	0.554	0.755	0.965	0.894	0.961	0.720	0.999
2007	0.903	0.844	1.000	0.679	0.498	0.821	0.808	0.911	0.817	0.999
2008	0.920	0.806	0.954	0.752	0.220	0.906	0.728	0.996	0.796	0.998
2009	0.911	0.831	0.422	0.755	0.254	0.465	0.891	0.992	0.688	0.999
2010	0.912	0.771	0.658	0.636	0.338	0.381	0.998	0.581	0.659	0.525
2011	0.996	0.284	0.472	0.491	0.621	0.361	0.696	0.616	0.664	0.982
2012	0.923	0.278	0.717	0.239	0.336	0.624	0.931	0.703	0.652	0.572
2013	0.931	0.776	0.841	0.241	0.513	0.887	0.662	0.762	0.641	0.622
2014	0.997	0.346	0.232	0.282	0.456	0.898	0.707	0.821	0.677	0.825
2015	0.939	0.476	0.292	0.655	0.404	0.843	0.730	1.000	0.721	0.774
2016	0.944	0.279	0.739	0.551	0.368	0.702	0.767	0.991	0.701	0.649
2017	0.954	0.564	0.935	0.560	0.355	0.596	0.894	0.887	0.665	0.728
2018	0.983	0.564	0.901	0.613	0.401	0.334	1.000	0.547	0.872	0.898
2019	0.963	0.539	0.211	0.248	0.078	0.733	0.967	0.368	0.852	0.748
2020	1.000	0.246	0.635	0.249	0.363	0.693	0.453	0.896	0.899	0.987
均值	0.932	0.575	0.560	0.429	0.392	0.613	0.688	0.687	0.766	0.826
排名	2	24	25	28	29	23	20	21	16	12
年份	浙江	安徽	福建	江西	山东	河南	湖北	湖南	广东	广西
2000	0.762	0.735	1.000	0.625	0.873	0.654	0.553	0.682	1.000	0.946
2001	0.903	0.544	0.927	0.959	0.554	0.994	0.987	0.950	0.943	0.950
2002	0.783	0.945	0.904	0.940	0.880	0.951	0.960	0.980	0.843	0.985
2003	1.000	0.951	0.887	0.971	0.805	0.851	0.481	1.000	0.748	0.960

续表

年份	浙江	安徽	福建	江西	山东	河南	湖北	湖南	广东	广西
2004	0.986	0.450	0.911	1.000	0.595	0.990	0.761	0.416	0.843	0.922
2005	0.987	0.914	0.999	0.463	0.936	0.895	0.918	0.730	0.988	0.921
2006	0.958	0.915	0.999	0.814	0.677	0.827	0.754	0.847	0.993	0.516
2007	0.963	0.425	0.994	0.453	0.633	0.745	0.999	0.789	0.963	1.000
2008	0.997	0.896	0.839	0.968	0.369	0.996	0.872	0.330	1.000	0.997
2009	0.998	0.875	0.999	0.682	0.731	0.999	0.485	0.996	0.976	0.986
2010	0.998	0.978	0.999	1.000	0.872	1.000	0.993	0.995	0.996	0.784
2011	0.609	0.998	0.998	1.000	0.954	0.411	0.678	0.878	0.998	0.985
2012	0.883	0.691	0.998	1.000	0.996	0.473	0.775	0.975	1.000	0.967
2013	0.906	0.993	0.974	1.000	0.747	0.999	0.998	0.999	0.998	0.976
2014	0.949	0.994	1.000	0.995	1.000	0.996	1.000	0.398	0.998	1.000
2015	1.000	0.986	1.000	1.000	0.994	0.882	0.653	1.000	0.997	0.981
2016	0.932	0.977	0.982	0.977	0.978	0.999	0.999	0.978	0.997	0.323
2017	0.913	1.000	0.598	1.000	0.876	0.793	0.994	1.000	0.991	0.781
2018	0.902	0.970	0.759	1.000	0.530	0.994	1.000	0.984	0.924	0.905
2019	0.857	0.999	0.480	0.990	0.440	0.958	0.994	0.994	0.978	0.968
2020	1.000	0.984	0.476	0.826	0.436	0.880	0.981	0.613	0.995	0.992
均值	0.912	0.843	0.871	0.866	0.726	0.849	0.827	0.797	0.958	0.873
排名	3	10	7	8	17	9	11	14	1	6

年份	海南	重庆	四川	贵州	云南	陕西	甘肃	青海	宁夏	新疆
2000	0.970	0.984	0.877	0.236	1.000	0.877	0.640	0.414	0.292	0.459
2001	0.996	0.912	0.995	0.543	0.592	0.954	0.795	0.472	0.344	0.464
2002	0.787	0.612	0.954	0.659	0.662	0.880	0.797	0.573	0.292	0.753
2003	0.781	0.999	0.831	0.618	0.424	0.992	0.734	0.529	0.284	0.891
2004	0.984	0.987	0.748	0.493	0.744	0.955	0.888	0.755	0.476	0.897
2005	0.977	0.965	0.625	0.684	0.960	0.836	0.625	0.623	0.562	0.926
2006	0.948	0.986	0.718	0.409	0.586	0.510	0.548	0.248	0.696	0.886
2007	0.996	0.991	0.754	0.557	0.324	0.994	0.581	0.819	0.700	0.679
2008	0.940	0.975	0.741	0.610	0.329	0.806	0.650	0.817	0.680	0.576
2009	1.000	1.000	0.996	0.909	0.581	0.836	0.852	0.687	0.715	0.645
2010	0.970	0.981	0.589	0.991	0.375	0.998	0.688	0.784	0.323	0.879
2011	1.000	0.965	0.324	0.935	0.998	0.992	0.873	0.449	0.513	0.456

年份	海南	重庆	四川	贵州	云南	陕西	甘肃	青海	宁夏	新疆
2012	0.958	0.999	0.958	0.627	0.369	0.977	0.903	0.263	0.158	0.356
2013	0.936	1.000	0.769	0.851	0.999	0.675	0.817	0.348	0.172	0.302
2014	0.963	1.000	0.998	0.982	0.999	0.978	0.842	0.577	0.468	0.228
2015	0.996	0.984	0.493	0.778	0.866	0.731	0.758	0.548	0.435	0.266
2016	0.949	0.845	0.358	0.952	0.999	0.653	0.932	0.470	0.429	0.581
2017	1.000	0.956	0.371	0.959	0.962	0.643	0.859	0.412	0.130	0.549
2018	0.775	0.413	0.928	0.847	0.977	0.673	0.904	0.424	0.226	0.545
2019	0.838	0.411	0.997	0.701	0.975	0.701	0.963	0.108	0.275	0.524
2020	0.530	1.000	0.996	0.668	0.964	0.753	0.745	0.196	0.281	0.461
均值	0.910	0.877	0.723	0.680	0.693	0.816	0.771	0.452	0.360	0.545
排名	4	5	18	22	19	13	15	27	30	26

注：均值指全要素能源效率的几何平均值。

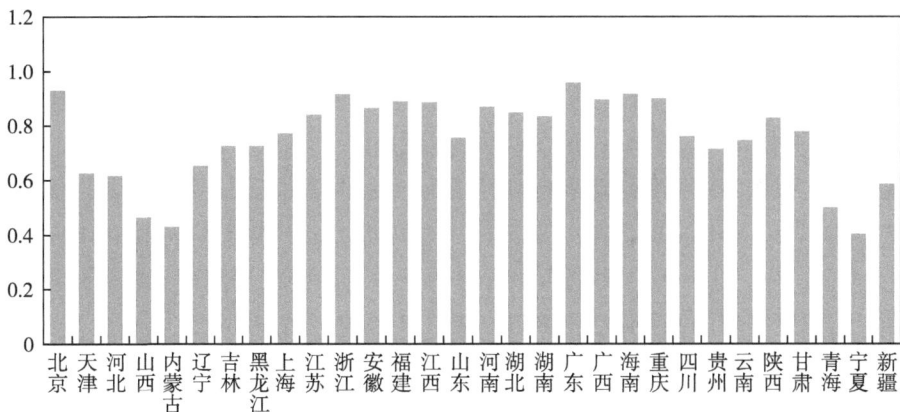

图 4-1　2000~2020 年全国 30 个省份不含非期望产出全要素能源效率均值

根据表 4-4 可知，2000~2020 年全国各省份无碳排放约束下全要素能源效率水平差距较大。总体上看，半数省份的能源效率值呈波动上升趋势，半数呈波动下降趋势。考察期间，北京与浙江的全要素能源效率波动上升至最优前沿面，如河北、黑龙江、浙江、江西、山东、河南、湖北、湖南、广东等省份呈波动上升趋势；天津、山西、内蒙古、辽宁、江苏、广西、新疆等省（区）呈波动下降趋势。

我国各省份的全要素能源效率普遍较低，2000~2020 年，除了北京、江西、广东等个别省份在某些年份能源效率值达到1，即处于生产前沿面之外，大部分省市的能源效率远远小于1，即能源消耗没有达到生产前沿面，全要素能源效率从未达到最优情况，即在目前现有的技术条件约束下，能源没有得到相对合理充分的利用，如山西、内蒙古、江苏等。能源效率均值最高的是广东省，达到了0.958，效率值最低的是宁夏，仅有0.36。北京、浙江、海南、重庆、广西和陕西等12个省份的全要素能源效率均值依次递减紧随广东之后，它们的效率水平都在0.8以上，可归为第一梯队，分列第2~13位。湖南、甘肃、上海、山东、四川、云南、吉林、黑龙江、贵州和辽宁的效率水平依次递减且都处在0.6~0.8，可归为第二梯队，分列第14~23位。天津、河北、新疆、青海、山西、内蒙古和宁夏的效率水平较低，处于0.3~0.6，可归为第三梯队，分列第24~30位。第一梯队的省份距离生产前沿面最近，而处于第三梯队的省份距离最优前沿面最远，在生产过程中能源损失很多，但同时也说明其能源效率水平距离最优水平的提升空间还很大。上述差别的产生与每个省份自身的发展特点密不可分。处于能源效率前沿面的省份中，大部分位于东部经济比较发达的区域。

2000年，辽宁、上海、福建、广东和云南五省市处于能源效率生产前沿面；2001~2005年为"十五"计划期，能源消费大幅增长，这一时期曾达到过能源效率前沿面的省份由5个缩减到天津、浙江、江西和湖南4个。2006~2010年是"十一五"规划时期，"十一五"时期，能耗强度下降20%首次被写入国家层面的规划纲要，作为约束各级政府的硬性指标，这个时期处于能源效率前沿面的省份增加到7个。2011~2015年"十二五"规划期，处于能源效率前沿面的省份达到了11个，在"十一五"时期7个省份的基础上，河北和河南省能源效率有所下降，能源效率前沿面新增了黑龙江、浙江、福建、山东、湖北、湖南6个达到过能源效率前沿面的省份。2016~2020年"十三五"时期，处于能源效率前沿面的省份降到了9个，在"十二五"时期11个省份的基础上，黑龙江、福建、山东、广东和广西能源效率有所下降，前沿面新增了北京、吉林和安徽3个省份。详细情况可见表4-5。

表4-5　2000~2020年全国30个省份不含非期望产出全要素能源效率分类整理

全要素能源效率	地区
极高：0.9~1	北京、浙江、广东、海南
较高：0.8~0.9	江苏、安徽、福建、江西、河南、湖北、广西、陕西、重庆
偏高：0.7~0.8	上海、山东、湖南、四川、甘肃

续表

全要素能源效率	地区
中等：0.6~0.7	辽宁、吉林、黑龙江、贵州、云南
偏低：0.5~0.6	天津、河北、新疆
较低：0.4~0.5	山西、青海
极低：0.3~0.4	内蒙古、宁夏

为了更全面清晰地分析问题，本书将30个省份按东部、中部、西部分为三个区域，并对上述区域能源效率进行了分析。三大区域的具体划分见表4-6，各地区每年的效率水平见表4-7。从表4-7、图4-2可以看出，东部地区的全要素能源效率水平最高，中部地区次之，西部地区居于最后，且未到达过生产前沿面。

表4-6　三大区域划分

地区	省份
东部	北京、天津、山东、江苏、河北、辽宁、上海、浙江、福建、广东、海南
中部	山西、安徽、吉林、黑龙江、河南、江西、湖北、湖南
西部	内蒙古、广西、重庆、四川、贵州、云南、陕西、甘肃、青海、宁夏、新疆

表4-7　2000~2020年三大区域不含非期望产出全要素能源效率测算结果

年份	东部	中部	西部
2000	0.815	0.524	0.583
2001	0.766	0.644	0.652
2002	0.738	0.667	0.652
2003	0.748	0.662	0.630
2004	0.765	0.571	0.744
2005	0.913	0.757	0.759
2006	0.885	0.811	0.586
2007	0.895	0.698	0.683
2008	0.840	0.779	0.621
2009	0.788	0.814	0.727
2010	0.763	0.879	0.649
2011	0.695	0.690	0.688

续表

年份	东部	中部	西部
2012	0.739	0.666	0.530
2013	0.832	0.768	0.594
2014	0.740	0.710	0.709
2015	0.775	0.850	0.613
2016	0.765	0.889	0.579
2017	0.784	0.877	0.553
2018	0.735	0.867	0.600
2019	0.642	0.732	0.466
2020	0.661	0.676	0.594
均值	0.773	0.732	0.625

注：均值指全要素能源效率的几何平均值。

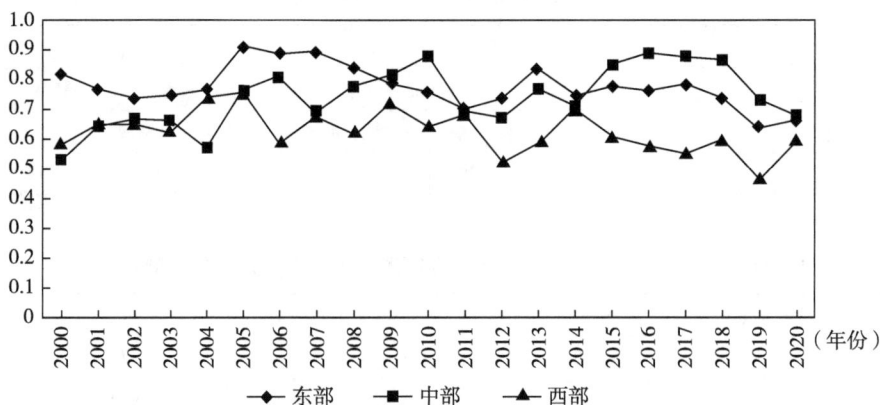

图 4-2 2000~2020 年三大区域不含非期望产出能源效率变化趋势

（2）根据 SBM 模型，运用 Stata16.0 软件，以资本、劳动力、能源为投入变量，GDP 和二氧化碳排放量为产出变量，计算整理得到 2000~2020 年包含非期望产出的、低碳经济下我国各省份全要素能源效率，见表 4-8、图 4-3。

表 4-8 2000~2020 年全国各省份含非期望产出的能源效率

年份	北京	天津	河北	山西	内蒙古	辽宁	吉林	黑龙江	上海	江苏
2000	0.904	0.540	0.323	0.214	0.306	1.000	0.388	0.394	1.000	0.776

年份	北京	天津	河北	山西	内蒙古	辽宁	吉林	黑龙江	上海	江苏
2001	1.000	0.506	0.301	0.212	0.272	0.359	0.366	0.373	0.919	0.615
2002	1.000	0.568	0.302	0.175	0.261	0.384	0.354	0.379	0.867	0.551
2003	1.000	0.545	0.272	0.168	0.240	0.337	0.317	0.377	0.832	0.629
2004	0.856	0.475	0.255	0.165	0.284	0.300	0.303	0.324	0.806	0.592
2005	0.882	0.451	0.292	0.200	0.205	0.372	0.278	0.311	0.761	0.502
2006	0.857	0.400	0.268	0.187	0.177	0.341	0.324	0.364	0.720	0.604
2007	0.909	0.371	0.266	0.187	0.163	0.329	0.321	0.354	0.697	0.576
2008	0.948	0.365	0.274	0.209	0.154	0.318	0.298	0.346	0.680	0.573
2009	0.877	0.315	0.257	0.185	0.138	0.277	0.277	0.300	0.670	0.532
2010	0.896	0.277	0.261	0.187	0.128	0.240	0.266	0.288	0.659	0.522
2011	0.965	0.284	0.260	0.186	0.116	0.233	0.259	0.282	0.664	0.537
2012	0.964	0.258	0.250	0.172	0.110	0.224	0.255	0.270	0.652	0.513
2013	0.962	0.234	0.235	0.154	0.106	0.241	0.268	0.289	0.640	0.493
2014	0.958	0.220	0.232	0.152	0.101	0.236	0.268	0.279	0.667	0.485
2015	0.966	0.203	0.215	0.147	0.097	0.236	0.309	0.250	0.646	0.482
2016	0.963	0.201	0.215	0.142	0.094	0.251	0.307	0.237	0.653	0.473
2017	0.974	0.217	0.212	0.156	0.095	0.251	0.306	0.226	0.665	0.484
2018	1.000	0.221	0.211	0.160	0.084	0.249	0.296	0.246	0.678	0.492
2019	0.997	0.214	0.211	0.155	0.077	0.234	0.294	0.245	0.661	0.477
2020	1.000	0.215	0.186	0.155	0.079	0.224	0.299	0.248	0.697	0.477
均值	0.945	0.315	0.250	0.173	0.142	0.294	0.301	0.299	0.719	0.538
排名	1	19	23	27	29	22	20	21	2	6

年份	浙江	安徽	福建	江西	山东	河南	湖北	湖南	广东	广西
2000	0.762	0.735	1.000	0.625	0.649	0.499	0.552	0.682	1.000	0.654
2001	0.697	0.482	0.926	0.595	0.553	0.474	0.544	0.594	0.942	0.609
2002	0.631	0.472	0.807	0.543	0.488	0.439	0.484	0.541	0.836	0.593
2003	0.626	0.473	0.721	0.472	0.428	0.388	0.481	0.503	0.731	0.520
2004	0.566	0.450	0.661	0.453	0.369	0.335	0.420	0.416	0.655	0.436
2005	0.513	0.415	0.585	0.414	0.311	0.357	0.382	0.313	0.578	0.386
2006	0.619	0.389	0.534	0.404	0.375	0.329	0.324	0.332	0.535	0.363
2007	0.599	0.380	0.521	0.453	0.361	0.323	0.323	0.328	0.514	0.351
2008	0.597	0.420	0.496	0.451	0.369	0.324	0.327	0.330	0.502	0.379

年份	浙江	安徽	福建	江西	山东	河南	湖北	湖南	广东	广西
2009	0.571	0.398	0.598	0.406	0.339	0.391	0.399	0.304	0.604	0.336
2010	0.565	0.388	0.577	0.406	0.325	0.427	0.387	0.290	0.567	0.316
2011	0.570	0.386	0.565	0.526	0.371	0.411	0.382	0.370	0.568	0.403
2012	0.562	0.361	0.544	0.501	0.355	0.402	0.364	0.360	0.551	0.373
2013	0.547	0.458	0.526	0.479	0.341	0.385	0.418	0.407	0.538	0.349
2014	0.539	0.447	0.490	0.451	0.325	0.370	0.408	0.398	0.555	0.336
2015	0.521	0.425	0.480	0.423	0.295	0.375	0.401	0.427	0.553	0.328
2016	0.509	0.419	0.482	0.410	0.286	0.377	0.397	0.418	0.546	0.323
2017	0.505	0.424	0.489	0.403	0.286	0.392	0.428	0.415	0.547	0.322
2018	0.506	0.441	0.493	0.403	0.281	0.397	0.435	0.404	0.542	0.321
2019	0.494	0.426	0.480	0.389	0.276	0.405	0.421	0.400	0.538	0.315
2020	0.448	0.406	0.476	0.385	0.273	0.402	0.452	0.342	0.534	0.303
均值	0.565	0.433	0.578	0.453	0.355	0.388	0.411	0.398	0.604	0.385
排名	5	10	4	9	16	13	11	12	3	14

年份	海南	重庆	四川	贵州	云南	陕西	甘肃	青海	宁夏	新疆
2000	0.885	0.688	0.471	0.188	1.000	0.539	0.273	0.230	0.152	0.321
2001	1.000	0.654	0.452	0.184	0.422	0.472	0.261	0.224	0.152	0.343
2002	0.698	0.612	0.409	0.183	0.383	0.419	0.265	0.233	0.153	0.331
2003	0.617	0.567	0.340	0.155	0.365	0.379	0.243	0.214	0.142	0.401
2004	0.577	0.550	0.306	0.147	0.334	0.380	0.222	0.181	0.171	0.351
2005	0.520	0.530	0.281	0.183	0.296	0.343	0.228	0.174	0.157	0.319
2006	0.533	0.541	0.297	0.173	0.315	0.327	0.222	0.158	0.146	0.307
2007	0.481	0.493	0.294	0.172	0.324	0.307	0.223	0.155	0.153	0.298
2008	0.486	0.510	0.301	0.183	0.329	0.393	0.222	0.157	0.167	0.296
2009	0.440	0.591	0.271	0.169	0.300	0.357	0.209	0.145	0.160	0.263
2010	0.571	0.540	0.336	0.209	0.291	0.366	0.269	0.140	0.157	0.286
2011	0.527	0.528	0.324	0.234	0.369	0.363	0.266	0.132	0.134	0.260
2012	0.519	0.502	0.313	0.227	0.348	0.343	0.246	0.119	0.128	0.221
2013	0.501	0.470	0.302	0.221	0.372	0.324	0.234	0.111	0.120	0.187
2014	0.483	0.449	0.328	0.220	0.363	0.305	0.225	0.103	0.115	0.171
2015	0.461	0.423	0.319	0.223	0.356	0.290	0.211	0.100	0.104	0.150
2016	0.453	0.419	0.343	0.233	0.349	0.278	0.212	0.105	0.102	0.139

年份	海南	重庆	四川	贵州	云南	陕西	甘肃	青海	宁夏	新疆
2017	0.445	0.418	0.354	0.238	0.346	0.280	0.211	0.105	0.093	0.140
2018	0.440	0.412	0.358	0.242	0.345	0.281	0.211	0.104	0.086	0.149
2019	0.432	0.411	0.345	0.235	0.339	0.273	0.213	0.108	0.079	0.143
2020	0.432	0.423	0.342	0.235	0.322	0.271	0.205	0.111	0.076	0.136
均值	0.533	0.505	0.334	0.200	0.360	0.341	0.231	0.142	0.127	0.233
排名	7	8	18	26	15	17	25	28	30	24

注：均值指全要素能源效率的几何平均值。

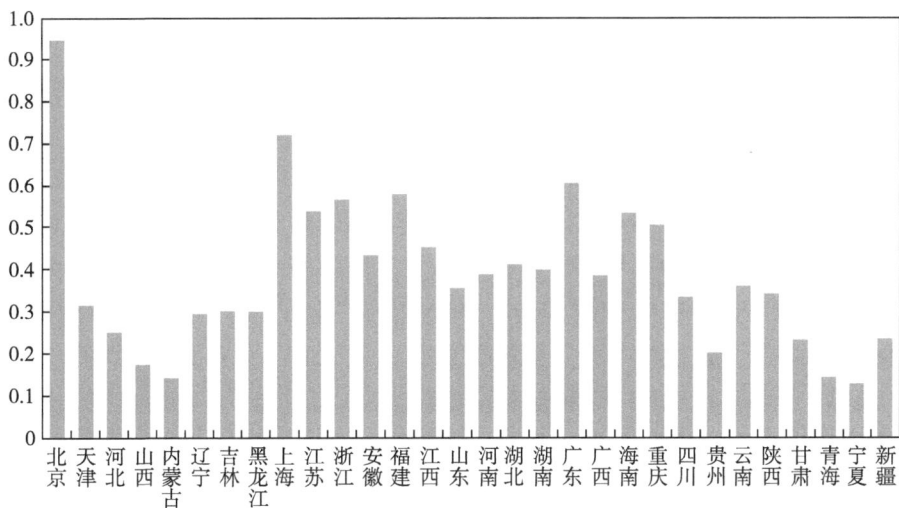

图 4-3　2000~2020 年全国 30 个省份含非期望产出全要素能源效率均值

根据表 4-8 可知，2000~2020 年全国各省份碳排放约束下全要素能源效率水平差距较大，且效率水平远低于无碳排放约束下的全要素能源效率水平。

总体上看，考察期间，除北京和贵州的全要素能源效率值呈波动上升趋势外，其余各省份的能源效率值均呈波动下降趋势。我国各省份的全要素能源效率普遍较低，2000~2020 年，除了北京、辽宁、上海、福建、广东、海南和云南等个别省份在某些年份能源效率值达到 1，即处于生产前沿面之外，大部分省份的能源效率远远小于 1，即能源消耗没有达到生产前沿面，全要素能源效率从未达到最优情况，即在目前现有的技术条件约束下，能源没有得到相对合理充分的利用，如河北、宁夏、吉林等。

由图 4-3 可以看出，能源效率均值最高的是北京，达到了 0.945，效率值最低的是宁夏，仅有 0.127。上海、广东的全要素能源效率均值紧随广东之后，它们的效率水平在 0.6~0.8，可归为第一梯队，分列第 2~3 位。江苏、浙江、福建、海南、重庆、安徽、陕西等 17 个省份的效率水平依次递减且都处在 0.3~0.6，可归为第二梯队，分列第 4~20 位。河北、辽宁、黑龙江、贵州、甘肃、新疆、山西、内蒙古、青海、宁夏的效率水平较低，处于 0.1~0.3，分列第 21~30 位，可归为第三梯队。第一梯队的省份距离生产前沿面最近，而处于第三梯队的省份距离最优前沿面最远，其能源效率水平的提升空间还很大。高能源效率省份大致可以分为两类：一类是经济发展程度较高的区域，如北京、上海、江苏和广东，这类区域的期望产出 GDP 总量很大，因而在能源效率上有较好的表现；另一类是非期望产出即二氧化碳、二氧化硫等污染排放物较少的区域，如海南。海南是我国雾霾天气较少、空气质量最好的省份。这与以第三产业为主的经济结构和良好的气候条件高度相关。

能源效率提升方面，在碳排放约束下，北京的效率值最高且多次处于生产前沿面，能源效率提升空间不大；而对于效率较低的河北、吉林、贵州等省份而言，提升空间较大。2000 年处于能源效率生产前沿面的省份有 5 个，分别是辽宁、上海、福建、广东和云南。2001~2005 年为"十五"计划期，能源消费的基础体量大幅提升，这段时期曾达到过能源效率前沿面的只有北京和海南 2 个省份。辽宁、上海、福建、广东和云南的能源效率有所下降，不再处于能源效率前沿面。2006~2010 年"十一五"规划时期没有省份达到过能源效率前沿面。2011~2015 年"十二五"规划期，也没有处于能源效率前沿面的省份。2011 年是"十二五"规划开始的第一年，同时也是能源短缺、空气污染、生态失衡等问题集中爆发的年份，此后频繁出现的强雾霾天气便是最好的印证。2016~2020 年"十三五"时期，处于能源效率前沿面的省份只有北京。即在"十二五"时期"0"的基础上，新增了北京 1 个到达过能源效率前沿面的省份。详细情况见表 4-9。

表 4-9　2000~2020 年全国 30 个省份含非期望产出全要素能源效率分类整理

全要素能源效率	地区
较高：0.6~1	北京、上海、广东
中等：0.4~0.6	江苏、浙江、福建、海南、重庆、安徽、江西、湖北
较低：0.3~0.4	天津、吉林、山东、河南、湖南、广西、四川、云南、陕西

全要素能源效率	地区
极低：0.1~0.3	河北、辽宁、黑龙江、贵州、甘肃、新疆、山西、内蒙古、青海、宁夏

三大区域每年的效率水平见表4-10。从表4-10可以看出，东部地区的全要素能源效率水平最高，中部地区次之，西部地区居于最后，且均未到达过生产前沿面。因此，不论是否有碳排放约束，区域能源效率水平皆是东部最高、中部次之、西部最低（见图4-4）。

表4-10 2000~2020年三大区域含非期望产出全要素能源效率测算结果

年份	东部	中部	西部
2000	0.766	0.480	0.374
2001	0.660	0.435	0.332
2002	0.613	0.403	0.320
2003	0.575	0.378	0.296
2004	0.521	0.344	0.283
2005	0.498	0.326	0.264
2006	0.499	0.324	0.254
2007	0.482	0.325	0.249
2008	0.480	0.331	0.260
2009	0.464	0.323	0.243
2010	0.457	0.319	0.253
2011	0.464	0.335	0.256
2012	0.448	0.321	0.239
2013	0.435	0.338	0.227
2014	0.427	0.329	0.219
2015	0.412	0.327	0.209
2016	0.411	0.320	0.208
2017	0.415	0.326	0.207
2018	0.416	0.331	0.205
2019	0.407	0.326	0.199
2020	0.398	0.320	0.196
均值	0.481	0.344	0.248

注：均值指全要素能源效率的几何平均值。

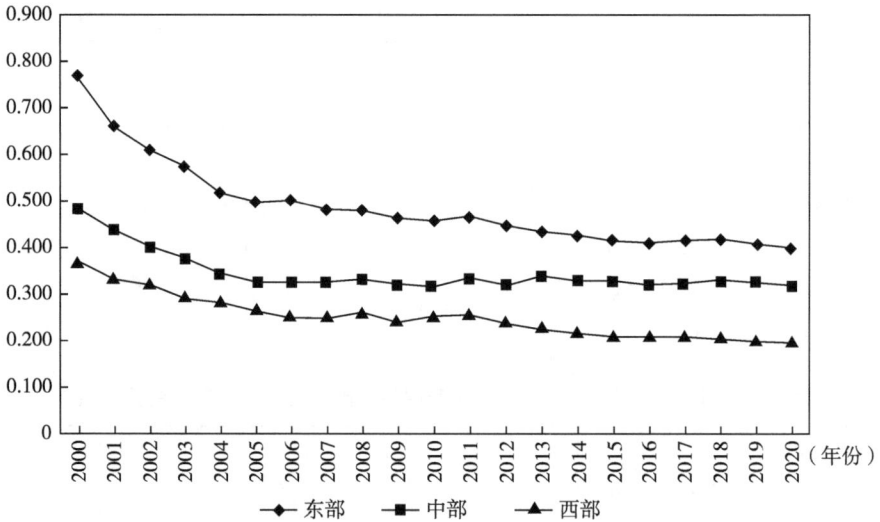

图4-4　2000~2020年三大区域含非期望产出能源效率变化趋势

从表4-4和表4-8可知，考察期内在有、无低碳约束下能源效率地区差异分类不一致，相比于无碳排放约束的能源效率测算结果，有碳排放约束下的全要素能源效率变化趋势多为波动下降。在有、无碳排放约束的两种情况下，只有北京和广东均处于第一梯队，属高能效地区；湖南、山东、四川、云南、吉林处于第二梯队，属中等能效地区；河北、新疆、山西、青海、内蒙古、宁夏均一直属低能效地区。进一步比较分析发现，在没有碳排放约束下能源效率最高的省份为广东，有碳排放约束能源效率最高的为北京。就均值而言，只有北京的全要素能源效率在碳排放约束下更高，而其他省份在碳排放约束下的能源效率低于无碳排放约束下的能源效率，说明政府对环境的管制促进了城市全要素能源效率的提高，能源耗费和环境污染则对其造成了消极影响。

4.3　区域全要素能源效率动态评价研究

上节从静态角度出发，利用共同前沿非径向方向性距离函数（SBM）计算的绿色全要素能源效率，是不包含时间趋势的一种静态效率。倘若只从静态角度来研究绿色全要素能源效率，并不能很好地揭示绿色全要素能源效率的全面性和连续性，对绿色全要素能源效率一段时期内动态变化情况的研究势在必行。通常来说，可以利用效率指数来研究效率的动态变化。

4.3.1　Global Malmquist-Luenberger（GML）指数模型

虽然反映效率变化的效率指数有很多，但 Malmquist 生产率指数及在此基础上发展而来的如 Malmquist-Luenberger（ML）指数、Global Malmquist-Luenberger（GML）指数等是目前研究中应用范围最广的。不但可以测度效率的动态变化趋势，还可以对效率变动进行分解，进而更深层次地分析效率变化的原因。

传统的 Malmquist 指数是基于产出距离函数计算的，如果考虑非期望产出，这种方法是无法适用的。Chung 等（1997）将传统的 Malmquist 指数与方向性距离函数相结合，构造了 Malmquist-Luenberger（ML）指数，满足了研究中期望产出不断增加、非期望产出不断缩减的现实需要，这是产出距离函数无法做到的。但 ML 指数结果存在不可传递性和线性规划无可行解的可能，测算出的全要素生产率只能进行相邻期间生产效率的短期变动分析，无法观察生产效率的长期增长趋势。Oh 等（2010）将全局生产技术与 ML 指数相结合，提出了 Global Malmquist-Luenberger（GML）指数模型。GML 指数能有效避免线性规划无解的缺陷。该指数在研究绿色全要素能源效率时可以进行跨期比较，克服了传统 ML 指数存在非传递性和线性规划中无可行解的缺陷。因此本书采用基于 DEA 模型的 GML 指数方法，分析各省份绿色全要素能源效率的变动及其分解。

GML 指数具体公式如下：

$$GML_t^{t+1}=\frac{D^G(x^{t+1},\ y^{t+1},\ b^{t+1})}{D^G(x^t,\ y^t,\ b^t)}=\frac{1+\overrightarrow{D^G}(x^t,\ y^t,\ b^t)}{1+\overrightarrow{D^G}(x^{t+1},\ y^{t+1},\ b^{t+1})}=\frac{1+\overrightarrow{D^t}(x^t,\ y^t,\ b^t)}{1+\overrightarrow{D^{t+1}}(x^{t+1},\ y^{t+1},\ b^{t+1})}\times$$

$$\frac{(1+\overrightarrow{D^G}(x^t,\ y^t,\ b^t))/1+\overrightarrow{D^t}(x^t,\ y^t,\ b^t)}{(1+\overrightarrow{D^G}(x^{t+1},\ y^{t+1},\ b^{t+1}))/1+\overrightarrow{D^{t+1}}(x^{t+1},\ y^{t+1},\ b^{t+1})}=TECH_t^{t+1}\times BPC_t^{t+1}$$

式（4.5）

式（4.5）中，$D^G(x,\ y,\ b)=\max\{\beta\mid(y+\beta y,\ b-\beta b)\in P^G(x)\}$ 表示依赖于全局生产可能性集合 $P^G(x)$ 的全局方向性距离函数，指数 GML_t^{t+1} 表示研究期内相邻两期决策单元的绿色全要素能源效率变化，$GML_t^{t+1}>1$ 代表从 t 到 $t+1$ 期绿色全要素能源效率提高了，$GML_t^{t+1}<1$ 代表从 t 到 $t+1$ 期绿色全要素能源效率下降了。$TECH_t^{t+1}$ 表示研究期内相邻两期决策单元的技术效率变化，表现为决策单元与最佳生产前沿之间的距离，$TECH_t^{t+1}>1$ 代表技术效率的提高，决策单元在 $t+1$ 期距

离前沿面的距离比 t 期缩短了，$TECH_t^{t+1}<1$ 代表技术效率的降低，决策单元在 $t+1$ 期距离前沿面的距离比 t 期增加了。BPC_t^{t+1} 表示研究期内相邻两期决策单元的技术进步，衡量生产前沿面的变动情况，$BPC_t^{t+1}>1$ 表示 $t+1$ 期的技术较之 t 期的技术进步了，$BPC_t^{t+1}<1$ 表示 $t+1$ 期的技术较之 t 期的技术退步了，并非真正意义上的技术倒退，可能说明技术进步的贡献率降低等。

4.3.2　指标选取及数据来源

本书研究的样本数据为 2000~2020 年我国 30 个省份（不包含西藏自治区、中国香港、中国澳门和中国台湾地区）的面板数据。大部分数据来源于历年《中国统计年鉴》、《中国能源统计年鉴》、各省份统计年鉴、《中国固定资产投资统计年鉴》、中经网、国泰安数据库、EPS 数据平台等的原始数据，部分数据是在原始数据基础上计算得到的，个别缺失数据通过插值法和预测函数得出。

（1）资本投入。借鉴张军等（2004）采用永续盘存法估算，以 2000 年为基期，以 1952 年不变价格计算得出 2000~2020 年的资本存量，单位为亿元。

（2）劳动力投入。选取各省份 2000~2020 年就业人数作为劳动力投入衡量指标，单位为万人。

（3）能源投入。本书选取各个省份 2000~2020 年能源消耗总量作为能源投入衡量指标，单位为万吨标准煤。

（4）期望产出。以各省份 GDP 衡量，单位为亿元。

（5）非期望产出。与前文一致，选取各省份二氧化碳排放量作为非期望产出衡量指标，单位为万吨。

4.3.3　基于 GML 指数的全要素能源效率的动态分析

在 SBM 模型静态评价的基础上，本书进一步采用 GML 指数测算我国 30 个省份 2000~2020 年的全要素能源效率变动，并依次将其分解为效率变化（TECH）指数和技术进步（BPC）指数，所有数值以年度几何平均值列出。详细见表 4-11 所示。

表 4-11　2000~2020 年我国省级全要素能源效率 GML 指数及其分解

省份	GML	TECH	BPC	省份	GML	TECH	BPC
北京	1.000	1.000	1.000	湖南	0.986	0.993	0.993
天津	0.983	0.984	0.999	广东	0.980	0.987	0.993

省份	GML	TECH	BPC	省份	GML	TECH	BPC
河北	0.992	0.993	0.999	广西	0.983	0.990	0.993
山西	0.997	1.030	0.968	海南	0.976	0.975	1.000
内蒙古	0.991	0.991	1.000	重庆	0.993	0.995	0.998
辽宁	0.970	0.975	0.995	四川	0.990	0.997	0.993
吉林	0.991	0.993	0.999	贵州	0.997	0.999	0.998
黑龙江	0.985	0.986	0.999	云南	0.974	0.977	0.997
上海	0.992	1.000	0.992	陕西	0.990	0.990	1.000
江苏	0.985	0.991	0.994	甘肃	0.996	1.025	0.972
浙江	0.984	0.994	0.990	青海	0.991	0.992	1.000
安徽	0.978	0.990	0.988	宁夏	0.993	0.993	1.000
福建	0.979	0.980	0.998	新疆	0.988	0.989	0.999
江西	0.988	0.995	0.993	东部地区	0.984	0.988	0.996
山东	0.984	0.984	1.000	中部地区	0.988	0.997	0.992
河南	0.991	0.993	0.999	西部地区	0.990	0.990	0.995
湖北	0.992	0.994	0.998	全国	0.987	0.992	0.995

注：表中各个指数的值为几何平均值。

由表 4-11 可以看出，全国绿色全要素能源效率的 GML 指数为 0.987，表示我国总体上绿色全要素能源效率总体增长率降低了。但从省际层面来看，全要素能源效率的增长区域分布并不均衡。比较来看，只有北京、河北、吉林、河南、湖北、重庆、青海、宁夏在三个指数变化方面高于全国平均水平。具体根据表4-8 对静态分析中含非期望产出全要素能源效率的各地区分类整理结果进行分组分析。

在能源效率较高组中，整体全要素能源效率变化（GML）和效率变化（TECH）水平均高于全国平均水平，技术进步（BPC）与全国平均水平持平。但是只有北京和上海的全要素能源效率变化（GML）高于全国平均水平，在效率变化（TECH）和技术进步（BPC）方面，北京的两个指数均高于全国平均水平，上海仅在效率变化（TECH）方面高于全国平均水平，而在技术进步（BPC）方面却低于全国平均水平，广东的三个指数均低于全国平均水平。即除了北京以外，其余两个省市均需要继续关注科技创新，提升技术水平。广东省还需加强对创新的管理，改善效率水平。在能源效率中等组中，除技术进步

（BPC）以外，整体全要素能源效率变化（GML）和效率变化（TECH）均低于全国平均水平。在全要素能源效率变化（GML）方面，只有重庆和湖北高于全国平均水平；在效率变化（TECH）方面，除浙江、重庆和湖北外均低于全国平均水平；在技术进步（BPC）方面，只有江苏、浙江、安徽和江西低于全国平均水平。这一组全要素效率的退步主要源于效率变化（TECH）的负增长。在能源效率较低组中，除技术进步（BPC）以外，整体全要素能源效率变化（GML）和效率变化（TECH）均低于全国平均水平。在全要素能源效率变化（GML）方面，吉林、河南、四川和陕西高于全国平均水平；在效率变化（TECH）方面，吉林、河南、湖南和四川高于全国平均水平；在技术进步（BPC）方面，只有湖南、广西和四川低于全国平均水平。这组全要素生产率的退步主要也是因为效率变化（TECH）的负增长。在能源效率极低组中，除技术进步（BPC）以外，整体全要素能源效率变化（GML）和效率变化（TECH）均高于全国平均水平。在全要素能源效率变化（GML）方面，除辽宁和黑龙江外均高于全国平均水平；在效率变化（TECH）方面，只有辽宁、黑龙江、内蒙古和新疆低于全国平均水平；在技术进步（BPC）方面，除山西和甘肃外均高于全国平均水平。这组全要素生产率的进步主要是因为效率变化（TECH）的正增长。

整体来看，效率变化（TECH）方面，辽宁、黑龙江、江苏、福建、江西、山东和陕西等15个省份出现了效率退步，需要对优化节能减排制度进行管理创新，努力提升技术效率。技术进步（BPC）方面，江苏、浙江、安徽、江西、湖南、广东、广西、四川和甘肃等11个省份出现了不同程度的负向变动，需加强科技创新，提高节能减排技术水平。

4.4 节能潜力分析

4.4.1 研究方法

根据前文分析，有较多省份的能源效率并未达到最优生产状态，存在能源效率可提高的空间，也就是说存在节能潜力。节能潜力（Energy Saving Potential，ESP）可定义为在现有经济增长模式下，达到既定经济目标时，实际的能源消费量与最优能源消费量之间的差额与实际能源消费量的比值。节能潜力越大说明节能的空间越大，生产要素组合不合理，经济效率尚待提高，能源浪费和污染排放过度。

基于此，结合本章第二节 SBM 模型测算出的能源投入松弛量，可得到第 i 个省份在第 t 年时的节能潜力 ESP_{it} 测算公式如下：

$$ESP_{it} = \frac{SEI_{it}}{AEI_{it}} = \frac{AEI_{it} - TEI_{it}}{AEI_{it}} \qquad 式（4.6）$$

式（4.6）中，ESP_{it} 表示第 i 个省份在第 t 年时的节能潜力，SEI_{it}（Slack in Energy Inputs）表示第 i 个省份在第 t 年时的能源投入的松弛量，AEI_{it}（Actual Energy Inputs）和 TEI_{it}（Target Energy Inputs）分别表示第 i 个省份在第 t 年时的实际能源投入量和理想能源投入量即最优生产前沿上目标能源投入。能源投入的松弛量表示在现有的生产技术以及产出不变的条件下，理论上可以节约的能源投入数量，对于计算结果为零的地区，并不意味着该地区已经没有能源节省的空间，而是表示在整体考察范围内，所能够节约的能源量为零。

4.4.2 结果分析

本书基于 SBM-undesirable 模型以及公式，可以测算出各省份的历年能源投入松弛量和节能潜力等。根据模型测算结果，我国各省份考察期内可节约能源潜力及排名如表 4-12 所示，表 4-13 为全国 30 个省份节能潜力整理分类表。

表 4-12　2000~2020 年全国各省份可节约能源潜力及排名　　单位：%

年份	北京	天津	河北	山西	内蒙古	辽宁	吉林	黑龙江	上海	江苏	浙江
2000	9.55	45.99	67.69	78.56	69.45	0.00	61.19	60.59	0.00	22.37	23.78
2001	0.00	49.40	69.95	78.82	72.80	64.05	63.39	62.67	8.12	38.50	30.31
2002	0.00	43.17	69.81	82.50	73.89	61.58	64.55	62.09	13.34	44.90	36.85
2003	0.00	45.48	72.80	83.18	75.98	66.29	68.25	62.35	16.80	37.07	37.38
2004	14.43	52.46	74.54	83.49	71.61	69.96	69.66	67.58	19.41	40.84	43.36
2005	11.83	54.88	70.78	80.04	79.49	62.77	72.18	68.90	23.86	49.77	48.74
2006	14.27	60.00	73.16	81.35	82.32	65.89	67.60	63.60	27.97	39.59	38.07
2007	9.09	62.94	73.39	81.29	83.66	67.15	67.95	64.62	30.26	42.44	40.15
2008	5.24	63.47	72.61	79.08	84.64	68.19	70.18	65.29	32.02	42.70	40.32
2009	12.34	68.46	74.32	81.51	86.15	72.34	72.27	70.02	33.01	46.75	42.94
2010	10.42	72.30	73.89	81.26	87.22	75.97	73.43	71.23	34.15	47.82	43.53

年份	北京	天津	河北	山西	内蒙古	辽宁	吉林	黑龙江	上海	江苏	浙江
2011	3.48	71.59	73.99	81.38	88.36	76.71	74.10	71.85	33.62	46.27	43.01
2012	3.64	74.24	75.00	82.82	88.97	77.64	74.46	73.04	34.77	48.67	43.83
2013	3.80	76.59	76.45	84.56	89.38	75.91	73.24	71.10	35.96	50.70	45.34
2014	4.18	77.98	76.75	84.84	89.85	76.36	73.17	72.13	33.29	51.54	46.09
2015	3.45	79.69	78.47	85.26	90.29	76.41	69.07	75.03	35.39	51.75	47.89
2016	3.69	79.92	78.54	85.77	90.62	74.92	69.30	76.35	34.67	52.72	49.10
2017	2.63	78.32	78.76	84.42	90.48	74.89	69.44	77.45	33.51	51.62	49.50
2018	0.00	77.93	78.94	84.03	91.61	75.14	70.38	75.37	32.20	50.84	49.36
2019	0.28	78.57	78.93	84.52	92.26	76.58	70.59	75.46	33.93	52.30	50.58
2020	0.00	78.49	81.43	84.54	92.05	77.59	70.07	75.24	30.26	52.32	55.19
均值	0.03	64.95	74.69	82.51	84.01	26.86	69.65	69.42	10.44	45.07	42.44
排名	30	12	8	4	3	24	9	10	29	22	23

年份	安徽	福建	江西	山东	河南	湖北	湖南	广东	广西	海南	重庆
2000	26.55	0.00	37.50	35.15	50.12	44.84	31.81	0.00	34.63	11.53	31.17
2001	51.78	7.37	40.51	44.66	52.58	45.56	40.56	5.84	39.09	0.00	34.60
2002	52.84	19.30	45.69	51.18	56.10	51.64	45.87	16.37	40.70	30.17	38.80
2003	52.74	27.92	52.77	57.22	61.23	51.87	49.72	26.90	47.99	38.25	43.35
2004	54.96	33.91	54.72	63.13	66.52	57.97	58.40	34.48	56.37	42.25	44.98
2005	58.47	41.48	58.57	68.87	64.31	61.81	68.69	42.16	61.35	47.97	46.98
2006	61.09	46.62	59.57	62.55	67.14	67.63	66.78	46.46	63.72	46.70	45.93
2007	61.98	47.94	54.69	63.85	67.70	67.75	67.16	48.60	64.90	51.86	50.75
2008	57.98	50.36	54.91	63.15	67.60	67.29	66.95	49.76	62.13	51.45	49.05
2009	60.24	40.16	59.37	66.14	60.92	60.12	69.57	39.64	66.36	56.01	40.89
2010	61.22	42.30	59.44	67.49	57.27	61.31	70.99	43.32	68.35	42.93	46.02
2011	61.44	43.50	47.45	62.88	58.88	61.85	62.99	43.17	59.73	47.27	47.18
2012	63.94	45.57	49.86	64.50	59.81	63.58	64.01	44.86	62.74	48.11	49.83
2013	54.18	47.45	52.07	65.92	61.54	58.17	59.27	46.20	65.09	49.91	52.96
2014	55.30	51.03	54.93	67.47	63.04	59.16	60.17	44.47	66.42	51.70	55.11
2015	57.51	51.97	57.69	70.48	62.50	59.89	57.28	44.66	67.17	53.92	57.70
2016	58.08	51.78	58.96	71.42	62.33	60.30	58.19	45.39	67.68	54.65	58.13
2017	57.60	51.13	59.66	71.43	60.80	57.18	58.54	45.29	67.79	55.55	58.24
2018	55.94	50.68	59.70	71.94	60.31	56.52	59.61	45.79	67.85	56.04	58.76

续表

年份	安徽	福建	江西	山东	河南	湖北	湖南	广东	广西	海南	重庆
2019	57.43	51.99	61.07	72.40	59.45	57.88	59.96	46.16	68.49	56.77	58.87
2020	59.42	52.44	61.51	72.67	59.83	54.82	65.80	46.58	69.73	56.77	57.71
均值	55.53	13.29	53.87	62.70	60.78	58.10	58.20	12.44	59.32	13.00	48.20
排名	19	26	20	14	15	18	17	28	16	27	21

年份	四川	贵州	云南	陕西	甘肃	青海	宁夏	新疆	东部地区	中部地区	西部地区	全国均值
2000	52.89	81.18	0.00	46.11	72.67	77.03	84.81	67.86	0.01	46.19	5.48	1.00
2001	54.78	81.65	57.77	52.83	73.88	77.64	84.82	65.65	0.32	53.16	60.93	8.61
2002	59.07	81.67	61.67	58.11	73.54	76.66	84.66	66.86	3.83	56.65	63.21	21.96
2003	66.05	84.54	63.48	62.14	75.71	78.61	85.76	59.95	4.15	59.43	66.17	23.30
2004	69.44	85.28	66.62	61.99	77.78	81.94	82.90	64.91	40.03	63.55	68.36	55.10
2005	71.95	81.67	70.44	65.70	77.23	82.61	84.34	68.07	43.15	66.28	70.92	58.05
2006	70.32	82.66	68.48	67.35	77.78	84.22	85.36	69.27	43.67	66.57	71.51	58.55
2007	70.55	82.76	67.64	69.30	77.70	84.46	84.71	70.19	43.74	66.29	72.58	58.84
2008	69.93	81.70	67.07	60.66	77.77	84.32	83.31	70.43	42.11	65.81	70.99	57.45
2009	72.89	83.08	69.99	64.29	79.09	85.52	84.03	73.72	45.60	66.36	71.94	59.57
2010	66.43	79.06	70.88	63.37	73.10	86.30	84.31	71.42	45.17	66.57	71.38	59.24
2011	67.59	76.57	63.10	63.72	73.38	86.80	86.59	74.02	40.85	64.23	70.43	56.28
2012	68.69	77.27	65.21	65.67	75.45	88.13	87.21	77.92	42.12	65.76	72.38	57.85
2013	69.82	77.89	62.84	67.63	76.62	88.93	87.99	81.34	43.32	63.48	73.68	58.28
2014	67.21	78.02	63.74	69.52	77.45	89.68	88.51	82.90	44.00	64.65	74.45	59.13
2015	68.10	77.73	64.36	70.98	78.93	89.95	89.64	84.96	44.25	64.89	75.55	59.63
2016	65.73	76.66	65.13	72.25	78.83	89.49	89.80	86.10	44.72	65.53	75.60	60.03
2017	64.63	76.16	65.45	71.96	78.88	89.54	90.73	85.96	43.11	64.97	75.53	59.07
2018	64.21	75.80	65.48	71.92	78.95	89.55	91.42	85.08	8.00	64.58	75.59	31.81
2019	65.53	76.50	66.14	72.68	78.66	89.16	92.07	85.72	35.63	65.18	76.11	55.29
2020	65.84	76.54	67.81	72.94	79.51	88.86	92.40	86.35	6.33	65.80	76.44	29.46
均值	66.06	79.68	18.86	64.91	76.77	85.08	86.87	74.71	15.38	62.91	63.32	37.62
排名	11	5	25	13	6	2	1	7				

注：均值指节能潜力的几何平均值。

表4-13　2000～2020年全国30个省份节能潜力分类整理

节能潜力	地区
较高：70%以上	宁夏、青海、内蒙古、山西、贵州、甘肃、新疆、河北
偏高：60%～70%	吉林、黑龙江、四川、天津、陕西、山东、河南
中等：50%～60%	广西、湖南、湖北、安徽、江西
偏低：20%～50%	重庆、江苏、浙江、辽宁
较低：0～20%	云南、福建、海南、广东、上海、北京

　　根据表4-12和表4-13，整体而言，全国的节能潜力均值呈现先波动上升后波动下降的倒"U"型趋势，从2000年的1%最高升到2016年的60.03%再下降到2020年的29.46%。2000～2020年全国平均节能潜力为37.62%，这意味着各个省份的能源利用水平如果能够进步到最优的前沿目标，全国的能源潜力可以提高37.62%。从三个划分区域来看，西部地区的节能潜力最大，样本期间内均值达到了63.32%，比全国平均水平高了25.7个百分点；中部地区次之，节能潜力均值为62.91，高出全国水平25.29个百分点；东部地区节能潜力最小，平均节能潜力是15.38%，低于全国平均水平的50%。

　　测算结果表明，各省份的节能潜力具有很大差异。高于全国平均节能潜力水平的有23个省份，只有辽宁、云南、福建、海南、广东、上海和北京7个省份节能潜力低于全国平均水平。节能潜力最大的是宁夏，为86.87%，随之是青海、内蒙古、山西、贵州、甘肃、新疆和河北7个省份，节能潜力均超过了70%，是全国节能潜力均值的一倍甚至两倍以上，位于第一梯队，属于节能重点省份。天津、吉林、黑龙江、山东、河南、四川和陕西7个省份的节能潜力位于60%～70%，是全国节能潜力均值的一倍之余，居第二梯队。湖北、湖南、广西、安徽和江西5个省份的节能潜力位于50%～60%，属于第三梯队。以上20个省份的节能潜力较高，均超过了50%，表明这些省份存在能源投入要素的配置不合理、技术水平较低、管理较落后等情况，导致超过一半的能源投入属于过度消费。重庆、江苏、浙江和辽宁的节能潜力偏低，位于20%～50%；云南、福建、海南、广东和上海的节能潜力位于10%～50%，北京的节能潜力最小，为0.03%，说明在整体的考察范围内，北京能够节约的能源量接近零，此时的能源利用效率几乎达到最优状态。从东部、中部、西部三个地区来看，西部地区的节能潜力最大，中部地区次之，东部地区最小。中西部地区的节能潜力均在60%以上，且呈现出逐年上升的趋势，说明有较大的节能空间；东部地区节能潜力均值为15.38%，呈先上升后下降的倒"U"型波动趋势，相对节能空间较小。加强开展中西部地区的节能工作，对提高全国的能源使用效率具有明显的推动作用。

图 4-5 是 2000~2020 年全国及三大区域节能潜力折线图，可以反映节能潜力 21 年的变化及趋势走向。通过图 4-5 可以发现，全国的节能潜力均值总体呈现先升后降的波动趋势，并于 2016 年达到最高点 60.03%，随后逐年递减至 2020 年的 29.46%。按地区来看，东部地区变化趋势和全国波动趋势相似，皆是先上升后下降的倒"U"型趋势，但东部地区是在 2009 年节能潜力达到最高点 45.6%；中部地区与西部地区皆是呈现出逐年递增的变化趋势，节能空间越来越大。

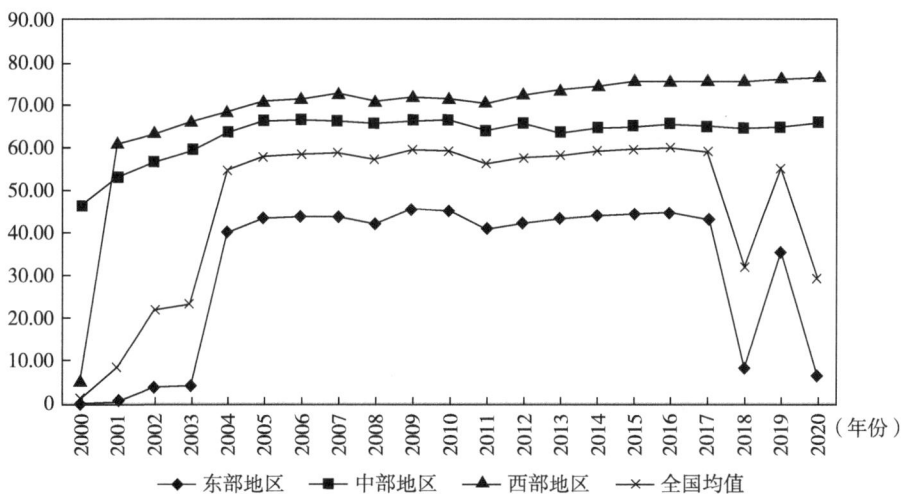

图 4-5　2000~2020 年全国及三大区域节能潜力折线图

在关注城市节能潜力的同时，往往也会关注各省份所能节省能源的具体数量，即省份的节能数量。

表 4-14 是各省份 2000~2020 年可节约的能源数量及 21 年的总和，以区域划分视角来看，东部地区可节约规模最大，21 年大约能节约 1916416 万吨标准煤，平均每年的节能规模为 91257.9 万吨标准煤，可节约规模高达全国可节约规模的 42%；西部地区可节约规模次之，21 年大约能节约 1388215 万吨标准煤，平均每年的节能规模为 66105.5 万吨标准煤，可节约规模高达全国的可节约规模的 30.4%；中部地区可节约规模最小，21 年大约能节约 1258425 万吨标准煤，平均每年的节能规模为 59925 万吨标准煤，可节约规模高达全国的可节约规模的 27.6%。这意味着如果 30 个省份能源利用水平全部达到全国最优水平，那么东

部地区能够节省的能源量最大，西部地区次之，中部地区则最后。也就是说，东部地区能源利用水平的提高对全国节约能源的贡献度最大，其能源效率的提升能大幅度改善全国的节能规模。

表 4-14　2000~2020 年全国各省份可节约能源数量及总和

单位：万吨标准煤

年份	北京	天津	河北	山西	内蒙古	辽宁	吉林	黑龙江	上海	江苏	浙江
2000	396	1285	7578	5285	2734	0	2159	3431	0	1926	1560
2001	0	1441	8474	5995	3242	6634	2353	3654	473	4200	2198
2002	0	1305	9358	7705	3835	6363	2717	3852	816	5493	3051
2003	0	1462	11136	8639	4485	7578	3050	3934	1119	4100	3560
2004	742	1939	12931	9394	4691	8712	3329	5079	1391	5575	4694
2005	597	2241	14040	9854	6973	8087	3796	5564	1845	8545	5865
2006	771	2700	15944	10979	8309	9375	3969	5551	2337	7419	5033
2007	523	3111	17309	11885	9515	10581	4393	6058	2755	8891	5831
2008	303	3404	17661	11597	10504	11542	4983	6525	3076	9493	6091
2009	741	4021	18892	12696	11546	13147	5459	7329	3221	11084	6685
2010	662	4930	19359	13658	12711	15085	6002	7935	3498	12325	7341
2011	223	4855	20773	14905	14261	16487	6585	8707	3526	12314	7668
2012	239	5438	21573	16014	15047	17325	6722	9319	3676	13541	7923
2013	256	6037	22679	17144	15682	15560	6332	8428	3916	14806	8451
2014	286	6351	22505	16852	16324	15719	6264	8623	3542	15393	8677
2015	235	6582	24354	16526	16960	15449	4849	9098	3868	15720	9391
2016	255	6456	24709	16641	17498	14742	4772	9376	3898	16453	9956
2017	187	6133	25269	16933	17882	15023	4778	9709	3814	16314	10410
2018	0	6214	25407	16973	21132	15613	4927	8619	3689	16083	10699
2019	21	6475	25689	17630	23383	16926	5034	8764	3969	17011	11326
2020	0	6361	29840	17737	22878	18000	5035	8671	3359	17095	13610
总和	6435	88743	395479	275041	259594	257949	97507	148225	57786	233781	150019

年份	安徽	福建	江西	山东	河南	湖北	湖南	广东	广西	海南	重庆
2000	1306	0	939	3506	3969	2252	1295	0	862	55	645
2001	2701	233	1065	5203	4399	2332	1875	594	1056	0	764
2002	2809	698	1340	6716	5051	2958	2314	1859	1131	182	940

年份	安徽	福建	江西	山东	河南	湖北	湖南	广东	广西	海南	重庆
2003	2878	1134	1808	9140	6487	3072	2765	3523	1530	262	1167
2004	3307	1536	2087	12377	8696	4122	4166	5245	2263	314	1300
2005	3804	2387	2510	16663	9406	5628	6669	7491	2783	394	1422
2006	4319	2982	2776	16793	10899	7473	7066	9182	3201	430	1534
2007	4797	3408	2763	18628	12076	8227	7810	10650	3627	548	1964
2008	4827	3895	2956	19247	12827	8644	8272	11681	3761	584	1981
2009	5358	3355	3451	21315	12032	8241	9274	9772	4375	690	1799
2010	5942	3887	3733	23166	10860	9281	10564	11782	5044	564	2295
2011	6494	4341	3249	19626	12049	10253	10179	12294	4782	732	2602
2012	7262	4776	3564	21084	12511	11237	10718	13075	5352	786	2908
2013	6337	5171	3948	22567	13483	9134	8843	13942	5924	859	3298
2014	6642	6018	4425	23858	14430	9655	9216	13159	6320	941	3640
2015	7075	6165	4860	27720	13964	9825	8313	13464	6586	1033	3996
2016	7355	6233	5147	28668	13914	10161	8638	14180	6842	1084	4127
2017	7498	6419	5353	28642	13475	9253	8899	14646	7088	1155	4223
2018	7436	6654	5543	29192	13665	9429	9266	15262	7344	1216	4379
2019	7966	7133	5902	29965	13258	10023	9594	15759	7719	1286	4526
2020	8733	7292	6033	30394	13613	8910	12438	16072	8233	1289	4399
总和	114847	83718	73453	414468	231067	160110	158176	213633	95821	14405	53908

年份	四川	贵州	云南	陕西	甘肃	青海	宁夏	新疆	东部地区	中部地区	西部地区	全国总和
2000	3447	3474	0	1207	2189	691	1288	2250	16307	20637	18786	55730
2001	3730	3623	2161	1603	2267	729	1339	2295	29451	24374	22811	76636
2002	4436	3650	2548	2003	2220	781	1499	2422	35840	28747	25465	90053
2003	6079	4679	2825	2435	2555	883	1704	2436	43014	32634	30778	106425
2004	7430	5135	3471	2909	3039	1118	1865	3106	55457	40180	36328	131965
2005	8501	4607	4243	3652	3322	1512	2084	3748	68155	47232	42848	158236
2006	9131	5102	4534	4155	3633	1757	2358	4189	72965	53031	47903	173900
2007	10028	5627	4824	4857	3909	1939	2554	4616	82236	58009	53461	193705
2008	10591	5788	5038	4633	4095	2106	2652	4979	86978	60630	56128	203737
2009	11897	6286	5621	5307	4269	2201	2779	5548	92924	63841	61628	218393
2010	11886	6463	6148	5477	4262	2421	3103	5653	102599	67975	65463	236037

年份	四川	贵州	云南	陕西	甘肃	青海	宁夏	新疆	东部地区	中部地区	西部地区	全国总和
2011	13313	6048	6020	6037	4691	2730	4087	7013	102838	72420	71585	246844
2012	14132	6649	6803	6765	5201	3063	4269	8800	109436	77347	78990	265774
2013	15020	7243	6329	7487	5583	3351	4564	11088	114244	73649	85568	273462
2014	13360	7574	6664	8154	5826	3580	4723	12373	116447	76107	88537	281091
2015	13543	7733	6709	8337	5910	3710	5120	13309	123979	74510	91915	290404
2016	12328	7363	6986	8776	5755	3670	5197	14035	126634	76003	92578	295215
2017	12427	7498	7307	9030	5919	3755	6168	14945	128012	75897	96241	300150
2018	12788	7608	7589	9278	6176	3908	6884	15053	130029	75859	102139	308027
2019	13625	7974	8042	9796	6150	3776	7519	15850	135559	78171	108359	322089
2020	13949	8130	8803	9855	6444	3688	7930	16391	143312	81169	110701	335183
总和	221643	128255	112667	121753	93414	51370	79686	170103	1916416	1258425	1388215	4563056

各省份的年均可节约能源量、节能潜力以及占全国可节约能源量的比重结果见表4-15。

表4-15 2000~2020年各省份节能潜力评价

省份	年均可节约能源量（万吨标准煤）	节能潜力（%）	各省份占全国可节约能源比重
北京	2	0.03	0.000
天津	3634	64.95	0.021
河北	17621	74.69	0.102
山西	12372	82.51	0.071
内蒙古	10336	84.01	0.060
辽宁	4477	26.86	0.026
吉林	4425	69.65	0.025
黑龙江	6695	69.42	0.039
上海	950	10.44	0.005
江苏	9725	45.07	0.056
浙江	6315	42.44	0.036
安徽	4990	55.53	0.029
福建	1040	13.29	0.006

省份	年均可节约能源量 （万吨标准煤）	节能潜力（%）	各省份占全国 可节约能源比重
江西	3093	53.87	0.018
山东	17238	62.70	0.099
河南	10325	60.78	0.059
湖北	6851	58.10	0.039
湖南	6509	58.20	0.037
广东	2791	12.44	0.016
广西	3783	59.32	0.022
海南	160	13.00	0.001
重庆	2186	48.20	0.013
四川	9737	66.06	0.056
贵州	5910	79.68	0.034
云南	1457	18.86	0.008
陕西	4960	64.91	0.029
甘肃	4192	76.77	0.024
青海	2107	85.08	0.012
宁夏	3260	86.87	0.019
新疆	6447	74.71	0.037
东部地区年均总和	63954	15.38	0.368
中部地区年均总和	55260	62.91	0.318
西部地区年均总和	54374	63.32	0.313
全国年均总和	173588	37.62	1.000

注：均值指几何平均值。

从各省份的节能总量上看，北京的可节约能源规模最小，节能潜力也最低，是表现最好的地区。河北的可节约能源规模最大，且只有河北的可节约能源量占全国比重超过了10%，山西、内蒙古、江苏、山东、河南和四川6个省份的可节约能源量占全国比重超过了5%，这些省份是我国节能的重点区域。2000～2020年，东部地区占全国年均可节约能源量总和的比重最高，为36.8%，中部地区次之，为31.8%，西部地区最低，为31.3%。结合可节约能源规模和节能潜力来看，天津、吉林、黑龙江、浙江、安徽、江西、湖南和湖北等16个省份尽管节能潜力较高，但可节约能源量对于全国的节能贡献比例并不高（小于5%）；而河北、山西、内蒙古、江苏、山东、河南和四川7个省份的节能潜力和节能规模均比较大，充分发挥这些省份的节能潜力，可以很大程度地扩大全国的可节约能源量规模。

4.5 本章小结

效率已然成为社会发展的不竭动力，作为发展中国家，在有限的能源资源供应下提高绿色全要素能源效率成为我国经济高质量发展的必经之路。

本章在将30个省份分成三个区域的基础上，利用SBM-DEA模型对各个省份的全要素能源效率进行测度，来研究地区的节能问题。对全国30个省份2000~2020年的全要素能源效率和节能潜力进行比较分析，并计算了各省份的节能潜力，得出结论如下：

第一，我国的绿色全要素能源效率仍然偏低，提升空间较大。

第二，考察期内，有、无碳排放约束下测度出的地区全要素能源效率的静态评价结果不同。相比于无碳排放约束的能源效率测算结果，有碳排放约束下的全要素能源效率变化趋势多为波动下降，无碳排放约束的全要素能源效率均值基本高于有碳排放约束下能源效率的水平，说明无碳排放约束下的能源效率存在高估的现象。

在有、无碳排放约束的情况下，只有北京和广东均处于第一梯队，属高能效地区。就均值而言，只有北京的全要素能源效率在碳排放约束下有所提高，而其他省份在碳排放约束下的能源效率低于无碳排放约束下的能源效率值，说明政府的环境规制政策促进了城市全要素能源效率的提高，能源资源耗费和环境污染造成了消极影响。不论是否有碳排放约束，区域能源效率水平皆是东部最高、中部次之、西部最低。能源效率的动态评价结果表明，我国绿色全要素能源效率总体增长率降低了。

第三，考察期间，整体而言全国的节能潜力均值呈现先波动上升后波动下降的倒"U"型趋势，2000~2020年全国平均节能潜力为37.62%，这意味着各个省份的能源利用水平如果达到最优的前沿目标，全国的能源潜力可以提高37.62%。节能潜力最大的是宁夏，为86.87%，北京的节能潜力最小，为0.03%，说明在整体的考察范围内，北京能够节约的能源量接近零，此时的能源利用效率几乎达到最优状态。从东部、中部、西部三个地区来看，西部地区的节能潜力最大，中部地区次之，皆高于全国平均水平，在60%以上，且呈现出逐年上升的趋势，说明有较大的节能空间；东部地区节能潜力最小，甚至低于全国平均水平的50%，呈先上升后下降的倒"U"型波动趋势，相对节能空间较小。说明加强开展中西部地区的节能工作，对提高全国的能源使用效率具有明显的推动作用。

第四，就节能规模来看，东部地区可节约规模最大，高达全国可节约规模的42%；西部地区可节约规模次之，高达全国可节约规模的30.4%；中部地区可节约规模最小，高达全国可节约规模的27.6%。意味着如果30个省份能源利用水平都能达到全国最优水平，那么东部地区能够节约的能源量最大，西部地区次之，中部地区则最后。也就是说，东部地区能源利用水平的提高对全国节约能源的贡献度最大，其能源效率的提升能大幅度扩大全国的节能规模。

从各省份的节能总量看，北京的可节约能源规模最小，节能潜力也最小，是表现最好的地区。河北的可节约能源规模最大，且只有河北的可节约能源量占全国比重超过了10%。河北、山西、内蒙古、江苏、山东、河南和四川7个省份的节能潜力和节能规模均比较大，充分发挥这些省份的节能潜力，可以很大程度地扩大全国的可节约能源量规模。

总之，在有限的能源资源投入情况下，应该深入思考优化投入要素的组合，利用更多的科学技术来提升绿色全要素能源效率。为了缩小省份和地区间的差异，要坚决贯彻实施"西部大开发""中部崛起"和"一带一路"等战略，加大对外开放和合作力度，积极引进高新技术和先进管理经验，培育本区域的技术创新力量，努力提升本区域的绿色全要素能源效率。

5 我国与其他国家能源效率比较研究

能源是人类社会生存发展的重要物质基础，人类社会的经济、文明发展离不开能源，人类社会的向前推进离不开能源技术的进步。然而，能源并非取之不尽用之不竭。工业革命以来，如煤炭、天然气、石油等化石能源被大量消耗，能源越来越稀缺，世界范围内的能源供应越来越紧张。因此，为了社会的长远发展，必须关注能源利用率，提升能源利用效率。能源利用效率与经济发展状况相关。一般经济越发达，能源利用效率越高。20 世纪 80 年代，改革开放初期，我国开始注重能源保护和节约，与以往能源大量开发不同，我国将开发与节约并行，能源利用效率得到很大提升。20 世纪 80 年代初到 20 世纪末，我国实现了能源增加一倍、经济增长两倍的目标。但随着经济的发展，能源消耗量越来越大，为了提高能源利用率，我国政府出台了一系列政策促进能源节约节能减排工作，积极改变经济发展方式，调整能源结构，加大监管力度，使资源浪费和环境污染等状况得到很大改善。但与其他发达国家相比，我国的能源利用效率仍然较低，节约能源、提高能源利用率仍然是重点工作。为了更好地节约能源、保护环境，提升我国能源效率，本章将中国能源与世界其他国家能源效率进行比较，分析我国能源问题。用来测量一个国家或地区能源利用效率的方法和指标较多，本章主要从能源经济效率、能源技术效率以及产业结构及能耗结构方面将我国能源利用效率与其他国家能源效率进行比较分析，找出我国能源利用效率与其他国家的差距，希望对我国能源问题有所启示。

5.1 我国能源消费现状与国际比较

5.1.1 我国能源生产消费基本状况

作为人口大国和工业大国，我国能源生产量和消耗量都较大。如表 5-1 所示，2015 年我国一次能源生产总量是 362193 万吨标准煤，随后能源生产总量一直呈上升趋势，到 2020 年，我国能源生产总量为 408000 万吨标准煤，一次能源生产总量增长了 11%。从能源生产总量和能源消耗总量角度分析，我国能源无法自给自足。2015 年我国能源消费总量为 434113 万吨标准煤，能源自给率为83.43%；2020 年我国能源消费总量为 498000 万吨标准煤，能源自给率为81.93%。除了 2016 年、2017 年能源自给率低于 80% 外，其他几年的能源自给率都在 80% 以上。能源对外依存度过高，国家的能源安全容易受到威胁。

我国能源自给率较高，但仍然无法自给自足，部分能源需要进口。同时，我国进口能源量占能源消费总量的比重不断上升，我国进口能源量占能源消费总量2015 年为 17.9%，而 2019 年该比例上升到 24.42%。能源进口总量也在不断增加，我国能源进口总量从 2015 年的 77695 万吨标准煤上升到 2019 年的 119064 万吨标准煤，增长了 34.7%[①]。我国能源生产以煤炭生产为主，石油、天然气的生产量较少，而近年来天然气和石油的消费量不断上升，国内石油、天然气供应不足，使得我国能源进口量增加，对能源进口的依赖程度上升。

近年来，我国经济发展得到极大增长。如表 5-1 所示，2015～2020 年，我国经济总量呈上升趋势，由 2015 年的 688858.2 亿元上升到 2020 年的 1015986.2 亿元。经济的增长也带来了能源消耗的增长，特别是工业经济的快速增长加大了能源消耗量。2015～2018 年，我国能源消耗量由 2015 年的 434113 万吨标准煤增加到 2020 年的 498000 万吨标准煤，我国能源消费总量不断增加。2015～2018 年我国的经济增长速度远远快于能源增长速度。2015 年我国经济增长速度为 6.58%，而能源消费增长速度为 1.33%；2016 年我国经济增长速度为 7.71%，而能源消费增长速度为 1.67%；2017 年我国经济增长速度为 10.29%，而能源消费增长速度为 3.14%；2018 年我国经济增长速度为 9.49%，而能源消费增长速度为3.41%。但 2018 年以后，我国经济增长速度与能源消耗增长速度越来越接近。2019 年我国经济增长速度为 6.82%，而能源消费增长速度为 3.19%，经济增长速度和能源消耗增长速度的差距越来越小。而到了 2020 年，我国经济增长速度为 2.90%，而能源消费增长速度为 2.11%，经济增长速度接近能源消费增长速度。

---

① 数据来源：《中国统计年鉴》计算得出。

表 5-1　2015~2020 年中国能源生产消费与经济总量

年份\n项目	2015	2016	2017	2018	2019	2020
一次能源生产总量（万吨标准煤）	362193	345954	358867	378859	397317	408000
能源消费总量（万吨标准煤）	434113	441492	455827	471925	487488	498000
能源自给率（%）	83.43	78.36	78.73	80.28	81.50	81.93
能源消耗增长速度（%）	1.33	1.67	3.14	3.41	3.19	2.11
经济总量（亿元）	688858.2	746395.1	832035.9	919281.1	986515.2	1015986.2
经济增长速度（%）	6.58	7.71	10.29	9.49	6.82	2.90

数据来源：《中国统计年鉴》。

5.1.2　能源消费总量的国际比较

近年来，世界经济发展得到很大提升。世界 GDP 从 2000 年的 500216 亿美元上升到 2017 年的 800789 亿美元①，增加了 38%。经济的增长带动了能源消耗量的增长，以终端能源消费量为例，世界终端能源消费量从 2000 年的 7029.94 百万吨标准油增加到 2017 年的 9717.29 百万吨标准油，增长率达到 28%，总量增加了 2687.35 百万吨标准油。世界能源增长趋势与世界经济增长趋势相符，经济的增长以能源消耗为支撑。从整体来看，世界终端能源消费量总体呈上升趋势，但增长速度有所下降。根据表 5-2 数据可计算得出，2000~2005 年世界终端能源消费量增长率为 11.82%；而 2005~2010 年世界终端能源消费量增长率为 9.75%；2010~2017 年世界终端能源消费量增长率为 9.09%。世界终端能源消费总量的增长主要是因为发展中国家终端能源消费需求不断上升。

从世界各国的终端能源消费总量来看，世界主要国家终端能源消费量变化呈不同趋势。发展中国家终端能源消耗量总体呈上升趋势，且各年的能源消耗总量变化较大，而发达国家的终端能源消费总量则总体呈不增反减趋势，且各年的能源消耗总量变化不大。如表 5-2 所示，英国、日本、德国、美国等发达国家的终端能源消费量总体呈下降趋势，英国的终端能源消费量从 2000 年的 150.74 百万吨标准油下降到 2017 年的 127.27 百万吨标准油，并且，在 2000~2017 年英国终端能源消费总量仅变化 23.47 百万吨标准油，各年间的变化量

① 数据来源：《中国统计年鉴》。

比较小；日本、德国、美国等国家的终端能源消费量 2000~2017 年虽然略有波动，但总体呈下降趋势，日本、德国、美国三国的终端能源消费 2000~2017 年的变化量分别为 45.7 百万吨标准油、7.21 百万吨标准油、50.09 百万吨标准油。英国、日本、德国、美国等发达国家经济不断增长，而终端能源消费总量却在下降，归功于它们高水平的高新技术和节能技术，特别是日本，由于资源匮乏，为解决资源不足的问题，日本节能技术属于世界领先水平，节能技术的应用对日本节约能源消费量起到很大作用。如表 5-2 所示，澳大利亚、加拿大等发达国家的终端能源消费量在 2000~2017 年虽然呈上升趋势，但增加的总量较少，澳大利亚 2000~2017 年终端能源消费总量只增加了 12.26 百万吨标准油，且澳大利亚的终端能源消费总量较低，2000~2017 年，澳大利亚终端能源消耗量仅在 69.58 百万~81.84 百万吨标准油范围内。加拿大终端能源消费量 2000~2017 年变化量也不大，2000~2017 年加拿大终端能源消费量一直在 190 百万~196 百万吨标准油范围内变动，变动量仅为 5.62 百万吨标准油。

发展中国家终端能源消费总量不断上升，且上升幅度较大，但各国的增长幅度有所差别。如表 5-2 所示，在本节所比较的国家中，我国终端能源消费总量增长幅度最大，2000~2017 年我国终端能源消费量上升了 60.84%，增幅较大，但从各年间的增长速度分析，我国终端能源消费增长速度放缓，2000~2005 年我国终端能源消费量增长率为 36.34%；而 2005~2010 年我国终端能源消费量增长率为 25.40%；2010~2017 年我国终端能源消费量增长率为 17.55%。其次，终端能源消费量上升较多的是印度，2000~2017 年印度终端能源消耗量增加了 46.88%，终端能源消费总量增加了 277.14 百万吨标准油，印度作为发展中国家，还处于工业化阶段，终端能源消费量不断上升。巴西、俄罗斯等发展中国家的终端能源消费量呈上升趋势，巴西、俄罗斯 2000~2017 年终端能源消费量增长率分别为 32.63%、14.36%，终端能源消费量分别增加了 74.33 百万吨标准油、70.06 百万吨标准油。终端能源消费量的增加与否和各个国家的经济发展状况、产业结构、技术水平等因素相关，发展中国家大多还处于工业化时期，第二产业比重较大，技术水平较落后，所以发展中国家的终端能源需求量仍处于不断上升的趋势。

表 5-2 各个国家年终端能源消费总量

国家	2000	2005	2010	2016	2017
中国（百万吨标准油）	781.19	1227.11	1645.01	1973.52	1995.06

国家	2000	2005	2010	2016	2017
英国（百万吨标准油）	150.74	148.72	137.99	128.72	127.27
日本（百万吨标准油）	332.41	335.04	311.93	289.34	292.80
俄罗斯（百万吨标准油）	417.89	411.97	446.65	464.75	487.95
印度（百万吨标准油）	314.09	358.29	484.50	569.37	591.23
澳大利亚（百万吨标准油）	69.58	72.23	76.58	81.40	81.84
德国（百万吨标准油）	231.40	230.69	228.90	224.19	226.98
美国（百万吨标准油）	1546.29	1563.08	1512.99	1517.33	1520.46
加拿大（百万吨标准油）	191.54	195.96	190.34	192.10	195.93
巴西（百万吨标准油）	153.48	172.13	211.30	224.62	227.81
世界（百万吨标准油）	7029.94	7972.04	8833.68	9533.58	9717.29

5.1.3 人均能源消耗量比较

人均能源消耗量反映平均个人可以消耗的能源量，能够反映一个国家人民生活的质量水平和一个国家经济发展水平。人均能源消耗量能得到保障才能确保每个人都能享有基本生存权和发展权。人均能源消耗量过低，很可能难以满足个人日常所需的能源需求；如果人均能源消耗量过高，则可能存在能源浪费情况。世界主要国家人均能源消耗量见表5-3，人均能源消耗量趋势见图5-1。由图5-1可以直观地看出发达国家人均能源消耗量普遍高于发展中国家。加拿大2000~2017年人均能源消耗量在被比较国家中位于首位，美国紧随其后，2000~2017年人均能源消耗量在被比较国家中位列第二，澳大利亚、德国、日本、英国等发达国家人均能源消耗量位于被比较国家的中等水平。而中国、巴西、印度等发展中国家人均能源消耗量最低。俄罗斯作为发展中国家，人均能源消耗量较高。俄罗斯是能源大国，特别是石油能源储存量丰富，且俄罗斯人口在144百万左右①，与中国、印度、巴西等发展中国家相比，俄罗斯人口数量较少，所以与其他发展中国家相比，人均能源消耗量更高。由表5-3可知，除了俄罗斯外，其他发展中国家的人均能源消耗量不足1吨标准油或者在1吨标准油左右，特别是印度，2000~2017年，印度人均能源消耗量在0.3~0.45吨标准油，不足0.5吨标准油，与世界人均能源消耗量1.2吨标准油存在较大差距。英国、日本、澳大利亚、德

---

① 数据来源：《中国统计年鉴》。

国、美国、加拿大等发达国家的人均能源消耗量都大于 1 吨标准油，且美国、加拿大两国的人均能源消耗量最高，在巅峰值时，两个国家的人均能源消耗量均超过 5 吨标准油，是世界人均能源消耗量的 4 倍多，英国、日本、德国、澳大利亚等发达国家虽然人均能源消耗量低于美国、加拿大，但它们 2000~2017 年的人均能源消耗量达到 2 吨标准油及以上，远远高于中国、印度、巴西等发展中国家，并且高于世界人均能源消耗量。发达国家人均能源消耗量普遍高于世界人均能源消耗量，而发展中国家人均能源消耗量大多低于世界人均能源消耗量。

从人均能源消耗量变化趋势角度分析，加拿大、美国、澳大利亚、德国、日本、英国等发达国家人均能源消耗量呈下降趋势，且下降趋势明显，如图 5-1 所示。而中国、印度、巴西、俄罗斯等发展中国家的人均能源消耗量均呈现上升趋势，但变化幅度不如发达国家的变化幅度大。加拿大 2000 年人均能源消耗量达到最大值，随后一直在下降，2000~2017 年，加拿大人均能源消耗量由 6.24 吨标准油下降到 5.37 吨标准油，人均能源消耗量下降了 16%，2000~2005 年，人均能源消耗量下降速度较小，2005~2016 年人均能源消耗量下降的速度加快；美国 2000~2017 年人均能源消耗量变化趋势与加拿大变化趋势一致，美国 2000 年的人均能源消耗量为 5.48 吨标准油，随后一直在下降，2000~2017 年人均能源消耗量下降了 18%，2000~2005 年下降的速度更加缓慢，而 2005~2016 年下降速度加快；英国的人均能源消耗量总体要低于美国、加拿大等国家，在被比较的发达国家中属于人均能源消耗量最少的发达国家，但变化趋势与美国、加拿大基本一致，2000 年，英国人均能源消耗量为 2.56 吨标准油，到 2017 年，人均能源消耗量为 1.93 吨标准，下降了 33%，2000~2005 年人均能源消耗量下降速度更缓慢，2005~2016 年下降速度更快。澳大利亚、德国、日本等发达国家人均能源消耗量的变化趋势总体上与美国、加拿大、英国等发达国家相似，都呈下降趋势，但下降速度不一致。澳大利亚、日本、德国的人均能源消耗量总体较低，所以变化幅度较小，2000~2017 年澳大利亚、日本、德国人均能源消耗量分别下降了 8.41%、13.42%、3.65%，与其他国家相比下降速度较慢，变化不大。

表 5-3 世界主要国家 2000~2017 年人均能源消耗量

国家	2000 年	2005 年	2010 年	2016 年	2017 年
中国（吨标准油）	0.62	0.94	1.23	1.43	1.44
英国（吨标准油）	2.56	2.46	2.20	1.96	1.93
日本（吨标准油）	2.62	2.62	2.44	2.28	2.31

国家	2000 年	2005 年	2010 年	2016 年	2017 年
俄罗斯（吨标准油）	2.85	2.87	3.13	3.22	3.38
印度（吨标准油）	0.30	0.31	0.39	0.43	0.44
澳大利亚（吨标准油）	3.61	3.52	3.48	3.36	3.33
德国（吨标准油）	2.84	2.84	2.85	2.72	2.74
美国（吨标准油）	5.48	5.28	4.88	4.69	4.66
加拿大（吨标准油）	6.24	6.09	5.60	5.32	5.37
巴西（吨标准油）	0.88	0.92	1.07	1.08	1.09
世界（吨标准油）	1.15	1.22	1.28	1.28	1.29

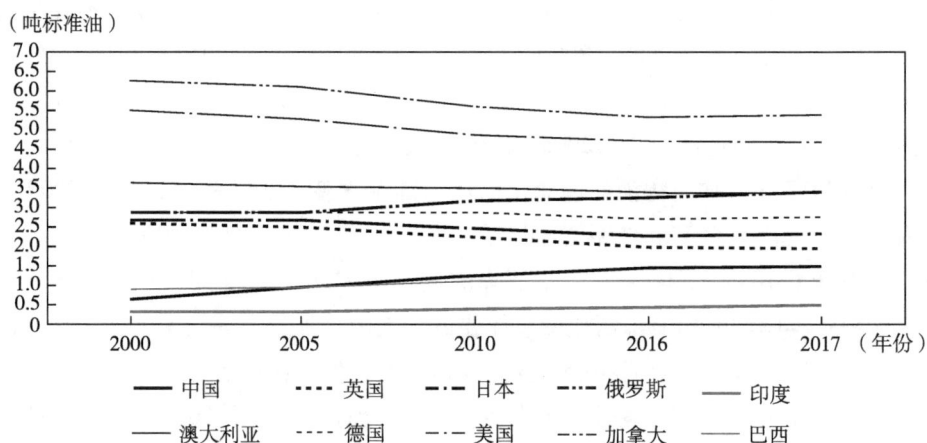

图 5-1　2019 年分行业能源消费情况

　　发展中国家的人均能源消耗量变化趋势与发达国家有所区别。中国、俄罗斯、印度、巴西的人均能源消耗量较少，且变化呈上升趋势。中国人均能源消耗量 2000～2017 年一直属于上升趋势，在 2000 年，中国人均能源消耗量为 0.62 吨标准油，随后人均能源消耗量在不断增加，到 2017 年，中国人均能源消耗量已经上升到 1.44 吨标准油，增加了 57%，从增长速度来看，中国增长速度呈先升后降的趋势，2000～2005 年，我国人均能源消耗量增长了 34.04%，而 2005～2010 年，我国人均能源消耗量增长了 23.58%，2010～2017 年只增加了 15%。印度人均能源消耗量总体处于低水平，人均能源消耗量仅在 0.4 吨标准油左右。虽然印度人均能源消耗量一直呈上升趋势，但变化量不大，2000～2017 年印度人均能源消耗量仅增加了 0.14 吨标准油。2000～2005 年，印度人均能源消耗量增长了 3.23%，而 2005～2010 年，印度人均能源消耗量增长了 20.51%，2010～2017 年只增加了 0.11%。中国和印度都属于能源消耗量大且人口多的大国，所以中国和印度的人均能源消耗量都相对较低。与其他发展中国家相比，俄罗斯人均能源消耗量较高。2000～2017 年俄罗斯人均能源消耗量一直呈上升趋势，由 2000 年的 2.85 吨标准油增加到 2017 年的 3.38 吨标准油，增加了 15.68%。俄罗斯人均能源消耗量各年间的增长速度较小，2000～2005 年，俄罗斯人均能源消耗量只增长了 0.70%，而 2005～2010 年，俄罗斯人均能源消耗量增长了 8.31%，2010～2017 年增加了 7.40%。巴西人均能源消耗量 2000～2017 年一直呈上升趋势，从 2000 年的 0.88 吨标准油上升到 2017 年的 1.09 吨标准油，增长了 19.27%，各年间的增长速度存在差距，2000～2005 年，巴西人均能源消耗量增长了 4.35%，而 2005～2010 年，巴西人均能源消耗量增长了 14.02%，2010～2017 年只增加了 1.83%。总体来说，发达国家人均能源消耗量要高于发展中国家。美国、德国、澳大利亚等发达国家已经基本完成工业化，对高新技术、节能技术的应用，加之对节能降耗、保护环境的重视，使得发达国家的人均能源消耗量已经开始呈下降趋势。而发展中国家如中国、印度等国家还处于工业化阶段，随着经济建设的需要以及人民生活质量的提升，发展中国家的人均能源消耗量持续上升。

5.2 我国能源经济效率的国际比较

5.2.1 我国单位 GDP 能耗的国际比较

能源经济效率是指产出单位经济量（或实物、服务量）所消耗的能源量，也为能源强度。在现有的研究中，一般用宏观经济领域的单位 GDP 能耗和微观经济领域的单位产品能耗等指标来衡量一个国家或地区的经济效率。能源强度是可以用于比较不同地区或国家间经济发展所需消耗的能源，能源强度越高，能源经济效率越低。在对能源经济效率进行国际比较时，先将各国单位 GDP 能耗按汇率换算，将折算后的单位 GDP 能耗用以对能源使用效率进行比较，并用来测量产出经济量和能源消耗水平的比例关系，得出能源经济效率。GDP 是反映一国经济的宏观指标，用 GDP 能耗来测量经济产出和投入的比例，比较不同国家的能源经济效率，在宏观角度具有可参考性。

表5-4是近几年世界主要国家单位GDP能耗。从整体来看，俄罗斯1亿美元GDP能耗最大，其中2000年达到16.09万吨标准油，而其他国家2000年1亿美元GDP能耗均低于十位数，俄罗斯与其他国家相比有较大差距。但1亿美元GDP能耗变化较大，在2005年，俄罗斯1亿美元GDP能耗下降到5.39万吨标准油，2006~2017年则在3万吨标准油左右，与其他国家相比，数值仍然较大。印度1亿美元GDP能耗紧随其后，在2000年，印度1亿美元GDP能耗达到6.71万吨标准油，与其他国家相比数值较大，在随后十几年也一直在降低，但仍属于较高水平。在世界主要国家中，中国1亿美元GDP能耗也属于较高水平，在前期，中国经济粗放发展时期，中国1亿美元GDP能耗最高达到6.45万吨标准油，在世界主要国家中位列第三，但下降幅度大，到2017年已经下降到1.62万吨标准油，在世界主要国家中排名中等，能源经济效率得到很大提升。巴西2000~2017年1亿美元GDP能耗较低，在0.96万~2.34万吨标准油范围内变动。巴西也属于发展中国家，但巴西的1亿美元GDP能耗相比中国、印度、俄罗斯等发展中国家要低，能源经济效率更高。与发展中国家相比，发达国家的1亿美元GDP能耗相对更低。在2000~2017年日本1亿美元GDP能耗在3万吨标准油左右，这在发达国家中属于较高能耗，但总体低于发展中国家的1亿美元GDP能耗。美国1亿美元GDP能耗总体属于较低水平，最高在2000年达到3.55万吨标准油，但随后跌破2万吨标准油，但在发达国家中，能源经济效率属于中等水平。加拿大1亿美元GDP能耗在世界主要国家中属于低水平，2000年加拿大1亿美元GDP能耗达到最高水平2.57万吨标准油，随后1亿美元GDP能耗在1万吨标准油左右，能源经济效率较高。德国、澳大利亚的1亿美元GDP能耗属于低水平，2000~2017年两国的1亿美元GDP能耗均低于2万吨标准油，要低于美国、日本、加拿大等发达国家。在世界主要国家中，2000~2017年英国的1亿美元GDP能耗最低，在该时间段，英国1亿美元GDP能耗不超过1万吨标准油，属于最低能耗水平，这说明不管与发达国家比还是与发展中国家比，英国的能源经济效率都最高。

表5-4　世界主要国家2000~2017年1亿美元GDP消耗能源

国家	2000	2005	2010	2016	2017
中国（万吨标准油）	6.45	5.37	2.70	1.76	1.62
英国（万吨标准油）	0.91	0.58	0.55	0.47	0.47

国家	2000	2005	2010	2016	2017
日本（万吨标准油）	3.11	3.24	2.63	3.03	3.08
俄罗斯（万吨标准油）	16.09	5.39	2.93	3.64	3.10
印度（万吨标准油）	6.71	4.37	2.89	2.48	2.23
澳大利亚（万吨标准油）	1.67	1.04	0.67	0.67	0.62
德国（万吨标准油）	1.71	1.18	0.92	0.83	0.80
美国（万吨标准油）	3.55	2.89	2.47	1.96	1.90
加拿大（万吨标准油）	2.57	1.67	1.18	1.26	1.19
巴西（万吨标准油）	2.34	1.93	0.96	1.25	1.10

从变化趋势来看（见图5-2），世界主要国家1亿美元GDP能耗2000~2017年总体呈下降趋势，发展中国家的下降速度快于发达国家的下降速度。2000~2017年1亿美元GDP能耗下降最多的国家是俄罗斯，在该时间段，俄罗斯1亿美元GDP能耗从2000年的16.09万吨标准油下降到2017年的3.10万吨标准油，下降了419.03%，可以反映出俄罗斯2000~2017年能源经济效率得到很大提升。中国的1亿美元GDP能耗2000~2017年也下降较多，下降速度在世界主要国家中位列第二。中国1亿美元GDP能耗从2000年的6.45万吨标准油下降到2017年的1.62万吨标准油，下降了近3倍，1亿美元GDP能耗的下降，反映出我国随着技术水平的提升，能源经济效率得到很大提升。印度作为发展中国家，前期1亿美元GDP能耗也较高，但后期也在不断下降，印度1亿美元GDP能耗从2000年的6.71万吨标准油下降到2017年的2.23万吨标准油，下降了2倍多。巴西作为发展中国家，其1亿美元GDP能耗变化与俄罗斯、印度、中国等发展中国家不一致，巴西1亿美元GDP能耗从2000年的2.34万吨标准油下降到2017年的1.10万吨标准油，因为其1亿美元GDP能耗在前期就属于低水平，所以下降得不多。发达国家中，1亿美元GDP能耗下降速度最快的国家是澳大利亚，澳大利亚1亿美元GDP能耗从2000年的1.67万吨标准油下降到2017年的0.62万吨标准油，下降了近1.7倍，虽然下降的总量不大，但变化幅度较大。加拿大1亿美元GDP能耗从2000年的2.57万吨标准油下降到2017年的1.19万吨标准油，下降了1.15倍，在发达国家中属于下降得较多的国家。德国1亿美元GDP能耗与其他发达国家相比，变化量属于中等水平，2000~2017年，德国1亿美元GDP能耗从2000年的1.71万吨标准油下降到2017年的0.8万吨标准油，下降了113.75%。美国1亿美元GDP能耗变化幅度属于中等水平，美国1亿美

元 GDP 能耗从 2000 年的 3.55 万吨标准油下降到 2017 年的 1.9 万吨标准油,下降了 86.84%。英国 1 亿美元 GDP 能耗在被比较国家中属于最低水平,所以其变化量也不大,2000~2017 年,英国 1 亿美元 GDP 能耗由 0.91 万吨标准油下降到 0.47 万吨标准油,下降了 0.44 万吨标准油,变化幅度不大。在所有被比较国家中,日本 1 亿美元 GDP 能耗变化最小,日本 1 亿美元 GDP 能耗从 2000 年的 3.11 万吨标准油下降到 2017 年的 3.08 万吨标准油,仅下降 0.03 万吨标准油,变化较小。从整体来看,中国、俄罗斯、印度等国家前期 1 亿美元 GDP 能耗属于高水平,能源经济效率较低,但后期下降速度快,下降量较大,能源经济效率得到很大提升。而一些发达国家如英国、美国、日本、德国等发达国家 1 亿美元 GDP 能耗相比于发展中国家来说较低,变化幅度也较小,能源经济效率较高。从宏观角度看,中国能源经济效率得到很大提升,但与发达国家相比仍有比较大的差距。

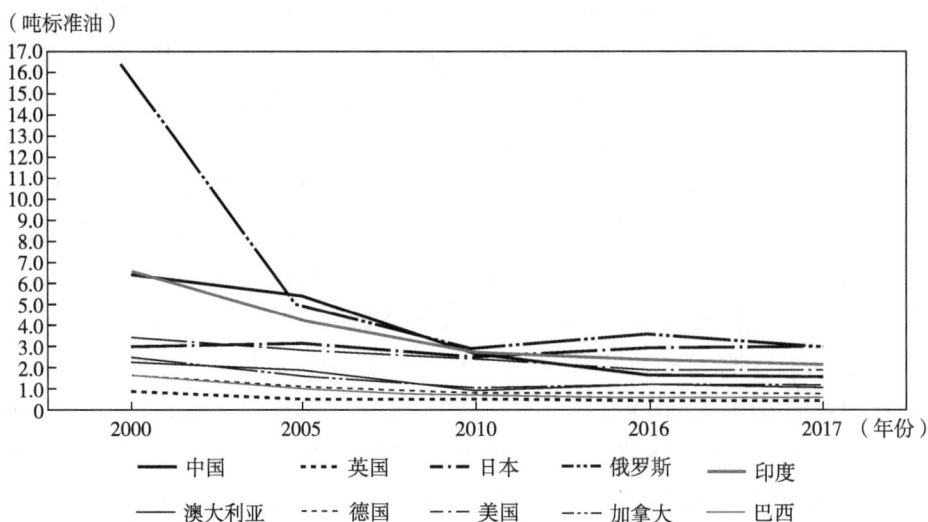

（吨标准油）

图 5-2　世界主要国家 2000~2017 年 1 亿美元 GDP 消耗能源折线图

表 5-5 为 2000~2017 年中国能耗强度倍数表。从表 5-5 可以看出,在前期我国能源强度较高,特别是与发达国家相比,在 2000 年,中国 1 亿美元 GDP 能源消耗远远高于英国,中国的 1 亿美元 GDP 能耗强度是英国的 7.11 倍。同时也远远高于澳大利亚、德国、加拿大等国家,在 2000 年,中国的 1 亿美元 GDP 能耗强度分别是澳大利亚、德国、加拿大的 3.85 倍、3.77 倍、2.51 倍。与日本、

美国等发达国家相比，中国 1 亿美元 GDP 能耗差距相对较小，但仍高于日本、美国，在 2000 年，中国的 1 亿美元 GDP 能耗强度分别是日本、美国的 2.07 倍、1.82 倍。但后期中国 1 亿美元 GDP 能耗与发达国家的差距逐渐缩小，到 2010 年，中国 1 亿美元 GDP 能源强度是英国的 4.88 倍，比 2000 年减少了 3 倍多。与澳大利亚、德国、加拿大等发达国家相比，中国 1 亿美元 GDP 能耗差距仍然存在，在 2010 年，中国的 1 亿美元 GDP 能耗强度分别是澳大利亚、德国、加拿大的 4.05 倍、2.94 倍、2.30 倍。与日本、美国等发达国家相比，中国 1 亿美元 GDP 能耗差距已经缩小，在 2010 年，中国 1 亿美元 GDP 能耗强度分别是日本、美国的 1.03 倍、1.09 倍。到 2017 年，中国 1 亿美元 GDP 能耗与发达国家差距越来越小，甚至中国 1 亿美元 GDP 能耗已经低于部分发达国家。在 2017 年，中国 1 亿美元 GDP 能耗强度分别是英国、澳大利亚、德国、加拿大的 3.44 倍、2.63 倍、2.04 倍、1.36 倍。而与日本、美国等发达国家相比，中国的 1 亿美元 GDP 能耗已低于日本、美国，在 2017 年，中国 1 亿美元 GDP 能耗强度分别是日本、美国的 0.53 倍、0.85 倍。与发展中国家相比，中国 1 亿美元 GDP 能耗相对较低。除了在 2005 年，中国 1 亿美元 GDP 能耗强度分别是俄罗斯、印度的 1 倍、1.23 倍外，其他年份，中国 1 亿美元 GDP 能耗强度是俄罗斯、印度的零点几倍。与巴西相比，中国 1 亿美元 GDP 能耗较高，2000~2017 年中国 1 亿美元 GDP 能耗强度是巴西的 1~2 倍。由此可得，我国能源经济效率在前期与世界主要发达国家相比有较大差距，但近年来，我国经济能源效率得到很大提升，与发达国家差距逐渐缩小。

表 5-5　2000~2017 年中国能耗强度倍数

国家	2000 年	2005 年	2010 年	2016 年	2017 年
英国	7.11	9.19	4.88	3.72	3.44
日本	2.07	1.66	1.03	0.58	0.53
俄罗斯	0.40	1.00	0.92	0.48	0.52
印度	0.96	1.23	0.93	0.71	0.73
澳大利亚	3.85	5.17	4.05	2.60	2.63
德国	3.77	4.56	2.94	2.11	2.04
美国	1.82	1.86	1.09	0.90	0.85
加拿大	2.51	3.21	2.30	1.40	1.36
巴西	2.75	2.78	2.82	1.40	1.47

5.2.2 我国主要行业单位产品能耗的国际比较

在不同的发展阶段，经济发展所依赖的资源有所不同，在工业化时期，经济发展对能源的需求较高。我国目前处于工业化中后期，工业生产的需要使得我国经济的发展需要较大程度地依赖能源。不同的行业生产结构、能源消费结构对能源的消耗有所区别。本部分将对世界主要国家的工业单位产品能耗进行比较，分析我国主要行业单位产品能耗与世界其他国家之间存在的差距。

5.2.2.1 我国主要行业的能耗状况

根据《中国能源统计年鉴》分行业能源消费总量，本节对以下七大行业：农、林、牧、渔业（以下简称"农林业"），工业，建筑业，交通运输、仓储和邮政业（以下简称"交通运输业"），批发和零售业、住宿和餐饮业（以下简称"批发零售业"），其他，居民生活，展开能源消费现状分析。

从能源消费量来看，2010~2019 年除农林业和工业外，其他五大行业的能源消费量都在持续上升，如表 5-6 所示。2014 年和 2018 年农林业消费量较上年有所下降，分别下降了 35 万吨标准煤、164 万吨标准煤，降幅并不明显，其他年份都在上涨；同样地，工业也只在 2015 年和 2016 年较上年有所下降，分别下降了 2496 万吨标准煤、338 万吨标准煤，同比下降不足 1%，其他年份也都在上涨。尤其是 2017~2019 年，工业能源消费量迅猛增加，年平均增长量接近 1 亿吨标准煤。

表 5-6　我国 2010~2019 年分行业能源消耗情况

年份	消费总量（万吨标准煤）	农林牧渔业（万吨标准煤）	工业（万吨标准煤）	建筑业（万吨标准煤）	交通运输业（万吨标准煤）	批发和零售业（万吨标准煤）	其他（万吨标准煤）	居民生活（万吨标准煤）
2010	360648	7266	261377	5533	27102	7847	15052	36470
2011	387043	7675	278048	6052	29694	9147	16843	39584
2012	402138	7804	284712	6337	32561	10012	18407	42306
2013	416913	8055	291130	7017	34819	10598	19763	45531
2014	428334	8020	298449	7377	36343	10864	20069	47211
2015	434113	8271	295953	7545	38510	11447	21925	50461
2016	441492	8585	295615	7847	39883	12042	23185	54336
2017	455827	8945	302308	8243	42140	12456	24277	57459

年份	消费总量（万吨标准煤）	农林牧渔业（万吨标准煤）	工业（万吨标准煤）	建筑业（万吨标准煤）	交通运输业（万吨标准煤）	批发和零售业（万吨标准煤）	其他（万吨标准煤）	居民生活（万吨标准煤）
2018	471925	8781	311151	8685	43617	12994	26262	60436
2019	487488	9018	322503	9142	43909	13624	27582	61709

数据来源：《中国能源统计年鉴》。

2019 年我国七大行业的能源消费量较 2010 年都有所增长，如表 5-6 所示。其中，只有农林业和工业的能源消费量增速较缓，分别较 2010 年增加了 24.11%、23.39%。其他五个行业的能源消费量增幅较明显，2019 年建筑业、交通运输业、批发零售业、其他、居民生活的能源消费量分别为 9142 万吨标准煤、43909 万吨标准煤、13624 万吨标准煤、27582 万吨标准煤、61709 万吨标准煤，分别较 2010 年增加了 65.22%、62.01%、73.62%、83.24%、69.2%。2010 ~ 2019 年，我国工业能源消费量远超其他行业，2010 ~ 2016 年工业能源消费量始终保持在 26 亿~20 亿吨标准煤。其中，2014 ~ 2016 年工业能源消费量呈下降趋势，2015 年和 2016 年分别较上年减少了 2496 万吨标准煤、338 万吨标准煤。2017 年，工业能源消费量首次突破 30 亿吨标准煤，较 2016 年增加了 6693 万吨标准煤，占能源消费量总量的 66.32%。

从行业能源消费占比来看，工业能源消费量占能源消费总量的比重最高。2019 年，工业是我国能源消费量最多的行业，消费量高达 322503 万吨标准煤（见表 5-6），占能源总消费量的 66.16%（见表 5-7、图 5-3）。其次是居民生活消费，占能源总消费量的 12.66%，为 61709 万吨，大约是工业消费量的 1/5；再者是交通运输业，约占能源消费总量的 9.01%，消费量为 43909 万吨；农林牧渔业占比最少，仅为 1.85%，消费量为 9018 万吨，建筑业仅比其高 124 万吨标准煤，占比为 1.88%。

表 5-7　我国各行业能源消费量

年份	能源消费总量（万吨标准煤）	各行业能源消费量占能源消费总量的比重（%）						
		农林业	工业	建筑业	交通运输业	批发和零售业、住宿和餐饮业	其他	居民生活
2010	360648	2.01	72.47	1.53	7.51	2.18	4.17	10.11

年份	能源消费总量（万吨标准煤）	各行业能源消费量占能源消费总量的比重（%）						
		农林业	工业	建筑业	交通运输业	批发和零售业、住宿和餐饮业	其他	居民生活
2011	387043	1.98	71.84	1.56	7.67	2.36	4.35	10.23
2012	402138	1.94	70.80	1.58	8.10	2.49	4.58	10.52
2013	416913	1.93	69.83	1.68	8.35	2.54	4.74	10.92
2014	428334	1.87	69.68	1.72	8.48	2.54	4.69	11.02
2015	434113	1.91	68.17	1.74	8.87	2.64	5.05	11.62
2016	441492	1.94	66.96	1.78	9.03	2.73	5.25	12.31
2017	455827	1.96	66.32	1.81	9.24	2.73	5.33	12.61
2018	471925	1.86	65.93	1.84	9.24	2.75	5.56	12.81
2019	487488	1.85	66.16	1.88	9.01	2.79	5.66	12.66

数据来源：《中国能源统计年鉴》。

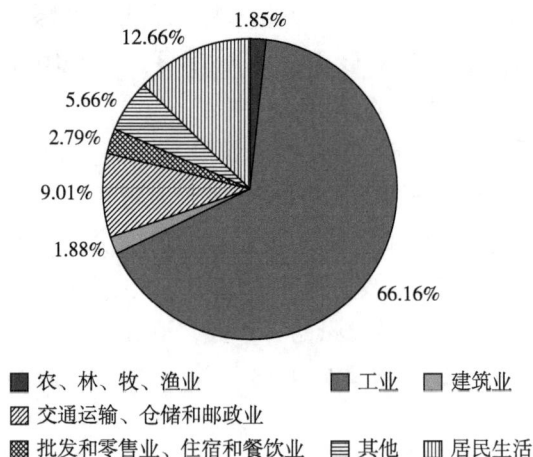

图 5-3　世界主要国家人均能源消耗趋势图

数据来源：《中国能源统计年鉴》。

从我国居民能源消费量来看，随着中国经济快速增长，我国居民生活能源消费总量呈逐步上升趋势（见图 5-4）。2019 年，我国能源消费总量达 487488 万吨标准煤，相比 2010 年我国能源消费总量 360648 万吨标准煤，增加了 126840 万吨标准煤，增速为 35.17%。其中，2019 年，我国居民生活能源消费总量为 61709 万吨标准煤，相比 2010 年居民生活能源消费量 36470 万吨标准煤，增加了 25239 万吨标准煤，增速高达 69.2%。由此可见，居民生活能源消费增长速度远超我国能源总消费量的增长速度，已成为我国能源消费的重要增长点。再看 2019 年，虽然长期来看，居民生活能源消费量远远低于工业能源消费量，但居民生活能源消费增速较快，居民生活能源消费行为很可能是我国未来能源需求增长的主要因素之一。

2010~2019 年，我国居民生活能源消费总量呈快速上升趋势。居民生活能源消耗量的上升反映出我国居民生活水平的上升。随着居民收入的上升，越来越多的家庭拥有汽车、家电、采暖等高能耗设备，这些高能耗设备进入千家万户，从而导致了居民能源消费水平的增加。

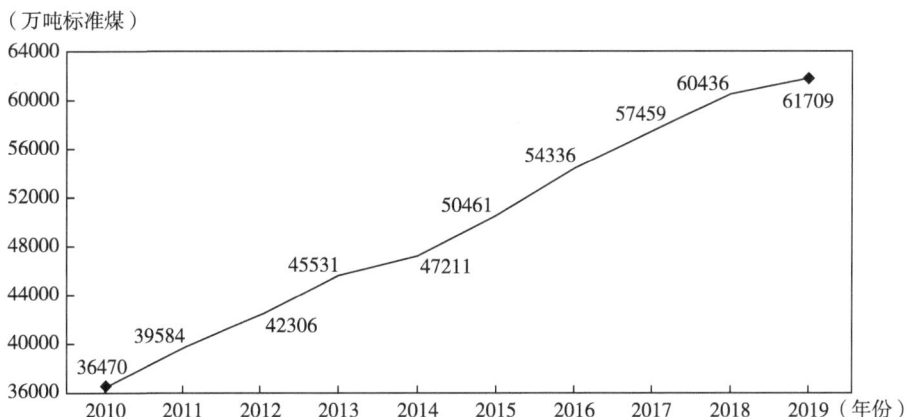

图 5-4   2010~2019 年我国居民生活能源消费量

数据来源：《中国统计年鉴》。

5.2.2.2   主要工业产品能耗国际比较

单位 GDP 能耗能够从宏观层面反映不同国家或地区的能源经济效率，而主要耗能产品的单位能耗能够从中观层面反映一个国家或地区的能源经济效率。单位产品能耗与生产企业的生产技术水平和机器设备的效率以及企业管理水平相关。本部分选择了我国主要的高耗能工业产品，从产品单位能耗的角度与国际先进水平进行对比，找出我国存在的差距。近年来我国主要产品的单位能耗要高于国际先进值。火电厂单位能耗、火电厂供电煤耗、钢可比能耗、电解铝交能耗、水泥综合能耗、乙烯综合能耗等主要产品的能耗都要高于国际先进值，特别是火电厂供电煤耗、钢可比能耗、电解铝交能耗、乙烯综合能耗等产品能耗与国际先进值差距较大，从表5-8可以看出，我国主要产品能耗强度全部是国际先进值的1倍多，乙烯综合能耗是国际先进值的1.34倍。这不仅反映出我国工业领域能源经济效率较低的现状，还反映出我国生产技术水平较低、机器设备效率不高、企业管理水平较低的事实，说明我国的产业结构、经济结构不合理，技术水平比较落后。我国的产品结构、经济结构、生产技术水平、机器设备、企业管理水平还有比较大的上升空间。一个企业的生产结构、技术水平、管理水平对能源消耗总量有比较大的影响，特别是对于我国来说，这些影响是巨大的。

表5-8 主要产品的单位能耗

主要产品（单位）	国内水平	国际先进值	能耗强度	年份
火电厂单位能耗（克标准煤/千瓦小时）	300	287	1.05	2014
火电厂供电煤耗（克标准煤/千瓦小时）	319	298	1.07	2014
钢可比能耗（千克标准煤/吨）	654	615	1.06	2014
电解铝交能耗（千瓦时/吨）	13599	12900	1.05	2016
水泥综合能耗（千克标准煤/吨）	138	111	1.24	2014
乙烯综合能耗（千克标准煤/吨）	842	629	1.34	2016

数据来源：《中国能源统计年鉴》。

通过从宏观和中观不同的角度，将中国能源经济效率与世界主要国家比较，可以得出结论：不管是从宏观的单位GDP能耗，还是中观的主要产品的单位能耗来看，我国能源经济效率处在较低水平，近年来得到很大提升。与其他国家相比，特别是与发达国家相比，我国的能源经济效率较低，且与国际先进值差距较大。从中观的主要产品单位能耗来看，我国工业领域能源消耗占我国能源消耗的比重较大，我国的产业结构较落后，企业的生产结构、技术水平、机器设备、管理水平还有很大的提升空间，节能减排工作还存在较大的空间，还处于工业化后期。优化和提升产业结构有利于降低工业发展对能源的消耗量，提升能源经济效率。

5.3　我国能源技术效率的国际比较

5.3.1　能源技术效率国际比较

从能源技术效率来看，我国能源技术效率呈略微下降的趋势。根据《中国统计年鉴》数据及相关研究得出各国能源技术效率（见表5-9）。我国能源技术效率从2014年的28.19%下降到2017年的27.33%，下降了0.86%。与其他国家相比，我国能源技术效率属于较低水平。英国、美国、德国、加拿大等发达国家能源技术效率达到85%以上。德国2014~2017年能源技术效率在95%左右；美国能源技术效率在97%~99%；加拿大在87%左右；而英国甚至达到了100%。但我国能源技术效率只有28%左右，不及发达国家一半。与我国能源技术效率相近的国家是印度，印度能源技术效率只有27%左右。俄罗斯、巴西、韩国等国家的能源技术效率属于中等水平，俄罗斯的能源技术效率也呈下降趋势，2014~2017年，由45.42%下降到43.46%；巴西的能源技术效率由2014年的63.02%下降到57.39%；韩国能源技术效率稳定在45%左右。在国际水平中，我国能源技术效率属于低水平，低于30%，而其他国家除印度外，即使是发展中国家能源技术效率也达到了40%以上，而发达国家能源技术效率基本达到80%以上。所以，我国能源技术效率与其他国家存在较大差距，不仅与同等水平的发展中国家存在一定的差距，与发达国家如英国、美国等，更是存在巨大的差距。通过与世界其他主要国家能源效率对比可以发现，我国的能源技术效率还有很大的上升空间。

表5-9　不同国家2014~2017年能源技术效率　　　　单位:%

国家	2014 年	2015 年	2016 年	2017 年
中国	28.19	28.13	27.73	27.33
英国	100	100	100	100
俄罗斯	45.42	43.81	42.88	43.46
印度	27.39	27.79	27.65	27.49

国家	2014 年	2015 年	2016 年	2017 年
德国	95.62	95.13	94.70	94.58
美国	97.96	99.47	98.16	99.34
加拿大	87.75	87.66	86.63	87.96
巴西	63.02	58.97	55.79	57.39
韩国	45.27	45.59	45.30	45.97

5.3.2　我国未来节能潜力分析

　　根据上述世界主要国家能源生产消耗状况、能源经济效率、能源技术效率等方面的比较分析可以发现，目前我国处于能源消耗量过大和能源经济效率过低并存的现象，这也从侧面反映出我国未来存在巨大的节能潜力，而节约能源、提升能源效率是我国未来经济发展、能源发展的必要选择。通过与世界其他国家对比1 亿美元 GDP 能耗来看，我国 2017 年 1 亿美元 GDP 能耗为 1.62 万吨标准油，是能源经济效率较高的国家英国的 3.44 倍，也是同为发展中国家巴西的 1.47 倍。因此，从单位 GDP 能耗来看，我国至少有 10% 的节能潜力。从主要产品单位能耗来看，我国主要产品单位能耗均高于国际先进值，特别是钢可比、电解铝交、水泥、乙烯等产品的单位能耗，其中乙烯的单位产品能耗高出世界先进值的 33%①，与世界先进值有较大的差距，这差距背后正是中国巨大的节能潜力，如果我国可以将钢可比、电解铝交、水泥、乙烯等产品的单位生产能耗降低至国际先进水平，则未来高耗能产品能耗将有大幅度的下降，节能水平可以得到提升。从动态角度看，根据产业经济发展与能源消耗的关系分析，第二产业比重越低及第一、第三产业比重越高，能源消耗越低。而根据经济增长规律，当技术不断进步，经济不断发展，国家的第二产业比重会相对降低，第三产业比重会增加。因此，随着我国未来技术的进步、经济的增长，我国第二产业的比重将相对下降，第三产业比重将增加，产业结构的变化对我国能源效率提升有进一步的促进作用。所以，通过与世界先进水平对比分析以及我国未来产业结构的变化分析，可以发现我国未来存在巨大的节能潜力。

---

　　① 数据来源：《中国能源统计年鉴》。

5.4 从经济增长与能源增长关系角度进一步分析

能源消费弹性系数是能源消费量年平均增长速度与国内经济年平均增长速度比。能源消费弹性系数能够反映能源消费增长速度与国内经济增长速度关系，可以反映出经济每增长一个百分点，能源消耗增长的百分点，由此可以得出经济增长所需要耗费的能源。能源效率与能源消费弹性呈反向关系，能源消费弹性系数越大，能源效率越低。如果能源弹性系数大于1，说明本年度的单位 GDP 能耗比上年增加了。由表 5-10 可以看出，我国能源消费系数较高，2017 年能源消费弹性系数为 0.42，除了英国能源消费弹性系数大于 1 外，我国能源消费弹性系数是被比较的国家中最高的。我国能源消费弹性系数是俄罗斯、印度、德国、加拿大、韩国等国家的 1 倍多，是美国的 8 倍多，由此可见，我国在经济发展过程中，对能源的依赖程度较大，远远高于其他国家。美国的能源消费弹性在被比较的国家中最低，只有 0.05，说明美国在经济发展过程中对能源的消耗量较少，能源效率较高。俄罗斯、印度、德国、加拿大、韩国等国家的能源消费弹性系数在 0.23~0.32，属于中等水平，经济发展对能源的依赖程度属于中等水平。英国能源消费弹性系数大于 1，说明英国在 2017 年的单位 GDP 能耗比 2016 年提高。所以，从能源消费弹性系数来看，与其他国家相比，我国经济发展过程中对能源消耗量较大，经济发展对能源的依赖程度高，能源效率较低，与其他国家的能源效率相比，还存在很大差距。

表 5-10　不同国家 2017 年能源消费系数

项目	中国	英国	俄罗斯	印度	德国	美国	加拿大	韩国
弹性系数	0.42	1.05	0.26	0.30	0.23	0.05	0.28	0.32

5.5 中外能源效率的比较结果及分析

5.5.1 中外能源效率比较结果

5.5.1.1 我国能源效率与发达国家仍然存在差距

上述分析，从能源生产消耗总量、人均能源消耗量、能源经济效率、能源技术效率、能源消费弹性系数等角度将我国能源效率与其他国家进行比较，可以得出结论，我国能源效率在国际比较中处于中等水平，与世界大部分国家存在差距，特别是与发达国家相比，差距更大。从能源生产消耗总量角度分析，我国能源生产和消耗量都较大，由于我国是人口大国，人均能源消耗量较低。从能源经济效率角度分析，我国 1 亿美元 GDP 能耗属于中等水平，前期 1 亿美元 GDP 能耗较高，但近几年一直呈下降趋势，能源经济效率得到很大提高，但与美国、德国等发达国家相比还有很大的差距。从能源技术效率角度比较分析，2014~2017年我国能源技术效率在27%~28%，而一些发达国家，如英国，能源技术效率达到了近100%，美国、德国等发达国家的能源技术效率也在90%以上，加拿大能源技术效率达到了85%以上，同为发展中国家的巴西，其能源技术效率也达到了50%以上[1]，所以，与其他国家相比，我国能源技术效率水平低，与其他发达国家存在较大差距。从未来节能潜力角度分析，我国还存在很大的节能空间。从经济增长与能源增长关系角度进行比较，可以发现我国能源消费弹性系数较大，其他国家能源消费弹性系数在 0.2~0.3，而我国的能源消费弹性系数为 0.42[2]，与其他国家相比，我国经济增长对能源的依赖程度更高。

5.5.1.2 我国单位产值能耗高、节能水平有待提高

从主要产品单位产值能耗来看，我国单位产值能耗很高。如表 5-8 所示，2014年，我国火电厂单位能耗为 300 克标准煤/千瓦小时，而国际先进值火电厂单位能耗为 287 克标准煤/千瓦小时，我国火电厂单位能耗比国际先进值高 13 克标准煤/千瓦小时；火电厂供电煤耗为 319 克标准煤/千瓦小时，而国际先进值火电厂供电煤耗为 298 克标准煤/千瓦小时，我国火电厂供电能耗比国际先进值高 21 克标

---

① 数据来源：《中国能源统计年鉴》。
② 数据来源：表 5-10。

准煤/千瓦小时；我国钢可比能耗为 654 千克标准煤/吨，而国际先进值钢可比能耗为 615 千克标准煤/吨，我国钢可比能耗比国际先进值高 39 千克标准煤/吨；我国水泥综合能耗为 138 千克标准煤/吨，而国际先进值水泥综合能耗为 111 千克标准煤/吨，我国水泥综合能耗比国际先进值高了 27 千克标准煤/吨。2016 年，我国电解铝交能耗为 13599 千瓦时/吨，国际先进值电解铝交能耗 12900 千瓦时/吨，我国电解铝交能耗比国际先进值高了 699 千瓦时/吨；我国乙烯综合能耗为 842 千克标准煤/吨，国际先进值乙烯综合能耗为 629 千克标准煤/吨，我国乙烯综合能耗比国际先进值高 213 千克标准煤/吨。与国际先进值相比，我国主要产品单位能耗都比国际先进值高，特别是电解铝交能耗和乙烯综合能耗，与国际先进值的差距较大，我国的节能水平与国际水平存在较大差距，还有很大的提高空间。节能技术水平落后是我国能源效率低的重要原因。如果我国能够提升节能技术，主要产品单位能耗能够下降，则能源效率也可以得到较大提高。

5.5.1.3　我国能源生产与消费结构失衡

与世界其他国家相比，我国既是能源生产大国也是能源消费大国。2000 ～ 2017 年，我国终端能源消费量位于世界前列，特别是 2010 年以后，我国终端能源消费量超过美国，成为世界终端能源消费量最高的国家。2000 ～ 2017 年，我国终端能源消耗量占世界的 11% ～ 20%。我国也是能源生产大国，2020 年我国能源生产量已经达到 408000 万吨标准煤，但我国人口基数大且处于工业化后期阶段，所以能源消耗量也大，我国能源生产与消费结构失衡，无法自给自足。同时，我国能源生产以煤为主，天然气、石油等能源生产不足，我国的石油生产只占总能源生产的 3%，但石油的消费量占消费总量的 23%[①]，我国石油很大程度上依赖进口。而俄罗斯等国家是能源生产大国，但能源消耗量较少，是世界能源主要出口国。

5.5.2　我国能源效率与其他国家存在差距的原因

5.5.2.1　产业结构存在区别

产业结构对能源利用效率有重要影响。一般来说，第二产业能源消耗量较大，比第一、第三产业能源消耗更大，所以，一般第二产业比重越高，能源利用效率也会越低。根据表 5-11 数据可知，2017 年，中国第二产业产值比重为 42.7%，几乎占了总产值的一半，而同时期德国的第二产业占比为 29.5%，美国的第二产业占比为 1.7%，巴西的第二产业占比为 28.5%。我国的第二产业产值

---

① 数据来源：《中国能源统计年鉴》。

比重几乎是德国和巴西的 2 倍，是美国的几十倍。第一产业以农牧业为主，能源消耗量不大。第三产业以服务业为主，对能源的消耗相对较少。第二产业主要包括采掘业、制造业、建筑业、冶金业、化工业等，这些产业都属于高耗能工业，特别是化工业、冶金业等，这些产业的能源消耗量比较大。所以，第二产业产值比重大的国家能源效率也较低。我国第二产业产值比重较大，而美国、德国、巴西等国家第二产业产值比重较小，第三产业产值比重较大。因而从三次产业结构角度分析，我国还处于第二产业比重较高的时期，能源效率相对较低。而第二产业比重低，第三产业比重高的国家如美国、德国等国家，能源效率也更高。

表 5-11   2017 年不同国家三次产业产值占比

国家	第一产业（%）	第二产业（%）	第三产业（%）
中国	3.9	42.7	53.4
德国	0.1	29.5	70.4
美国	9.3	1.7	89.0
巴西	13.6	28.5	57.9

5.5.2.2   能源结构存在差异

不同的能源的生产和消费结构会产生不同组合的能源效率。由表 5-12 分析可知，与其他国家相比，我国的能源生产总量和消费总量都高于其他国家。我国能源生产以煤炭为主，2017 年的煤炭生产量占能源生产总量的 73%，占能源生产总量的绝大部分。与我国能源生产结构较相似的是印度，印度 2017 年能源生产比重最大的也是煤炭资源，印度 2017 年煤炭生产量占能源生产总量的 49%，几乎占能源生产总量的一半。英国、加拿大能源生产比重最大的是石油和天然气凝析液，两国 2017 年石油和天然气凝析液生产量占能源生产总量的百分比分别为 40%、49%，比重较大的其次是天然气，英国和加拿大 2017 年的天然气生产量占能源生产总量均为 30%。俄罗斯和美国的能源生产也以石油和天然气为主，俄罗斯和美国 2017 年石油和天然气生产比重的和达到了 60% 以上，占据本国能源生产量的大部分。

表 5-12   2017 年不同国家能源生产结构

国家	能源生产总量（百万吨标准油）	煤炭比重（%）	石油和天然气凝析液比重（%）	天然气比重（%）	水电及核电比重（%）
中国	2449.47	73	8	5	14
英国	120.15	2	40	30	28
俄罗斯	1429.25	16	38	41	5
印度	554.44	49	7	5	39
美国	1992.57	19	30	32	19
加拿大	509.65	6	49	30	15

　　从能源消费结构分析发现，我国能源消费占比最大的是煤炭能源，如表 5-13 所示，我国 2014 年煤炭消耗量占能源生产总量的 39.6%，其次能源消耗量较大的是石油，石油消耗量占能源总消耗量的 23.3%。英国和俄罗斯能源消耗以石油和天然气为主，英国和俄罗斯在 2014 年的石油和天然气的比重和达到了能源消耗总量的一半以上。印度能源消耗量较大的是石油，印度 2014 年石油消耗量占能源消耗量的 29.1%。美国、加拿大的能源消耗以石油为主，美国、加拿大 2014 年的石油消耗量分别占能源消耗总量的 47.7%、45.7%。在能源消费结构中，我国的煤炭消费比重在被比较的国家中最大，达到 39.6%，而其他国家的煤炭能源消耗比重较低，除了印度煤炭消费比重达到 19.1% 外，其他国家的煤炭消费比重为个位数，煤炭消耗量较低。

表 5-13   2014 年不同国家能源消费结构

国家	能源消费总量（百万吨标准油）	煤炭比重（%）	石油原油、天然气凝析液和给料比重（%）	天然气比重（%）	电力消耗量比重（%）	石油消耗量比重（%）	其他能源消耗量比重（%）
中国	1920.12	39.6	0.2	5.5	21.1	23.3	10.3
英国	122.87	2.6	0	30	21.2	42.3	3.9
俄罗斯	458.79	2.4	0	30	13.8	29.3	24.4
印度	538.23	19.1	0	5.4	15.5	29.1	30.9
美国	1515.12	1.5	0.2	23.2	21.5	47.7	6
加拿大	196.13	1.5	0	24.6	22.2	45.7	6

通过与其他国家对比分析能源生产结构和能源消耗结构可以发现，我国能源生产结构和能源消费水平与其他国家存在差距，因为我国能源生产和能源消耗以煤炭为主。煤炭消耗会产生大量二氧化碳，污染环境，影响节能减排目标的实现。我国天然气不论是生产比重和消费比重都比较低，而天然气属于清洁能源，对环境破坏比较小。但美国、英国、俄罗斯、加拿大等国家的煤炭生产比重和消费比重较小，这些国家的天然气生产和消耗量比较大。以煤炭能源生产和消耗为主的结构不利于社会经济的可持续发展，会降低能源效率，这也是我国能源效率与其他国家存在较大差距的原因之一。在能源生产和消费量一定的情况下，可以通过调整能源生产和消费结构来提高能源经济效率，因此我国可以通过调整能源生产和消费结构来提升我国的能源效率。但我国目前所拥有的能源以及我国工业技术和产业结构的限制使得我国很难在短时间内改变能源生产和能源消费结构，提升我国能源效率、实现节能减排工作存在一定的艰巨性。

5.5.2.3 工艺技术水平差别

与其他国家相比，特别是与发达国家相比，我国的能源开发技术和能源利用技术不够好，还未掌握一些核心技术。与英国等工业发展比较早的国家相比，我国工业起步较晚，大部分行业的技术水平和机械装备都比不上发达国家。我国一些通用机械设备的效率低于大多数发达国家，如风机、水泵、电机等。除了机器设备等效率较低外，我国企业生产未达到规模效应。我国中小企业较多，大型企业较少。截至 2020 年，我国大型企业有 8020 家，中型企业有 39025 家，小型企业有 352330 家，中小企业数量占全部企业数量的 98%[①]。中小企业规模较小，无法形成规模经济，会导致产品单耗较高。比如，小型企业的吨钢综合能耗比大型企业的吨钢综合能耗平均高了 200 千克标准煤；与大型水泥立窑相比，小型水泥立窑的水泥能耗是大型水泥立窑的水泥能耗的 1.5 倍；小型合成氨企业每吨产品需要的标准煤比大型合成氨企业大约高出 300 千克。企业规模较小，拥有的机器设备和技术水平也有限，从而导致中小企业能源消耗高于大型企业。我国的中小型企业较多，技术水平有限，单位产品能耗大，从而也导致我国能源效率较低。除此之外，我国的信息化水平较低，使得对能源相关数据统计、计量不够严密，造成我国能源浪费严重。

5.5.2.4 能源开发技术存在差别

与世界其他国家相比，我国人均能源拥有量较低，除了人口基数大导致人均能源拥有量较低外，能源分布不均，能源开发难度较大，同时能源开发技术较

---

① 数据来源：《中国统计年鉴》。

差，导致我国能源开采量满足不了能源消费的需要，在一定程度上造成我国能源生产与消费结构失衡。我国能源分布不均匀，特别是能源储藏区和能源消费区不一致。我国消耗量最大的煤炭资源主要分布在华北、西北等地区，而石油、天然气等资源主要分布在我国的东、中、西部和海域，水力资源主要分布在西南地区。但我国经济发达地区位于东南沿海地区，特别是广东等地区制造业发达，而制造业对能源的消耗较大，所以东南沿海等地区对能源的需求较高，但能源储藏区主要位于华北、东北等地区。能源储藏区和能源消费区不一致导致能源运输成本增加，在能源运输过程中增加能源利用成本，降低能源经济效率，同时，能源运输过程，容易产生能源损耗，降低能源利用效率。除此之外，与世界其他国家相比，我国能源资源开发条件较差。我国煤炭等资源大部分储存在井下，需要下井开采，开采难度高，只有少量的煤炭可以露天开采。石油、天然气等资源埋藏较深，地质条件复杂，对开发技术要求较高，而我国目前能源开发技术水平低，能源开采效率差，而美国、日本等发达国家能源开采技术较先进。除传统能源开发外，近年来各国开始注重新能源的开发，美国在 2009 年就出台了相关法律法规支持新能源开发，并定下目标，在 2030 年通过清洁能源来满足 1/5 的电力需求，美国极其重视新能源的开发，特别是风能资源，其在较长的时间内每年以稳定的增长速度增加风能装机能量。欧洲等国家为了提升能源效率，也在注重新能源的开发，不断进行技术创新，增加新能源的比重。我国近几年虽然也开始注重新能源的开发，但与其他国家相比，我国新能源开发工作起步较晚，虽然借鉴了他国新能源开发技术经验，我国新能源开发技术取得了一定的提升，但我国新能源开发还存在开发技术水平较低、开发成本较高、配套措施不到位等问题。加大对新能源的利用，能在一定程度上改善我国的能源消费结构，提升我国能源效率，促进我国经济社会的可持续发展。

5.6　本章小结

本章从能源消费现状、单位 GDP 能耗、主要产品能耗、能源技术效率、能源消费弹性系数等方面将我国能源效率与世界其他国家能源效率进行比较分析，最终得出结论，我国能源效率近年来得到很大提升，但与其他国家相比，我国能源效率处于中等水平，与发达国家存在较大差距。同时，本章进一步分析了我国能源效率与其他国家能源效率存在差距的原因。

首先将我国能源消费现状与国际比较。分析发现发达国家人均能源消耗量要高于发展中国家。美国、德国、澳大利亚等发达国家已经基本完成工业化，对高新技术、节能技术的应用加之对节能降耗、保护环境的重视，使得发达国家的人均能源消耗量已经开始呈下降趋势。而发展中国家如中国、印度等国家还处于工业化阶段，随着经济建设的需要以及人民生活质量的提升，发展中国家的人均能源消耗量持续上升。其次，通过从宏观和中观角度，将中国能源经济效率与世界主要国家比较，得出结论，不管是从宏观的单位 GDP 能耗，还是从中观的主要产品的单位能耗来看，我国能源经济效率处在较低水平，但近年来得到很大提升。但与其他国家相比，特别是与发达国家相比，我国的能源经济效率较低，且与国际先进值差距较大。从中观的主要产品单位能耗来看，我国工业领域能源消耗占我国能源消耗的比重较大，我国产业结构较落后，企业的生产结构、技术水平、机器设备、管理水平还有很大的提升空间，节能减排工作还存在较大的空间，尚处于工业化后期。同时，在比较能源技术效率时可以发现，我国能源技术效率属于低水平，与其他国家存在较大差距，与同等水平的发展中国家存在一定的差距，与发达国家更是存在巨大的差距，我国的能源技术效率还有很大的提升空间。

从能源消费弹性系数等角度将我国能源效率与其他国家进行比较，可以得出结论，我国能源效率处于中等水平，与世界大部分国家都存在差距，特别是与发达国家相比，差距更大。我国能源效率与其他国家存在差距的原因是我国与其他国家的产业结构、能源生产消费结构、工艺技术水平、能源开发技术水平等方面存在差距。

从产业结构来看，我国还处于第二产业比重较高的时期，能源效率相对较低，而第二产业比重低，第三产业比重高的国家如美国、德国等国家，能源效率更高。通过与其他国家对比分析可以发现，我国能源生产结构与其他国家存在差异，且能源消费水平与其他国家存在差距，能源生产和能源消耗都以煤炭为主，以煤炭生产和消耗为主的结构不利于社会经济的可持续发展，会降低能源效率。从工艺技术水平来看，我国的能源开发技术和能源利用技术不够强大，还未掌握一些核心技术。与英国等工业发展比较早的国家相比，我国工业起步较晚，大部分行业的技术水平和机械装备都比不上发达国家，导致我国能源效率较低。并且我国能源开采难度大，开采技术水平较低，造成能源浪费较严重，能源利用效率低。

6 我国区域能源效率主要影响因素实证分析

6.1 区域能源效率主要影响因素的概述

能源为地区经济的发展做出了巨大的贡献，但是随着经济社会发展的速度越来越快，能源短缺已成为制约经济发展的重要因素之一。能源消费为全球带来了工业文明的进步，但与此同时，过度消耗能源来促进经济增长的粗放式发展方式也带来了各种环境问题，如气候变化、能源短缺、能源安全等。我国是一个能源消费大国，煤炭占总能源的比重很高，消费总量增幅大，但能源资源禀赋却不高，随着我国越来越重视环境问题，提出发展绿色经济理念，能源消费面临挑战，既要满足经济社会发展的能源需求，又要减少能源消耗所带来的环境污染，因此进一步促进能源效率的提高，对协调经济发展和环境保护起到了重要的作用。如区域的经济结构、经济的发展水平、自然形成的地理环境以及历史沿袭下来人文环境等，从这些角度出发，探究对区域能源的影响效果，为提高能源效率给出合理的建议。在此基础上，按照与本书第4章相一致的划分标准，把我国划分为东、中、西部三个地区，以进一步研究各影响因素。东部和中西部地区在经济水平、科技发展水平等方面的差异显著，前文测度出来的结果显示，东部地区的能源效率远高于中西部地区。总体来看，不同省份或区域之间的能源效率水平差异较大，能源效率整体水平不高，还有较大的提升空间。

对于一个国家特别是发展中国家来说，经济的发展与能源的大量消耗有着密切的关系，如何保持经济的稳定增长，同时又减少环境的污染是困扰各个国家发展的难题。正如习近平总书记所说的，我们既要绿水青山，也要金山银山。解决能源问题的方法有两种：一种是减少或不再使用原来效率低下的能源，同时去寻

·135·

找更有效率的新型绿色能源；另一种就是在现有能源种类的基础上，通过科学的方法和手段，提高能源的使用效率，从而达到期望的节能减排效果。《新时代的中国能源发展》白皮书（2020）中，将提高能源效率、促进节能减排、能源清洁低碳生产作为推动绿色发展的实现途径。因此，为了寻找提高能源效率的途径，本章将从我国区域能源效率的影响因素入手，通过查阅相关文献，列举存在的各种影响因素，分析这些影响因素的作用效果是正向的，还是反向的。针对上述分析，本章重点选取各省份的能源消费结构、产业结构、技术发展水平、固定投资水平、政府影响力以及城镇化率六个指标，对能源效率的影响进行实证分析。

6.1.1　能源消费结构因素分析

一般通过计算国民经济各个部门在某一时期所消耗的每一种能源的数量，求得各种能源数量占全部能源消耗量的比重，得到能源消费结构，也可以根据消费部门所划分的能源消费量及其比重得到能源消费结构。在所有的能源种类中，不可再生的传统能源有煤炭、石油、天然气等，其中煤炭对环境污染的影响最为严重，且使用效率较低。而天然气和石油，相比于煤炭来说，环境污染较小，尤其是天然气，燃烧时发热值高，能源使用效率更高。另外可再生的新能源有太阳能、风能、水能、核能等，与传统能源相比，属于更加优质的可再生清洁能源。能源种类的选择对环境和使用效率都产生了影响，因此，我国积极倡导更多使用优质能源，以及各种可再生清洁能源，减少对不可再生的低能耗高污染能源的使用。

但是在我国，经济增长主要依靠第二产业，受各种因素的影响，近六成企业的动力来源于煤炭，尤其是某些经济水平较低的地区，大大影响了我国总能源的使用效率。随着国家对环境保护的日益重视，煤炭行业将进一步倡导和深化"绿色开采"理念，朝着清洁生产方向发展。2020年，我国提出力争在2030年前使二氧化碳排放达峰，并于2060年实现碳中和的目标。此外，习近平总书记提出通过减少我国的能源消耗总量以及降低能源强度，来不断提升我国的能源效率，不断完善能源消费双控制度。全球重视碳排放的大环境，势必对我国的能源结构的调整产生影响。

相关研究发现，能源消费结构与能源效率密切相关，尤其是煤炭的使用量过大，会对能源效率产生不利的影响，降低煤炭的使用比例，对于提升能源效率有着显著的影响。Fisher-Vander（2004）指出，煤炭消费在工业部门的能源消费比重不断降低是我国能源强度降低的重要原因。另外，杭雷鸣、屠梅等也提出，煤炭在我国的一次能源消费中长期占据很大比重，煤炭使用比例的下降会推动能源效率的提高。因此，通过合理调整煤炭的使用比例，增大清洁能源的占比，不断改善能源消费结构，对提升我国区域能源效率有着重大的影响。

6.1.2 产业结构因素分析

产业结构是发展经济学中提出的概念，是社会经济体系的重要组成部分。通过产业内部各生产要素之间、产业之间、时间、空间、层次的相互转化，我们可以实现产业结构的升级。按照不同的划分标准，产业结构可以有多种分类。本书采用的是三次产业分类法，具体是将农业划分为第一产业，工业和建筑业为第二产业，剩余的其他各业为第三产业。这种分类法是世界上较为通用的产业结构分类方法。

在能源效率的使用方面，一般来说第一产业和第二产业的能源使用效率较低，而第三产业相对较高。各省份或区域之间不同的产业结构，也就决定了不同的能源消耗量，进而影响能源利用效率。通过对产业结构进行调整，使得能源从生产率较低的产业流向生产率较高的产业，从劳动和资源密集型的工业转至知识与技术密集特征显著的高新技术产业，这样对各产业的能源使用比例进行重新分配，推动了产业结构的高级化，从而对能源的利用效率产生正向促进作用。

有关文献对产业结构的影响进行了讨论。魏楚（2008）等研究发现，通过降低第二产业结构比重，提高第三产业结构比重来调整产业结构，可以在一定程度上提升能源效率，同时实证结果表明第二产业的比重每下降1%，将会使能源效率提高0.14%~0.16%。张勇和蒲勇健（2015）在分析产业结构和能源效率的关系时，从经济与能源持续协调发展的角度来进行研究，发现产业结构的升级和能源效率优化目标之间具有战略一致性和可行性，为实现能源强度优化目标，可以将产业结构调整作为中间目标来进行宏观调控。吕明元和陈维宣（2016）认为产业结构高级化大大促进了能源效率的提高，如果产业结构不合理，将会对能源效率的提高产生抑制性的作用，同时产业结构合理化与高级化两者之间差距的扩大有可能会导致进一步的负效应。韩智勇等（2004）对我国能源强度变化中的结构份额和效率份额进行了定量分析，结果表明能源强度下降的主要动力来自各产业能源利用效率的提高，其中工业能源强度下降对于整体能源强度下降的影响最大；当然，也有学者提出不同观点，即产业结构变动对能源效率的提高有反向作用。吴巧生、成金华（2006）认为相对于效率份额来说，结构份额对能源消耗强度的影响较少，除了少数年份外，产业结构的调整对降低能源消耗强度的作用是负面的。此外，白雪洁和孟辉（2017）发现，服务业并未比制造业更绿色环保，技术进步、资本投入能源效应以及能源结构效应是促进服务业能源效率提升的主要因素，产出结构效应与技术效率是导致服务业与制造业能源效率差距的主要因素。

6.1.3 科学技术水平因素分析

科学技术是第一生产力，技术水平的提高可以解决能源使用过程中的损耗问题，甚至能实现进一步突破，减小能源损耗的同时还能增大产出。科技水平的提高对能源使用效率的影响主要有两种：一种是在投入产出的过程中，以科技手段对旧有设备进行更新，完善已往生产制造过程中的缺陷，改造制造加工工艺等方式，来减少能源在使用过程中的损耗，或是在同样能源损耗的前提下增大产出，进而提高能源效率。另一种体现在企业的管理过程中，管理者在管理、智力投资以及服务技术水平等方面的提高，也会间接地对能源效率的改善产生影响。在管理过程中，任用高层次人才，其环保意识和注重能源效率的意识更强，会更加强调优化资源配置，在思想和行动方面降低损耗，提高能源效率。

企业要想提高自身的科学技术水平，有多种途径。首先，企业可以加大内部的投资，进行自主创新，这种方式是技术进步的源泉，通过自主创新可以减少外部因素带来的限制。其动力支持来源于企业自身，包括其拥有的人力、财力、物力等，综合利用所拥有的资源来进行研发和创新，获得新的产品或技术，为企业创造优势。其次，企业还可以通过技术引进的方式来提高技术水平，由于自主研发耗时长，风险大，很多企业无法承担这种风险，因而会选择技术引进。企业通过直接聘请高端技术、管理人才，帮助企业提升生产模式和更新经营管理理念，通过引进最新的设备，更新各种生产工艺等提高技术水平。这样一来，企业就可以跳过那些烦琐费时的研发过程，节约大量的时间和资源，在最短的时间内获得最新的技术手段来进行产品的生产，缩小与其他经济主体间的技术差距。但是技术引进所要花费的成本也是较高的，另外企业在引进新技术之后，也要不断提高其自身消化、吸收的能力，这样才能真正推动企业的技术进步。此外，技术外溢也是一种有效的途径，它体现在技术在企业之间传播的过程中，这种技术溢出行为是不受人们控制的，而且是无意识的。技术外溢伴随着各种商业活动或者交易等，如外商直接投资行为，东道国接受外商投资，受其影响会学习其经营模式或者各种技术、工艺等，在这个过程中实现自身技术水平的提高，不断拉近与投资国之间的差距。技术外溢的效果会因为投资国与东道国间技术差距的不同而不同，差距越大，效果也越明显，东道国技术进步的速度也更明显。此外不同企业间技术交易或者是进行机器设备的交换行为等，也会产生技术外溢。

技术进步对能源效率的影响方面，已有许多相关文献。吴巧生和成金华（2006）的研究表明，各部门能源效率的普遍提高促使我国的整体能源效率的改善，其中最主要的是工业部门在技术上进行改进的成果。王俊松和贺灿飞（2009）认为能源利用效率的变化主要受结构变化和技术进步的影响，研究表明1994~2005年我国的能源强度降低，其主要原因是技术水平的提高，同时在技术效应中，化学原料及制品制造业等高耗能产业部门与居民消费部门的技术水平的进步是我国能源效率提升的主要原因。另外，李廉水和周勇（2006）将技术进步分为科技进步、纯技术效率以及规模效率三个部分，通过更加深入地研究来说明技术进步的影响。其中对工业部门能源效率提高的贡献度最高的是技术效率，科技进步影响相对较小，但是其作用效果会随着时间的推移而逐渐增强，但与此同时，原本贡献度较高的技术效率，其作用效果却在慢慢减弱。尽管相当多的文献说明技术进步对能源效率有正向作用，但是也有文献说明技术进步存在一定的回弹效应，主要原因是技术进步为经济发展带来有利影响，而经济增长会带来对能源的新需求，新增长的部分在一定程度上抵消了由于技术进步所节约的能源。所以从这个角度出发，有部分学者提出了不同的观点。其中王群伟和周德群（2008）指出，技术进步的回弹效应伴随时间变化会产生一定的波动，技术进步所带来的影响是一个动态变化的过程，因此他们认为把技术进步当作能源效率变动的唯一原因是不恰当的。

6.1.4　固定投资水平因素分析

国家可以通过对基础设施建设、房地产领域等进行投资，来促进经济的快速发展。目前，市场的决定性作用越来越明显，在对固定资产的投资方面，随着时间的推移，非国有企业固定资产投资所占的比重逐渐增大，但是国有企业也一直在起着比较重要的引导作用。王皓和朱明侠（2017）指出，在我国，对于能源方面的投资，目前主要以政府投资为主和企业自主投资为辅的模式，政府投资起到了较为重要的影响。中央和各个地方政府高度关注固定资产的投资，因为它对当地的GDP指标增长起到了直接的推动作用。

目前，已经有很多学者将固定资产投资水平作为影响能源效率的因素之一，引入回归模型进行研究，但得出的结论有所不同，一部分学者认为固定资产投资规模增加不利于我国能源效率的提高，但也存在相反观点，研究固定资产投资水平，对分析能源效率的影响具有一定的意义。投资行为可能伴随着技术的更新和进步，而技术进步对能源效率的提升有着积极的作用，张炎治等通过对我国能源强度变化进行分解，主要分为 FDI 规模效应、FDI 结构效应和 GDI 结构效应三部分，从而说明全社会固定资产投资总额和 FDI 对能源利用效率有影响。杨珉（2014）实证得出加大固定资产投资，将提高能源的使用效率的结论。杨超平（2018）也通过实证得出固定投资在一定程度上有利于能源效率的提高，但是他也提出，投资的目的是带动经济发展，但是如若固定资产投资的占比长期处于过高水平，对经济发展反而是不利的。而万益嘉（2019）通过实证研究得出全社会固定资产投资与地区 GDP 之比与能源效率呈显著负相关的结论，同时，方春树等（1997）指出，某些省份固定资产的新建、扩建与改建的比例存在问题，投资者热衷于新建和扩建，但是不重视内涵改造，也是一个重要原因。

6.1.5 政府影响力因素分析

政府会对地方的经济起到重要的影响，政府可以通过采取各种手段来干预支持当地的经济建设，如实施扩张性的经济政策，刺激总需求的增长，但可能伴随而来产生财政赤字的扩大以及一般财政预算支出占实际 GDP 的比重增大等问题。因此政府发挥其市场影响力时，需要合理把控以发挥规范市场行为的作用。在政府对能源效率的影响方面，人们存在着不同的观点，一种观点认为如果政府过度干预市场，会打乱市场的竞争秩序，不利于激发市场活力，因此，会间接导致能源效率的下降；另一种观点是"波特假设"，他们认为通过对市场环境进行合理恰当的设计规制，在一定程度上有利于激发创新能力，从而可能使规制单元形成绝对优势以提升能源效率。林毅夫（2008）认为，在发展中国家，政府发挥了很重要的作用，其本身可以说是最重要的制度。因此要协调好政府的行为和市场机制之间的关系，避免政府过度干预对能源效率产生的不利影响。

关于政府影响力的研究中，吴传清和董旭等认为政府影响力对能源效率的提升有积极的作用。而万益嘉（2019）研究认为政府影响力对能源效率的提升产生了负向的影响。主要有两个方面的原因，首先，如果政府过度干预，很容易对市场资源配置产生干扰，从而导致一系列如重复建设、过度投资以及腐败等问题。其次，如果政府过分追求经济增长和吸引投资，可能会放松对环境污染的监督，从而导致非合意产出增加，能源效率降低。

6.1.6 城镇化率因素分析

城镇化率表示一个地区所达到的城镇化程度，是代表经济发展水平的一项重要的标志。可以从三个角度来理解，首先，城镇化率反映了某一地区，各大、中、小型城镇人口数量占城乡总人口的比例；其次，达到"城镇"需要一定的人口聚集度的标准，城镇化率反映了达到标准的居民点的数目；最后，还体现了单个城市的人口规模以及用地规模。城镇化水平反映了某一区域的经济发展状况，在城镇化的发展进程中，其对区域能源效率产生了一定的影响，主要体现在两个方面：一方面，各方面发展水平较好的城镇会吸引越来越多人口，随着人们的生活水平不断提高，在各种基础设施以及住房等方面的需求也会加大，而相关需求的建设离不开大量的高耗能的建筑材料，如水泥、钢铁砖瓦等。因此会增加能源消费量，对能源效率造成压力。另一方面，城镇化产生的"集聚效应"和"规模效应"，又会提高能源效率。

6.1.7 其他因素影响的简要论述

实际上，影响我国区域能源效率的因素很多，除以上详细列举的因素外，还受很多其他因素的影响，如环境规制、经济水平、能源价格、对外开放程度等，以下分别进行简要概述。

（1）环境规制。环境规制的最主要目的在于对环境的保护，在一定程度上也改善了我国能源的利用效率。环境污染的外部不经济性，使其治理起来存在一定的难度，因此政府需要对各种污染公共环境的不良行为进行规制和惩处。环境规制的领域涉及的范围很大，主要是将整个社会为环境污染承担的成本，通过一定的方法转化成个人要承担的私人成本，来解决环境污染问题。从环境规制的发展过程来看，环境规制具体可分为命令控制型、市场激励型和自愿型三种方式。第一种是命令控制型，针对污染较为严重的企业，为了降低其污染程度和危害，政府采用行政手段来进行环境规制，如制定相关规定，来规范某些容易造成环境污染的企业的准入和退出裁决；第二种是市场激励型，如通过制定环境税、可交易排污权等措施，激励企业减少自身产生环境污染的行为，同时根据不同的情形给予企业一定的经济奖励，进一步激发企业的环保意识；第三种是自愿型，自愿型的主体主要由两部分构成，一部分是各行业协会，另一部分是责任感较强的企业或私人等，他们自愿参与并制定一些协议和计划，来实现保护环境的目的。在发展的过程中，有些企业盲目追求盈利，甚至不惜以过多消耗能源和环境污染为代价，造成不好的影响。环境规制能够使企业支付部分费用，以抵消生产过程中带来的外部性，从而在一定程度上抑制这种情况；另外，合理的环境规制还能产生"倒逼机制"，刺激企业进行创新，改变管理方法，提高技术水平，从而促进能源效率的提高。

（2）经济水平。经济发展水平与能源效率之间存在着密切的联系，一方面，能源效率提高，可以在原有能源的使用水平上加大产出，从而直接或间接地促进经济的增长；另一方面，经济发展水平改善对能源效率的提高主要体现在对先进技术、设备、工艺流程、管理方法等应用上，经济基础的改善可以选择采用先进的技术、设备和工艺流程等，吸引高级人才来掌握这些先进的技术、设备和工艺流程以及管理方法，从而提高能源效率。但是有些学者认为经济发展水平的提高对能源能效率的改善是否产生积极的影响，不能轻易下定论，还要结合所处的发展阶段，通过具体的测算得出真实的结论。郑丽琳（2012）通过研究发现，要素投入和经济增长之间有一种非线性转换行为，同时有且仅有一个门限值，如果能源效率超过了这个值，会造成要素产出弹性和产出规模报酬系数提高等变化。刘平阔、赵新刚（2014）认为，在不同的经济发展阶段，经济增长和能源效率之间存在着连续平滑转换机制，使得经济变量以阈值为界从一个机制转为另一个机制。周四军和封黎（2016）也发现了这两者之间的机制转换效应，并且提出当经济发展处于较低水平时，两者之间的关系表现为线性关系，而当经济发展到中等或较高水平时，两者之间的关系将变成非线性关系。

（3）能源价格。能源价格的提升在一定程度上可以促进能源效率的提高。在日常的经营中，企业需要调动各种资源来实现产品的生产和销售，从而获得利润。而在能源资源的使用方面，由于用量多、支出大，如果能源价格发生变动，将会直接影响企业的成本和利润。市场上，当一种能源的价格提高时，会迫使企业提高产品的价格，从而维持或者获得更高的利润，由此会导致市场供求关系进一步发生变化，产品价格的提高降低了消费者的需求，最后也抑制了企业对该种能源的需求；与此同时，由于能源价格的提高，企业不得不寻找另一种能源来代替原有的价格较高的能源，这样也减少了对旧有的高损耗能源的需求；另外，如果企业能从更长远的角度看，为了更好地应对能源价格提高导致的成本上升，企业会注重提高技术，加大研发投入，不断提高能源效率，以弥补成本上升导致的利润减少。因此，能源价格的变动也会对能源效率产生一定的影响。

（4）对外开放程度。对外开放程度对于能源效率的影响不是一定的。国家通过放宽政策，放开或取消各种限制，积极主动地扩大对外经济的交往，发展开放型经济，从而加快国民经济的发展。"对外开放"是中国的一项基本国策，是中国经济腾飞的一个秘诀，但是对外开放程度对于能源效率的影响却不是唯一的，而更像一把"双刃剑"。一方面对外开放程度的扩大，有助于企业学习和借鉴国外先进的技术，优化自身设备，以及革新老旧的管理经验等，提高我国的整体技术水平，降低单位能耗和单位产出污染排放强度，提高能源效率；同时使我国优秀的企业走向国际，与更优秀、更先进的企业竞争，若污染程度高且能效低，势必会被淘汰，从而加强提高能源效率的意识；此外，国外在环境管制方面对于企业的要求更加严格，这也间接促使企业学习先进的环保技术和环境管理经验，降低污染排放。但是另一方面，也存在一定的弊端，在我国对外开放的过程中，很多发达国家把一些污染严重、技术水平低下的生产制造环节放到我国，不仅对环境产生了不良影响，也不利于能源效率的提高。

（5）外商直接投资。学者对于外商直接投资对能源效率的影响的看法并不一致。一方面，外商直接投资将先进的技术、产品以及管理经验等引入本国市场，促进资源的整合，同时伴随更高的排污标准、更规范的管理制度，有利于效率高、污染低的企业的发展，间接提高能源效率；但是有些学者关于"污染天堂"的假说认为，不同国家的环境标准不同，相比较来说，发达国家对环境要求更加严格，因此，跨国公司如果在发达国家设立，其成本会上升。而在发展中国家，出于各种原因，其环境规制的水平较低，在这种情况下，很多污染企业会积极寻找各种渠道，大规模地把那些相对低环境限制型的部门投入发展中国家。这对接受投资方的国家会造成极大的污染，而投资方国家却可以保持自身的洁净。从这个角度来看，外商直接投资不利于我国能源环境效率的提高。

6.2 区域能源效率影响因素的实证分析

6.2.1 变量的选取和数据的来源

根据第 4 章对区域能源效率的测算可以看出，各省份间的能源效率存在一定的差距，其中的影响因素有很多，本章将对各省份能源效率的影响因素进行具体研究。

根据影响因素的重要性和数据的可获得性，选取了能源消费结构、产业结构、技术水平、固定投资水平、政府影响力以及城镇化率六个因素进行实证分析，研究其对于我国区域能源效率的影响。以上数据来源于第 4 章已测量得出的数据以及《中国统计年鉴》《中国能源统计年鉴》和各省份的统计年鉴等。由于中国香港、中国澳门和中国台湾的数据不易获取，且西藏的数据缺失得比较多，故选取了除此以外的 30 个省份，时间为 2000~2019 年共 20 年的面板数据，进行实证分析。具体数据整理如附表 6-1~附表 6-6 所示。

各省份的能源效率来源于第 4 章的实证结果，能源消费结构用各省份的煤炭消费量占能源消费总量的比重来表示，产业结构为各省份第三产业占 GDP 的比重，技术水平则用各省份 R&D 经费投入占 GDP 的比重来表示，固定投资水平为各省份固定资产投资占 GDP 的比重，政府影响力用各省的财政支出占 GDP 的比重来表示，城镇化率为城镇人口占总人口的比重。六个影响因素的指标设定如表 6-1 所示。

表 6-1　各变量的表示说明

因素	变量	变量说明	预期符号
能源效率	TFEE	第 4 章测算数据	
能源消费结构	STRU	煤炭消费量占能源消费总量的比重	−
产业结构	INDU	第三产业增加值占 GDP 的比重	+
技术水平	TECH	R&D 经费投入占 GDP 的比重	+
固定投资水平	INVE	固定资产占 GDP 的比重	不确定
政府影响力	GOV	财政支出占 GDP 的比重	不确定
城镇化率	URB	城镇人口占总人口的比重	不确定

由于中国地域辽阔，各省份间的资源、环境、经济等都存在差异，本章先在总体上进行分析，然后对区域进行适当划分来研究，具体划分方式同第 4 章一样，将这 30 个省份划分为东部、中部、西部，具体划分情况如表 6-2 所示。

表 6-2　各个省份的划分情况

地区	省份
东部地区	北京，天津，河北，山东，上海，江苏，浙江，广东，海南，福建，辽宁
中部地区	黑龙江，山西，安徽，江西，湖南，湖北，河南，吉林
西部地区	青海，内蒙古，新疆，宁夏，四川，陕西，重庆，云南，甘肃，广西，贵州

6.2.2 模型构建与分析

6.2.2.1 模型构建

20世纪50年代，托宾（Tobit）对耐用消费品需求的研究，首先采用了Tobit模型进行实证分析，主要是运用最大似然法来进行估计。Tobit模型属于受限因变量模型中的标准删截回归模型，在国内外已经有很多学者使用此模型来对能源效率的影响因素进行分析。

本章选择的模型是Tobit回归模型，这主要是根据本章研究对象的特点所做出的选择。由于回归分析的被解释变量为30个省份的能源效率，其测算出来的值是0~1的受限因变量，数据被截断，符合Tobit模型的使用条件。由于数据不符合正态分布的要求，若使用传统的诸如OLS回归模型，得出的结果可能是有偏差的且是不一致的。基于以上分析，本书选择Tobit模型对区域能源效率的影响因素进行研究，并设定以下面板回归模型：

$$TFEE_{i,t} = \alpha_0 + \beta_1 STRU_{i,t} + \beta_2 INDU_{i,t} + \beta_3 TECH_{i,t} + \beta_4 INVE_{i,t} + \beta_5 GOV_{i,t} + \beta_6 URB_{i,t} + \mu_{i,t}$$

式（6.1）

式（6.1）中，α_0为常数项，β_1、β_2、β_3、β_4、β_5、β_6为回归系数，表示各种因素对区域间能源效率的影响，μ表示随机误差项，$y_{i,t}$表示第t年第i个省份的能源效率，其他变量为所研究的六个因素。

6.2.2.2 回归模型分析

本书首先运用Stata软件对变量进行皮尔逊（Pearson）相关性分析，来对我们所研究的各变量之间是否存在多重共线性进行初步的判别。依据威廉姆森对相关系数的分类标准，我们认为一般低于0.4，说明两变量低度相关；系数处于0.4~0.7，则为中度相关；大于0.7，为高度相关。通过软件得出的Pearson相关系数矩阵可以发现，绝大多数变量之间的相关系数呈现中、低度相关性，见表6-3。

为了进一步检验多重共线性，本章选用方差膨胀因子（*VIF*）以及容忍度（1/*VIF*）两项指标进行诊断。通常情况下，对该指标的判断为：*VIF*低于10，1/*VIF*高于0.1，可以认为变量之间不存在多重共线性，如若不然，则表示存在多重共线性。计算结果如表6-4所示，*VIF*的平均值是1.99，且所有影响因素的*VIF*都在10以下，最大的*VIF*是2.17，同时1/*VIF*的值均大于0.1，因此可以认为，自变量之间的共线程度较小，在可接受的范围内，认为各解释变量之间不存在多重共线性。

表6-3 区域能源效率影响因素的 Pearson 相关系数矩阵

变量	TFEE	STRU	INDU	TECH	INVE	GOV	URB
TFEE	1						
STRU	−0.481***	1					
INDU	0.362***	−0.573***	1				
TECH	0.550***	−0.402***	0.576***	1			
INVE	−0.549***	0.114***	−0.00500	−0.223***	1		
GOV	−0.419***	−0.230***	0.0460	−0.168***	0.572***	1	
URB	0.368***	−0.443***	0.624***	0.642***	0.0380	0.00800	1

数据来源：由 Stata 软件计算而来。

表6-4 各变量的多重共线性检验结果

变量	VIF	1/VIF
URB	2.17	0.461471
INDU	2.16	0.462189
TECH	2.10	0.475249
STRU	1.88	0.532226
GOV	1.83	0.546331
INVE	1.80	0.554306
Mean VIF	1.99	

数据来源：由 Stata 软件计算而来。

6.3 实证结果讨论

6.3.1 整体区域能源效率影响因素实证结果分析

以各省份的能源效率为因变量，能源消费结构、产业结构、技术水平、固定投资水平、政府影响力以及城镇化率为自变量，创建 Tobit 模型，得到的回归结果如表6-5所示。

表 6-5 Tobit 回归分析结果汇总——简化格式

变量	回归系数
截距项	0.828 ** （19.351）
STRU（能源消费结构）	−0.433 ** （−12.404）
INDU（产业结构）	−0.097（−1.695）
TECH（技术水平）	4.491 ** （7.544）
INVE（固定投资水平）	−0.167 ** （−7.769）
GOV（政府影响力）	−0.592 ** （−9.755）
URB（城镇化率）	0.094 * （2.069）
log（Sigma）	−2.161 ** （−74.483）
样本量	600
似然比检验	χ^2（6）= 603.753，p = 0.000
McFadden R^2	−2.174

注：①因变量：TFEE。②* 表示 p<0.05，** 表示 p<0.01。括号里面数值为 z 值。

由表 6-5 的 Tobit 回归结果可知，能源消费结构、技术水平、固定投资水平、政府影响力以及城镇化率通过了显著性分析。

（1）能源消费结构。能源消费结构是用煤炭消费量占总能源消费量的比重来表示的，在 1% 的检验水平下，对能源效率有显著的负向影响，回归系数为 −0.433，说明煤炭消费总量占能源消费总量每提高一个百分点，能源效率则下降 0.433 个百分点，以煤炭作为主要能源来源的省份，其能源利用效率相对较低。通过降低煤炭使用量，可以有效提高能源的使用效率。在我国，煤炭资源比较丰富，与之相比，石油和天然气等资源则相对短缺，因此我国在发展过程中，对煤炭的依赖和使用量较高，也就促使了煤炭行业的发展，在这一过程中，逐渐产生了煤炭产能过剩问题，对环境也造成了比较大的影响。随着全社会对环境问题的重视，以及"碳达峰""碳中和"的提出，我国更加重视能源产业供给侧结构性改革，加大对天然气的使用，减少对煤炭的使用，同时重视对风能、太阳能等新能源的开发利用。此外，还可以进行低碳能源技术、清洁能源技术的开发，提高清洁能源的比重等。

（2）产业结构。该指标选用的是第三产业占 GDP 的比重，回归结果显示，该指标对能源效率改善产生了负向的影响，但是回归结果并不显著，不能证明第三产业占比的提升会降低能源效率。在三种产业结构中，第二产业包括采矿业、制造业、电力以及建筑业等，这些行业产生经济效益的基础是能源的高度消耗，而第三产业服务业较多，消耗的能源较少，但是产生的经济效益却很高。一般来说，该产业结构的提升应该对能源效率的改善起到积极的作用，但回归系数却相反。对于这一结果，一方面，可能是因为近几年随着国家产业结构的调整，供给侧结构性改革等措施的实施，我国第二产业的产能利用效率正逐步提升，但是回归的结果并不显著，说明仍然需要进一步改善和提升，来提高能源的利用效率；另一方面，汪行（2019）在对能源效率的影响因素的研究中发现，产业结构具有显著的空间溢出效应，第三产业占 GDP 比重的增加，对区域能源效率的提高产生了不利影响，因此还需要不断优化和调整第三产业布局，并利用市场优势与资金优势，完善产业内部相关配套设施。

（3）技术水平。技术水平的提高是能源效率的直接影响因素，在 1% 的置信水平下，对能源效率产生显著正向影响，回归系数为 4.491，说明技术水平每提高一个百分点，能源效率会提高 4.491 个百分点，技术水平的影响程度极高。这一结果与很多学者得出的结论一致，科学技术为一国带来巨大的生产力，技术的进步和发展对能源效率的提升起着至关重要的作用，涉及能源生产、加工和使用各个环节。因此要不断加大对科技领域的投入，积极开发各种新能源、新技术，寻找新的能源供应源，来满足我国不断增长的能源消费需求；与此同时，知识产权保护工作需要进一步加强，完善相关的法律法规，保护相关人员的权益，激发人们的创新意识，促进新能源技术的开发与应用。

（4）固定投资水平。该指标在 1% 的置信水平下显著负相关，说明固定资产投资每增加一个百分点，能源效率则降低 0.167 个百分点。一般来说，固定资产投资能直接有效地推动当地的经济指标增长。固定资产投资会涉及很多行业部门，包括基础性、公益性以及竞争性建设投资，投资项目有能源项目、交通项目、城市基础建设项目和基础工业建设项目等。因此固定资产投资可能会消耗大量的钢铁、水泥等高能耗物品。但新项目的发展往往是适应新的技术的体现，虽然消耗掉了大量能耗，但是创造出来的经济效益也会更为显著。但本书的回归结果显示，固定投资水平对能源效率的提升产生了不利的影响。

针对此项回归结果，相关学者也有类似的结论。Li Lili（2011）通过研究得出了固定资产投资规模的增加不利于我国能源效率的结论，万益嘉也实证得出全社会固定资产投资与 GDP 之比与能源效率显著负相关的结论。主要原因是我国在进行购买置办和建造的时候，并没有足够重视节能环保，浪费了许多能源，造成了环境污染，虽然我国已经开始对高能耗高污染企业进行整治和改造，但部分企业仍然一味扩大规模、以量取胜，不重视相关的问题。另外，方春树等

（1997）的研究表明，固定资产的建造方面，很多投资者存在着热衷于新建和扩建的现象，一味搞外延扩张，不重视内涵改造，这种做法并不能对能源效率的改善起到积极的作用。

（5）政府影响力。财政支出占比对能源效率的影响显著为负，即政府财政支出占 GDP 比重越高，反而会使能源的利用效率下降。回归结果显示，该比例每提高一个百分点，区域能源效率降低 0.592 个百分点。政府合理地进行宏观调控，有利于弥补市场失灵的有关问题，但是如若干预过多的话，则不利于市场的活力，甚至会抑制某些私有企业的发展，从能源效率角度来看，将不利于全要素能源效率的提高。相关文献指出，政府的影响不利于能源效率的提升，主要体现在政府的过度干预导致的腐败现象，干扰市场有效的资源配置。另外，政府过分追求经济增长和吸引投资，可能会放松对环境污染的监督，从而导致非合意产出增加，能源效率降低。

（6）城镇化率。在本章的实证分析中，城镇化率的回归结果显示，在 5% 的置信水平下产生了正向的影响，回归系数为 0.094，说明城镇化水平每提升一个百分点，区域能源效率可以提高 0.094 个百分点，城镇化水平对能源效率的提升起到了积极的作用。产业集聚效应出现在城市化进程中，为产业生产效率的提高和科技创新能力的改善创造了有利条件，从而促进能源效率提高。另外，城镇化还带来了人力资本的变化，其规模化的增长为企业加大人力投入带来条件，人才的涌入有助于提高技术水平，从而影响工业企业的能源效率。

6.3.2　分地区能源效率影响因素实证分析

由于我国地域辽阔，现将北京、天津、河北、山东、上海、江苏、浙江、广东、海南、福建、辽宁归为东部地区，黑龙江、山西、安徽、江西、湖南、湖北、河南、吉林归为中部地区，青海、内蒙古、新疆、宁夏、四川、陕西、重庆、云南、甘肃、广西、贵州归为西部地区，分区域进一步进行回归分析，回归结果如表 6-6 所示。

表 6-6　Tobit 回归分析结果汇总——简化格式

变量	东部地区	中部地区	西部地区
截距项	1.063 ** (10.838)	0.804 ** (10.188)	0.859 ** (16.441)
STRU（能源消费结构）	-0.542 ** (-7.889)	-0.257 ** (-4.286)	-0.547 ** (-11.318)

变量	东部地区	中部地区	西部地区
INDU（产业结构）	0.341 （1.687）	−0.001 （−0.009）	−0.274** （−4.523）
TECH（技术水平）	2.705* （2.435）	6.064** （3.276）	4.407** （4.735）
INVE（固定投资水平）	−0.261** （−5.336）	0.090* （2.448）	−0.104** （−3.609）
GOV（政府影响力）	−1.232** （−4.977）	−0.307 （−1.268）	−0.496** （−8.150）
URB（城镇化率）	−0.192* （−2.212）	−0.686** （−4.603）	0.108 （1.302）
log（Sigma）	−2.174** （−45.088）	−2.508** （−44.869）	−2.433** （−50.928）
样本量	220	160	220
似然比检验	$\chi^2 (6) = 269.861$, $p = 0.000$	$\chi^2 (6) = 89.539$, $p = 0.000$	$\chi^2 (6) = 172.276$, $p = 0.000$
McFadden R^2	−4.910	−0.346	−0.633

注：①因变量：TFEE。②* 表示 $p<0.05$，** 表示 $p<0.01$。括号里面数值为 z 值。

（1）能源消费结构。分地区的回归结果与总体的回归效果大体一致，东部地区煤炭消费量占总能源消费量的比重每提高一个百分点，区域能源效率下降0.542个百分点，中部地区能源效率将会降低0.257个百分点，西部地区能源效率下降0.547个百分点，说明对于东部和西部地区来说，煤炭使用量的降低对能源效率的影响较中部地区更大一些，中部地区工业基地相对比较多，同时产煤量高，相对运输成本低，在经济发展的过程中对于煤炭的依赖也就更多一些。但总体来说对煤炭的过多使用不利于能源效率的提升。

（2）产业结构。从产业结构的回归分析来看，东部地区第三产业的占比与能源效率呈正相关，但是回归结果并不显著；中部地区虽然呈现负相关，但回归系数仅为0.001，影响很小；西部地区同样是呈现负相关的结果。与前文总体趋势相对一致，对于东部地区来说，其第二产业占比较低，且第三产业发展已经相对成熟，加之受地理位置优越、吸引外商投资、技术水平先进等因素的影响，其能源效率已经是我国能源效率最优的区域，因此产业结构对能源效率的影响并不是很显著，中部和西部地区的回归结果显示，第三产业比例的提升也并未产生积极的正向影响，可能是我国第二产业的产能利用效率正逐步提高，以及能源结构的空间溢出效应造成的。

（3）技术水平。根据实证的结果可以看出，相比于东部地区，技术水平的提高对于中部和西部的促进作用更加显著，同时，结合东、中、西部测算的能源效率水平，东部地区能源效率最高，中部和西部相对较低。所以技术水平的提升对于能源效率更低的中、西部地区影响更为显著。

（4）固定投资水平。从各地区固定资产投资对能源效率的影响可以看出，中部地区投资的增加将提高能源利用效率，即固定资产投资水平每提高一个百分点，区域能源效率将提升 0.09 个百分点，这与一般的结论相一致，中部的能源效率偏低，政府及社会的投资增加，同时会伴有设备更新、促进经济的发展，因而对能源效率产生正向的影响。而东部和西部的实证结论却正相反，固定资产投资水平每提高一个百分点，东部地区的能源效率则会降低 0.261 个百分点，西部地区能源效率降低 0.104 个百分点。东部地区第三产业兴盛，更多地发展金融服务业等新兴产业，固定资产投资占 GDP 比重下降，因此投资对东部地区的能源效率影响并不大。而对于西部地区来说，原因可能与前文描述一致，即固定资产建造的比例上存在一定的问题。

（5）政府影响力。从政府影响力水平来看，分区域的回归结果同前面总体的回归分析结果相一致，即都为负向影响。其中对东部地区能源效率的抑制作用的影响最大，对中、西部的影响较小。政府影响力水平每提高一个百分点，东部地区能源效率降低 1.232 个百分点，中部地区降低 0.307 个百分点，西部地区降低 0.496 个百分点。政府干预对于东部地区的能源效率的影响尤为显著，东部地区经济相对发达，市场活力大，在能源领域，政府如果实施价格管制和社会性管制等对市场进行干预，将不利于市场机制的正常运作，阻碍其正常的发展和能源利用效率提高。而中、西部地区，政府对经济干预较多，市场化程度相对较低，区域能源资源在进行资源配置的过程中，可能原本就不完全符合市场需求，所以与东部地区相比，政府干预对能源效率的影响程度也更小。此外，在中、西部地区，重化工等高耗能行业居多，而价格管制使能源价格长期处于过低的水平，这种现实情况与政府制定的很多节能减排相关的政策并不协调，能源价格过低只会产生更大的社会成本。而 GDP 优先是目前的绩效考核体系突出特征，政府通过财政支出来进行那些周期短、见效快的基础设施的建设来提升"政绩"，反而使得钢铁、建材等行业的能源效率下降。

（6）城镇化率。在分区域的实证回归结果中显示，只有西部地区城镇化率的提高对能源效率产生了正向的影响，但是回归结果并不显著，同时，对于中部和东部地区来说，城镇化率对能源效率的提高产生了负向的影响，城镇化率每提升一个百分点，东部地区能源效率则降低 0.192 个百分点，中部地区则降低 0.686 个百分点。相关文献指出，中国在城市化发展过程中，其经济体现出较为明显的工业化（或重工化）特征，相对来说单位 GDP 生产所消耗的能源较正常情况下要多很多，因此能源利用效率降低。张红凤等（2009）和涂正革（2008）等指出，一个国家从低收入水平转向中等收入水平，城市化是一个必不可少的阶段，且往往与工业化进程同步进行。中国城市化发展迅速，但与此同时也面临着较为严重的资源与环境约束。

6.4 本章小结

提高能源效率对地区经济的发展有着重要的作用，本章先从理论上对能源效率的影响因素进行分析，然后通过实证检验来具体讨论，主要选取了能源消费结构、产业结构、技术水平、固定资产投资水平、政府影响力以及城镇化率六项指标，分别从整体和分地区的角度，探讨其对能源效率的影响效果。结论表明：总体来看，技术水平和城镇化率对能源效率的提高产生积极的影响，能源消费结构、固定资产投资水平、政府影响力三个因素对能源效率的提高产生不利影响，实证结果表明产业结构对能源效率的影响并不显著；分地区来看，大体上与总体的实证结果一致，但不同地区之间也存在着一定的差异。

科学技术进步有利于能源效率的提高，通过对生产技能、制造工艺等方面的改造或创新，或者通过提升管理技术水平、智力投资水平以及服务技术水平等，能有效提高能源的利用效率。城镇化率加快会产生"集聚效应"和"规模效应"，从而对能源效率的提高产生正向的影响。在能源消费结构中，由于煤炭在使用过程中能耗多、效率低、污染严重，故煤炭占比降低有助于能源效率的提高。固定资产投资会消耗大量的钢铁水泥等高耗能物品，若没有足够重视节能环保，会造成能源的浪费，此外，固定资产的投入比例如果不合理，也将不利于能源效率的改善。政府影响力方面，政府部门的过度干预可能会滋生腐败的现象，如由于腐败造成的过度投资，会干扰市场有效的资源配置；此外，政府过分追求经济增长和吸引投资等，也会导致能源效率降低。进一步将 30 个省份分为东、中、西部三个地区，对六个要素的影响进行实证分析，总体与前文的实证结论一致，但由于各区域之间的经济发展水平、地理环境以及产业结构等方面的差异较大，具体细分后实证结果在不同地区之间存在着一定的区别。

7 提升能源效率与节能政策借鉴

7.1 国外提升能源效率的经验

能源效率提高和能源节约不但可以解决我国的能源安全问题，并且可以缓解日益严峻的环境问题。中国在 2022 年 9 月召开的"联合国大会"上，提出了2030 年实现"碳达峰"，2060 年实现"碳中和"的"双目标"。工业部门是中国能源消耗最大的行业，在中国实现绿色、低碳的过程中起着关键作用。

7.1.1 美国

美国在减少大气污染、提高能效的前提下，采取了一套以法律制约和自愿协定为基础的节能政策，并围绕着市场机制制定了一套节能激励计划和一套完善的执行手段，从而有效地节省了美国的能耗，提高了能效。

美国的能源政策始终是一个关键问题。美国自 20 世纪 70 年代以来，各州政府先后出台并实施了有关节能的法律。美国政府于 1975 年颁布《能源政策与节能法案》，对家电产品的性能进行了规范和节能标识。美国《国家电器节能法案》于 1987 年发布，规定了 13 种家电产品的能源效率指标和使用期限。美国议会于 1992 年再次批准《节能政策法案》。新《能源政策法案》于 2005 年 8 月颁布，这是一项广泛、深度和全新的联邦法律。美国节能政策的一个突出特征就是：美国政府的能源节约政策是市场机制最大化。具体来说，有如下四点：

（1）政府机关发挥的引导和示范作用。美国《能源法》将提高能效作为政府机关的法定责任，并做出了明确的要求。无论是联邦建筑、政府采购，还是公共房屋，都被纳入能源效率管理的范畴。为了提高能源节约型产品的市场占有率，美国政府也制订了一项"政府能源购买指导方针"，既充当执行者又充当被执行者。

（2）税务激励和财政扶持。美国政府制定了从 1993 年起由电力公司向住户用户提供节能设备所需的税费，以鼓励各电力公司采取节约能源的措施。为鼓励更多人利用公共交通工具来降低私人汽车的使用率，美国政府鼓励雇主向使用公用设备的员工提供住房维护资金。采取各项措施，如改进住宅的绝热性能，降低热量损耗，以提高节能效果。另外，美国的能源部门对项目咨询、技术评价、项目管理、信息共享和提高认识活动等提供资金。

（3）制定节能标准。美国制定并执行了节能标准，进而将其划分为强制性和自愿两种。国家强制执行的标准必须通过议会的讨论，不得批准生产和销售不符合标准的产品。如果自愿的标准得到了企业界和社会的认同，那么就可以把自愿的标准变成强制的标准。在能源效率标准方面，各州政府非常谨慎。该议案建立了能效标识系统，旨在帮助、引导消费者购买能效产品，特别是许多税收减免条款，以此来鼓励人们超越标准。

（4）技术开发、推广与应用。美国政府将重点放在发展具有巨大市场潜力、短期效益不明显的基础科学上，以及在技术上、经济上有可行性、需要市场化的领域。美国政府在能源节约方面大力开展基础科研和应用科研。美国能源部在选定特定的科学研究领域和项目时，首先与企业界、科技界和其他有关机构进行研究，以查明企业和市场存在的问题和未来的发展趋势，其次根据政府的能源战略和政策考虑企业、社会和政府能够提供支持的能力，选择科研方向和项目决定各方的支持方式和比例。

7.1.2 德国

德国政府十分重视节能，出台了一系列政策和措施，制定了一系列法律、法规，如《节约能源法》。在德国能源理念中，建筑工业即主要的住房结构，被视为提高能效的关键。在这一领域，采取了一些政策措施：2012 年修订的《能源管理条例》要求新的建筑物在 2020 年之前必须达到气候和建筑标准；新增一项鼓励利用可再生能源作为建筑热源的营销方案，推行一项新的扶持方案，即"城市总体建筑性能优化"，复兴信贷银行则直接负责一项旨在改善建筑节能的工程。

在交通方面，德国计划在 2030 年前实现 600 万辆电动车的战略。德国政府提倡限制各种车辆的二氧化碳排放。德国将征收机动车排放税，并征收重型卡车的养路费，以大幅降低温室气体的排放量。

欧洲高度重视中小型企业的节能，欧洲大部分的中小型企业都至少有一项措施来提升其资源利用效率。自 2008 年起，德国的联邦经济和技术部门与复兴信用银行共同设立了一项专门基金，用于改善中小型企业的能效。基金会支持中小型企业节约能源的潜能，为单独的能源方案提供 80% 的资金[①]，同时，通过低利率的节约贷款，为发展节约能源的潜能提供了资金。在机构上，德国联邦议会设有几个专门委员会，这些委员会基本上是按照政府各部（局）的对应设置的，以便于监督。在政府内部，责任被分散到各个部门，各司其职。联邦经济和技术办公室负责节能和有效利用能源；环境保护和核安全办公室主要负责减少二氧化碳排放、发展可再生能源和核电；交通、建设以及城市发展部则会负责交通和建筑节能。德国还成立了一个能源公司。其中，政府（经贸部）和国家发展银行持有 50% 的股权。发展银行总裁为董事长，经济技术、环保等部门负责人为正、副会长。公司致力于节约能源、提高能源效率、发展可再生能源，其中包括：推广能源节约、推广能源技术；为中小型企业的设备更新提供技术支持和财政支持；新能源在汽车引擎中的发展和应用；与其他国家的政府部门或组织（俄罗斯、中国）进行协作。

7.1.3 俄罗斯

最近几年俄罗斯一直将提升能源利用效率以及节约能源的工作放在第一位，制定了大量的节能政策和法规。2009 年 1 月，俄罗斯联邦政府制定了到 2020 年通过可再生能源提高电力使用效率的国家重点政策。该政策规定了可再生能源的目标和原则，并提出了适当的发电和消费目标，以及相应的实施措施。俄罗斯政府于 2009 年 11 月通过了《2030 年前俄罗斯联邦能源战略》。该战略分为三个阶段：第一个时期（2013~2015 年），中心工作是尽早消除经济危机给能源行业带来的冲击，为其后危机时期的加速发展创造良好的环境；第二个时期（2016~2020 年或 2022 年），中心工作是加强能源利用，推进能源综合开发，加速在东西伯利亚、远东、亚马尔半岛和北极大陆架区域开展大规模的能源工程；第三个时期（2021 年或 2023~2030 年），这一时期将有效地使用常规能源，并为未来的能源创造条件。

俄罗斯联邦在 2009 年 11 月发布了《节约能源和提高能源利用率及对俄罗斯联邦某些立法行为的修正》。目的是协调各种节能工作，为提高能源使用效率创造有利条件。2010 年 1 月 1 日起，所有部门应保证水、柴油、重油产品、其他燃料、天然气、热能、电力和煤炭的消耗量比 2009 年减少 15%；所有在俄罗斯生

---

① 数据来源：德国联邦统计局。

产和进口的产品，必须申报能源消耗量；俄罗斯地区的交流电线路中禁止使用
100 瓦以上的白炽灯；建筑和设施的建造严格遵守能源效率标准，执行建筑规
范，建筑物的寿命至少为 5 年，建筑物的检查至少为 5 年①。制定国家政策、区
域方案、组织方案，以促进建筑所有者的能源使用效率和节约能源，并在预算机
构和国家单一制企业的监督下，制定出国家能源使用、节约的一系列政策。

7.2 国外建立完备的节能政策体系的经验

7.2.1 美国

美国工业部门的能源效率与美国的工业污染控制措施密切相关。第二次世界
大战前后，美国的工业污染控制政策，积极促进了工业结构不断向低污染以及低
排放转变。美国的节能政策包括《清洁空气法》、"气候领袖"、工业界的"能源
之星"以及节能先锋的配套措施，例如，资源承诺、基线、能源管理计划、能源
管理者等。除了《清洁空气法》是强制性和可执行以外，其余措施基本上都是
自愿性引导措施。

"在技术上可行，在经济上合理"是美国联邦能源效率标准的基准，其节能
标准主要分为两类：强制性标准和自愿性标准，它们结合起来，以最具经济的方
式，提升美国的能源效率技术。在美国，具有约束力的标准通常是以法律法规的
形式出台和实施的，具有很强的约束作用。自愿性和强制性能源效率标准的结合
有助于美国的能源效率标准体系进一步提升。

（1）强制限制工业能源使用。在美国的能源节约政策中，《清洁空气法》是
美国为数不多的强制性减排措施之一。该法案新的限制排放来源的原则规定，新
厂或旧厂新增或置换，须经环保部门审批，经废气分析后，方可获批准。这一原
则的制定，能够从源头上防止污染。此外，在政府职能划分上，该法还首创了
"联邦—州"的相关政策制定与执行机制。1970 年《清洁空气法》要求联邦和各
州都必须制定规则，以限制排放，如固定（工业）或流动（如汽车）。重视可实
施性是美国能源节约政策的一个主要特点。为了保证节能政策的执行，美国政府
在制定能源政策时十分重视制定相关的政策手段，包括法规、技术标准、能效标

---

① 数据来源：《节约能源和提高能源利用率及对俄罗斯联邦某些立法行为的修正》。

准等。美国环境保护局除了根据《清洁空气法》发放许可证外，还制定了控制工业污染的更细微的规范，例如，要求工业界使用可被使用的最佳技术、最低排放标准等。

（2）以自愿性为主的工业节能政策。美国的能源节约政策大多是自愿的，包括"先进建筑，先进工厂"项目、"卓越能效"和"能源之星"项目。通过实施节能减排措施，提高技术水平，提高公司的信用，从而提高公司的竞争能力。美国的产业节能政策具有自主选择和自愿参与的特点。自愿标准的制定并不局限于美国政府，而是由企业界自己制定、执行。在实行一段时期之后，如果政府、企业界和社会各界都同意，那么就可以考虑把它变成一个强制性标准。企业积极倡导的节能标准，通常是行业技术水平和发展观念的最高体现，也是节能标准升级的重要标志。

美国作为市场经济国家，其能源管理制度的实施取决于内部的市场机制。美国的市场经济体系比较成熟，法制比较健全，从制定到执行都有明确的责任、权力和利益划分。而且美国的公司和人民都有很强的法律意识和信用意识，如果生产厂家、销售商或个人，在能源节约方面达不到相关的规定要求，不但会被法律制裁，而且还会失去信用；在美国，信用对公司的经营和员工的工作生活都有着重要的影响，因此，信用制度更具约束力。自愿的标准与相应的识别、奖励相结合，是企业的竞争优势，是激励企业开展节能技术研究和创新的动力。美国工业节能的强制标准，节能管理，多项志愿行动方案，配合奖励和政策手段，持续推动工业节能。

（3）基本的节能能力培养和配置。美国通过立法来确定已颁布的政策主体的权利、责任以及义务，通过立法来加强对国家的监管，进一步提高政府的决策能力。在实施方面，美国政府在很大程度上依赖市场机制，通过能源合同的管理、公共部门以及第三方认证和核查机构来实施和评估其政策。美国政府、企业、设备制造商和使用者等各阶层都能从自身利益出发，自觉节约能源，从而受益于节约能源。政府利用政府出资的大科研机构进行能源节约的基础技术和一些高成本、高风险的应用技术的开发。其中最典型的例子，就是美国能源部下属的国家实验室，按照国家的发展战略，将重点放在了政府指定的尖端技术上。

（4）为节约能源创造良好的市场环境。在市场中，信息是最根本的要素。能源节约的资讯，包括能源节约产品及能源服务人员的资讯。能源节约型产品的特点是投资费用较高，收益较低，或者不确定性较大。所以，对能源企业的效益进行清晰的界定，就成了一种补偿市场信息不完善的政策选择。就拿家电节能标签来说，美国已经清楚地标明了节能、节能减排等方面的内容，而且还标明了一些自愿的、"领跑者"的标准，方便消费者做出购买决定，还具有节能宣传和品牌宣传的功能。另外，美国在认证程序、认证机构资质等方面也有相应的规范，从而形成了一大批具有权威地位的认证机构。此外，美国还在政府网站上发布有关能源企业的信息，以推动能源行业的发展。政府间的信息公开可以极大地减少能源资源需求方与供应商之间的不对称性，从而降低了寻找资源的费用。

7.2.2 日本

日本作为一个具有代表性的岛屿国家，由于地理条件的限制，遭受严重的能源短缺，依赖进口能源，如石油、煤炭和天然气，如果不加以限制，发展新能源，并提高能源利用率，日本的经济将会遇到很大的障碍。日本在节能方面一直处于领先地位，制定了较为完备的节能政策，实行了非常严格的节能措施。1978年，日本成立"节能中心"，在国家和公司层面研究和开发节能技术。1979年，又制定了《节约能源法》（以下简称《节能法》）。《节能法》根据能源消耗量将能源单位划分为不同的能源等级，每年消耗300万升能源或超过100万千瓦时电力的单位被列为一级能源单位，每年消耗150万升原油或超过600万千瓦时电力的单位被列为二级能源单位。《节能法》要求这些单位减少1%的能源消耗①。《节能法》要求一类能源公司建立节能管理机构，任命节能主管部门，向国家提交节能计划，并定期报告能源使用状况。《节能法》还明确规定了能源消耗的标准，并对其进行了奖励和惩罚。对节能达标的单位，实行一段时间的减免。而不符合标准的，则根据《节能法》将企业的名字予以公示，并处以不超过100万日元的罚款。日本采用以上措施后，单位能源消耗的产量得到了显著的提升。

日本的能源节约政策是政府强制推行的，而以经济团体为代表的团体的广泛参加和自发的行为，也是日本能源节约政策的一个重要推动力。日本公司在能源短缺的大环境下发展，积极响应、参与政府及经济团体的能源管理、结构调整及技术改善，日本能源利用率一直处于世界前列。

（1）强制公司加强对能源的管理。日本的节能政策包括强制能源管理、团联的自愿行动计划和日本的自愿减排交易协议等；日本非常重视对各种目标和实现目标的手段进行微调，例如，在能源管理方面，成立了能源管理公司，制定了详细的节能者责任清单，以及诸如能源管理者的资格、对能源管理者的要求、能源报告和节能计划等。日本政府采取的精益求精的管理模式，对能源的限制更大。

---

① 数据来源：日本《节约能源法》。

日本在 1970 年爆发了一场石油危机，迫使公司强化了对能源的管理，规定了对能源的监管，并对其采取了限制性的能源申报。在日本《节能法》修订后，政府能源管理政策覆盖的企业范围将进一步扩大，将年消耗量在 3000 千升以上的企业限制在 1500 千升以上，然后扩大到其他行业，以配合政府对能源管理企业的认定。面对强制性的报告和对能源效率的限制，日本的公司正在通过重组和重新设计其产品以及开发和引进新技术来提高其能源效率。

当前，在日本实行的以法律为限制的建筑节能已是一项长久以来的节能工作，1979 年的《节能法》建立了一个法律框架，用于调整那些主要以保护环境为主的产业。基于《节能法》，日本政府制定了 10 年、15 年和 20 年的能源控制目标，并对超过这些目标的产业组织进行调整。自 2010 年起，实施了行业节能标准（全球节能标准）的强制性标准。该政策要求工业部门的能源效率与基线相比每年增加 1%。对于某些部门，包括钢铁、电力、水泥、造纸、印刷、精炼和化学品，目标将基于 10%~20% 的部门能源效率，并将在 2015~2020 年实现。对那些达到节能标准，并且去帮助中小企业来提高他们的节约能源水平的企业，政府每年会把他们的节能改造任务减免 1%。这些强制的能源管理与节能目标，使日本的工业节能水平得到了提高。日本建立的能源管理者体系，在推进各个行业的节能减排方面起到了长期的体制引导和人才支持的作用。

（2）节能的自愿性机制。日本的各级政府也在不断地积极探索节约能源的自愿性机制，以激励国民自发的能源节约。日本企业的能源管理意识很强，部分原因是对能源消耗、降低成本和竞争力的关注，也是因为日本政府长期以来对节能的推动和支持。2005 年，日本环境保护局大力推行了"自愿参加模式的国内排放量交易制度"，以东京为代表的自愿排放交易系统，以及在日本政治经济中扮演特别重要角色的环保自愿性行动计划，在限制内部成员公司的节能减排方面发挥了积极的作用。但是，作为工业利益的代表，自愿性行动计划也被视为与政府协调的结果，以缓和政府过度苛刻的能源节约目标对公司发展造成的负面影响。它的自愿性行动计划能否达到政府所许诺的能源节约目标，还有待商榷，但是在推动公司的节能方面，得到了正面的肯定。

（3）促进能源节约的政策。1996 年，日本政府制定了节能服务推广政策，促进公司和各种机构开展节能服务，节能服务在日本迅速发展起来。日本的能源服务公司目前已经形成了比较成熟的市场化的能效管理模式。综上所述，日本的能源节约政策表现出了明显的政府主导和强制措施。节能政策是由国家领导制定的强制性节能标准、配套支持政策、执行手段等措施来保障的。经过多年的节约能源管理和技术革新，使日本成为世界工业大国。

（4）日本《节能法》和能源效率领先体系。"以法律为长治、以法律为基础"概括了日本能源节约的一个重要经验。日本的能源政策体系核心是《节能法》，代表了对立法的修订，以应对国内外能源政策环境的变化，其对于保障日本这一能源贫乏国家的能源供应和日本政府实现有效的长期能源管理是必要的。日本的《节能法》已经修订了七次，每次的修订都会根据不同时期存在的能源、环境、气候等重要问题，对能源管理方面的内容进行不断的扩展和更新。依据能源发展在国家层面的战略需要，日本开始实行严格的能源效率标准推广制度——"能效领袖制度"，以行业中能效最好的企业为标杆，将其他企业与标杆企业在能效方面进行比较，制定持续达标目标。通过适当的能效标签和认证体系，将能效标签与公司的形象和责任挂钩，使节能成为公司的核心竞争力，提高公司的能源效率。这样一来，日本就形成了一个具有法律约束力的、由企业发起的、不可逆转的节能技术发展机制。

（5）培养和配置节能基础能力。日本政府倾向于将大部分的政策执行权下放给第三方或行业协会，例如，日本工业省将"企业节能支持补助金"的使用委托给一个联合协会法人"生态共创协会"，由该协会制定奖惩标准并监督其实施，以促进高耗能企业的节能技术的提高。相应地，政府仅维持所需的管制功能，例如，根据《节能法》所规定的权限，关东经济部设有10位专门负责《节能法》的工作人员，并且他们要对5651个[①]能源高消耗企业进行报告催交、上报、检查以及节约能源的指导。这种分工会大大降低政府的节能工作和能源管理的质量。节能政策的实施效果与被监测单位的节能意识、能源监测的设备、能源统计和数据收集的意识以及节能官员的节能管理水平密切相关。日本成立了许多研究机构，这些机构都是国家出资，填补了科研空白的同时，也保证了国家在节能技术上的领先地位。

（6）强化法规保障能源市场竞争。强化监督，是有效执行能效的保证。日本已经建立了一个涉及政府、行业协会、企业和公众的能源管理模式。政府机构通过各地区的商业和工业部，形成了一个延伸整个日本的监测网络。行业协会对此进行了有效的补充，它们根据各自的法律和法规以及相关的节能法规，对协会内的其他公司进行监督。而在企业方面，则是通过"能源管理"系统来实现对企业的能源管理与节能监管；与此同时，各公司在节约能源上也形成了一种基于市场竞争的监管机制。

---

① 数据来源：日本《节约能源法》。

（7）加强对能源的宣传和教育。日本的能源政策在民众节能宣传和教育中表现出强烈的使命感，把人们的自觉性作为国家的长远发展之计。通过不断的宣传和教育，节能已经成为一种习惯性的自觉行为。能源危机后，日本推出了"节能月""节能检查日"和"节能奖"活动，宣传节能法律、节能技术、节能典型等，至今仍在开展。在节能教育方面，企业、学生、社会等方面进行了各种形式的宣传教育。在这一过程中，对中、小学生的节能教育产生了深刻的影响。中、小学阶段是个体意识与习惯养成的关键阶段，日本重视从娃娃开始，在中、小学课堂教学中加入有关能源的知识，配合实际经验，更能深入日本民众对节约能源的使命感。

7.2.3　德国

（1）交通节能。

一是对汽车引擎进行了改进。柴油机的能量消耗比汽油引擎低 35%。2005年，德国 50% 的车辆都是使用柴油引擎。自 1990 年起，甚至汽油引擎的效率都增加了 20%~25%。1990~2004 年，全国范围内的引擎使用效率翻了一番，而燃油消耗量则下降了 40%[①]。

二是大力发展新能源。第二代生物能源占据了 34% 的市场份额，从而使二氧化碳排放量减少了 500 万吨。以柏林市为例，2002 年 11 月，耗资 3300 万欧元，用以推广氢动力汽车，由联邦拨款 500 万欧元[②]。

三是能源消耗的识别。虽然不能强制淘汰耗能车辆，但对能源消费进行分类，就像家电、建筑一样，淘汰能源消耗较大的车辆。

四是税收方面的问题。对于高速运输车辆，按照二氧化碳排放标准收费；2020 年之前，使用燃气的车辆可以享受免税。在北莱茵威斯特法伦州，几乎40%[③]的电费都是通过征税来实现的。

（2）建筑物节能。

一是建立节能认证体系。按照欧洲法规，所有的建筑都要按照每平方米的能源消耗来记录能源消耗，并编制能源消耗证明。业主在租赁和销售房屋时，须提供该证明。新大楼在开工前必须达到新的能源标准。如果要进行整修，就必须达到新的能源标准。受此政策的影响，德国已经实现了一种"零供热"的建设，即一整年都要靠太阳能供暖。

[①②]　数据来源：德国联邦汽车管理局。
[③]　数据来源：德国联邦统计局。

二是对房屋改建进行财政扶持。使用新型隔热材料建造房屋，与使用常规建筑相比，成本提高 30%。交通部、建设部和市政部门进行了 150 项工程的改造，将能源消耗从 232 千瓦/平方米降低到 30 千瓦/平方米，每平方米的单位投资成本为 517 欧元。政府无法强迫所有者对老房子进行翻修，而是通过政策来激励。发展银行提供的是低利率的贷款，而联邦则是对银行进行补助。只要改造以后的建筑物在 CO_2 减排指标以下，业主在还款的本金方面还能够免除 15%[①]。

（3）强制性购买可再生能源的电力。与传统能源相比，可再生能源（生物、风能、太阳能）因其高昂的价格，使得电力公司不愿收购，必须由政府出面干预，主要有三种政策：一是配额制度（意大利），即由电力公司分摊一定数量的电力；二是招标制度（爱尔兰）；三是采用保护费（法国、德国）强制购买的接入模式。在德国，四大电力公司以每千瓦时 20 欧分的价格购买传统能源，而购买可再生能源的成本则是 50 欧分。政府同意将电能零售价适当上调，从而使德国居民的电费每月平均多出 1.5 欧元。该模型的电力价格仍然低于配额制度每千瓦时 8 欧分[②]。

7.2.4　丹麦

丹麦是欧洲 25 个成员国中仅有的能源净出口国。因为实行了节能政策，丹麦的能源利用率和日本不相上下，是欧洲的领头羊。

（1）丹麦建筑节能措施。丹麦 40% 的能源都被建筑所消耗[③]。40 年来，在建筑节能法规中，很多都是借鉴丹麦的经验。丹麦法律还规定了一套房屋的能源认证系统，把房屋的能源认证系统分为单户住宅、公寓住宅和商业办公大楼。一栋价值 100 万~200 万克朗的房子要花 3000 克朗才能拿到。用市场化的方式来指导老建筑节能改造。如果把 50 毫米厚的墙增厚到 275 毫米，单位能源消耗就会从 332 度/平方米·年减少到 140 度/平方米·年，每年可以节约 7000 克朗，根据能源的价格，这个投资可以在 7~20 年收回。由政府设立的服务部门负责提供资讯、金融及技术方面的辅导[④]。

（2）重新将电力国有化。丹麦有一个强制购买新能源的系统，其能源系统东部与瑞典相连，南部与德国相连，北部与挪威相连，根据季节和市场情况，以

---

①　数据来源：《德国建筑物法》。

②　数据来源：德国联邦统计局。

③　数据来源：多国推动发展绿色建筑（国际视点）［EB/OL］. 人民网，https：//baijiahao. baidu. com/s？id=1735466295359653936&wfr=spider&for=pc.

④　数据来源：丹麦颁布的建筑物节能的条例 BR08。

低价购买电力。

（3）热电联合。20 世纪 80 年代中期，集中在 15 家公司，之后的热电联产电站遍布全国，2005 年有 694 家公司。大量降低了热量和电力的损耗，降低了 30% 的燃油消耗量，从 40% 提高到 90%[①]。

（4）能源和环境税。如果换算为每度电，2/3 的柴油是能源税和二氧化碳税；煤炭价格中的能源税、二氧化碳税都在 85% 以上[②]。但是像木屑和草这样的可再生资源不征收能源税。矿物能源的市场价格是生物能源的 2 倍，但是它的生产商每千瓦时的利润要比后者低得多。

7.3 启 示

7.3.1 国外提升能源效率经验对我国的启示

与国外比较，我国在能源使用方面存在着很大的劣势，例如，人均占有和消耗较小；产业结构落后，煤炭、火电等高污染能源的开发利用程度高等。现行的许多法律制度存在着缺陷，如调节对象狭窄，局限性强，缺少衔接与整合的机制。

（1）贯彻可持续发展的基本方针。在确定和定义目标的过程中，应当遵循可持续发展的理念：着眼于眼前的利益与长期的利益，在充分利用能源的前提下，将重点放在如何持久、有效、科学地利用和发展上。同时，要掌握市场动态，优化能源结构。

（2）在具体的法律体系与内容方面应当注意以下问题：发展新的国内能源，降低对外依赖，确保国家的能源安全；在节能上，要加强国际能源合作，建立健全能源储备系统，建立能源应急机制，增强能源技术创新能力，以提高能效；推动能源管理体制改革，规范政府行为，明确市场和竞争机制，优化投资结构，健全能源安全生产体系，提升能源安全生产。同时，也可以借鉴美国的经验，鼓励节能和可再生能源工业的发展，如减税、补贴等。

（3）在法律体系和执行方面。美国 2005 年的《能源政策法》各项规定非常

---

①② 数据来源：丹麦能源署。

详细。各项国家能源政策和具体领域都有许多规定，明确了相关权限、财政措施、相关目标和法律责任，并将详细的责任或权限分配给相关政府机构，如联邦能源部，以执行相关规定或根据法律法规或权限进行研究和开发。但是，我国的法律、法规中，却没有太多的具体条款，更没有明确的指标，有的甚至是框架性的，没有明确的条款。我国的能源立法应该不断地加以完善。

7.3.2 国外节能政策对我国的启示

（1）广泛征求利益诉求，壮大决策咨询与支持力量。中国"十四五"规划在基于"碳达峰"和"碳中和"双重战略下，延续了"十二五"期间的单位GDP 二氧化碳减排15%的目标，以及制定了今后 5 年内实现单位 GDP 能源消耗减少 13.5%的指标[①]。中国现在有两个"能源专家顾问委员会"，一个是发改委，另一个是由其他研究所和大学组成的、专门研究气候变化和节能的研究机构。在提高决策质量方面，中国应该加强对能源信息的统计与分析，并借鉴美国国家实验室发展的经验，引进节能型人才。中国的科研单位和科研人员，除了要为政府的决策提供一定的支持外，还应该加强对社会的服务意识，积极地与企业进行沟通，以便更好地理解社会各个方面的能源状况和需要。提高政府决策咨询、政策解读、技术咨询等功能，强化与政策主体、对象的关系。

（2）节能技术创新，建立以竞争型节能标准为激励的技术进步机制。美日节能技术的发展水平对中国的能源技术发展有很大的借鉴意义。节能技术不仅是一个技术问题，而且是一个综合性的、系统的问题。为了进一步提高能源技术创新在我国总体发展战略中的作用，必须在管理制度和技术研发体系上进行改革。美国、日本两国经过立法修改，逐步建立起了各自的节能技术规范。美国的成功经验是基于对能源效率的严格技术要求和自愿的先进技术，使企业能够通过能源效率的技术创新获得竞争优势。日本的成功经验是基于对"能源效率领导者"制定严格的标准，促使公司进行技术革新。中国需要加快人工智能、物联网等数字技术与能效技术的融合，推进能效标准和管理制度改革，形成适合中国国情的技术发展机制。

（3）强化节能技术人员的培养，增强第三方节能参与能力。加强能效人才的培养，是实施能效工作的根本。这个团队由政府部门相关人员、决策咨询机构和科研机构、第三方节能服务公司的从业人员、行业协会的专业人员组成。中国要加强对能源管理人员的资格培训，加强对企业的节能培训，为企业提供更多的

---

① 数据来源：《"十四五"循环经济发展规划》。

人力资源。同时，要强化行业协会的市场属性与服务属性，强化其与政府、企业之间的联系。另外，"十四五"期间，从节能市场化发展的微观需要出发，对第三方节能服务机构、评级机构和认证机构的发展给予大力扶持。

（4）加强宣传和教育，提高国民的节约意识和能力。不管是公共机构、企业还是家庭，最终实施的是个体。因此，节能意识与能力的高低将对节能政策的实施产生重要的影响。中国节能宣传与教育工作的任务十分迫切。国外的节能工作给我们带来了启示：对能源的宣传与教育，不但要在短期内予以关注，而且从长远来看，要持续加强。除了重要的节庆活动外，还应加大对节能法规、节能技术和节能先进行为的宣传和表彰。将节能作为一种公共交通工具，通过公益广告的方式来推广。同时，对企业、社会、学校等进行各种形式的节能教育，不仅可以提高社会对环境的认识，还可以增强人们的节能意识。

7.4 本章小结

我国是发展中大国，相对高能耗的经济结构、高煤炭占比的能源结构以及相对较短的碳达峰到碳中和的过渡期，为"双碳"目标的实现带来了更大挑战，也要求我们付出更多努力。在这一背景下，梳理发达国家提升能源效率和节能的政策，学习其先进经验以避免不必要的试错成本，对我国稳妥实现碳达峰目标、碳中和愿景具有重要的现实意义。

从国外提升能源效率和节能的政策来看，政府强制的色彩不浓，即使是某些国家强制性地提升能源效率和节能政策，也注重设计出让企业自主选择的最优路径。2022年是中国"十四五"规划的第二年，现阶段以及未来较长时期内，提升能源效率和节能仍然是中国实现"碳达峰"与"碳中和"的双目标的关键和重要抓手。中国应主动加强与其他国家在提升能源效率和节能领域的交流与深入合作，学习其提升能源效率和节能政策制定过程中的优秀经验。比如，推动能源和气候政策体系的建立健全，广泛征询与利益协调经验，不断完善与市场经济相适应的能效标准与实施机制，加快用人工智能、物联网等新兴数字技术赋能节能产业，加强节能服务人才的培训，壮大节能第三方服务机构的服务能力，并为节能主体实施节能行动营造透明、公平和奖罚分明的市场环境，面向全民实施多种形式的节能宣传与教育，增强全社会节能意识，调动全民节能的主动性。

8　我国区域能源效率提升对策建议

从整体来看，我国能源消费效率水平不高，区域差异较大。由测算结果可知，2000~2020年东部地区的全要素能源效率水平最高，中部地区次之，西部地区居于最后，且均未达到生产前沿面。因此，不论是否有碳排放约束，区域能源效率水平皆是东部最高、中部次之、西部最低。针对当前我国区域能源效率不均衡的现状，应注重加强优化地区产业化结构、调整能源消费结构，提升能源消费技术创新水平；在环境约束下的能源消费产出过程中，能源消费与环境之间的关系也是影响各区域能源消费效率的重要因素，应提高能源消费过程中绿色技术应用水平，代替使用清洁能源，以减少能源消费对环境的影响，综合提高环境约束下的能源消费效率，进而提高能源消费产出效率。

党的十九大明确提出，我国经济已由高速增长阶段转向高质量发展阶段。党的十九届五中全会进一步指出，"十四五"时期经济社会发展要以推动高质量发展为主题，必须把发展质量问题摆在更为突出的位置，着力提升发展质量和发展效益。推动经济发展的质量变革、效率变革、动力变革，提高全要素生产效率已经成为我国经济发展的重要战略目标。推动区域能源效率提升正是推动经济发展变革的重要手段和提高全要素生产效率的要求之一。为实现节能减排的目标，各国能源局均开始能源效率提升战略行动计划，而中国处在"碳中和"和经济增长的双重压力下，能源效率提升工作也逐步受到政策制定者的重视。《中共中央关于制定国民经济和社会发展第十四个五年规划和二零三五年远景目标的建议》指出要推进资源总量管理、科学配置、全面节约、循环利用、技术进步、价格改革、协调发展、宏观调控。本章从重视技术进步对推动能源效率提升、推进能源价格改革、推动地区之间协调发展和交流合作、政府部门合理进行宏观调控、强化能源治理能力和体系建设五个方面进行论述，并针对这五个方面提出提升区域能源效率水平的对策建议。

8.1 重视技术进步，推动能源效率提升

《中华人民共和国科学技术进步法》强调，要全面促进科学技术进步，坚持发挥科学技术第一生产力、创新第一动力、人才第一资源的作用。技术进步是技术不断发展、完善和新技术不断代替旧技术的过程。技术进步这一概念有广义、狭义之分。广义的技术进步包含范围广泛，如生产技术水平的发展、管理技术水平的提升、从业人员文化技术素质的提高以及智力投资水平的变化。而狭义的技术进步往往指自然科学的进展，某项技术的更新换代或某项新科研成果的运用，如新的发明专利、更高效的生产技术、生产器械、生产程序等。汪行（2017）运用计量经济学方法和 VAR 模型，静态和动态相结合探讨了技术进步、能源结构与能源效率的关系，得到技术进步每增加一个单位，能源效率增加 0.0822 个单位的结论[1]。可见技术进步与能源效率的提升存在正相关关系，即技术进步能够推动能源效率的提升。

1973 年石油输出国将沉积石油价格提升两倍多触发了二战之后最严重的全球金融危机；1979 年石油产量骤降，油价也随之暴涨，此次危机也成为 20 世纪 70 年代末西方经济全面衰退的一个主要原因；1990 年伊拉克原油供应的中断加速了美英两国经济陷入衰退，全球 GDP 增长率在 1991 年跌破 2%[2]。不仅如此，化石能源如石油资源还面临着资源枯竭、环境污染、生态恶化的危机。这使人们深刻认识到必须依靠技术进步提高能源效率，促进能源、环境以及整个社会的可持续发展。国内外众多学者在对能源效率进行大量分析研究后得到的普遍结论是：技术进步能够提高能源效率，降低能源强度，从而节约能源。本节将从发展节能技术、打造智慧能源管理系统、寻找替代能源、进一步开发能源四个方面提出建议。

8.1.1 发展节能技术

节约能源是指在经济增长、社会进步的前提下，尽可能地减少能源的消耗、

---

① 数据来源：汪行，范中启.技术进步、产业结构与能源强度关系研究——基于 VAR 模型的分析[J].数学的实践与认识，2017，47（16）：66-70.
② 数据来源：中国经济网。

提高能源利用率的一系列行为。通过改造传统能源的生产工艺、引进更先进的机器设备、优化管理技术、提高人员素质，在保证各个产业获得效用的同时减少能源的耗用量。需要进一步研发节约能源的技术，如节煤技术中的水煤浆技术、粉煤加压气化技术、节煤助燃剂技术、节煤固硫除尘浓缩液、空腔型煤技术；节油技术中的锅炉节油技术、柴油机节油技术、发电机节油技术、汽车节油技术、航空航天节油技术以及节电技术中的民用节气技术、锅炉节气技术、油田集输系统等。此外，经过多年努力，能源专家们已寻求开发了多种物质生产部门中的节能技术，包括：使用新型高技术装备改进能源消耗方式；降低生产过程的能耗，回收生产过程各阶段所释放的热能；开发多种高效实用的新型能源转变形式，以适应高新技术发展的需求；采用能效高的新生产程序，尽可能使用耗能低的材料和产品；等等。通过上述物质生产部门与非物质生产部门中节能技术的运用，不仅可以节约能源，还可以保护生态、减少污染、提高能源效率。

优化节能方法的投入使用离不开科研人员的实验与研发，推动节能提效相关科研成果快速落地也至关重要。政府部门可以设置如科技成果转化中心或类似机构，加快科研成果的转化，早日将新技术投入生产。可借鉴佛山市顺德智能制造科技成果转化中心的示范效应。众多企业在顺德智能制造科技成果转化中心的帮助下实现了智能化改造，其中包括广东威林工程塑料股份有限公司与华南理工大学联合建设了省重点实验室；广东高力威与广工大共同完成项目，项目实施过程中获得多项授权发明专利；广东顺德三合工业自动化设备股份有限公司在广州盛原成科技有限公司的协助下完成卧龙生产线的安装，实现了智能化管控，生产效率提升了约 15%[①]。科技成果转化中心的建设同样可以应用到能源产业中。在助力能源科技成果转化中心建设的同时，更要把转化中心的工作落到实处，真正发挥好桥梁纽带的作用。在提升能源利用效率的同时推动传统能源企业转型升级。

先进的新型区域综合能源系统运行方法对现有能源运行政策的优化起到至关重要的作用。2022 年杨海涛等提出了运用综合模型预测控制（MPC）滚动优化方法构建区域综合能源系统运行优化的数学模型，通过滚动优化和动态调整两个阶段，提高了电力系统的经济性、满足实时负荷需求。可见，以 MPC 为例的能源系统优化方法能够提高综合能源系统的经济性和供能可靠性。电力系统也应当持续逐渐优化其他综合能源系统。

在促进节能技术发展的同时，也要加速节能服务型产业的集聚与迭代。节能服务型产业是指为项目或用能单位在节能减排方面提供节能服务和支持的产业，

---

① 数据来源：《佛山日报》。

其主要采用合同能源管理模式，根据客户对能源的需求，借助供给、分配和利用环节，提供尽可能有利于环境、工程实施运行、中期融资、后期节能测定跟踪服务为一体的产业。首先要在节能服务产业现行有效标准的基础上制定出完整的标准体系，要覆盖全面、标准配套、具有可操作性。其次，虽然节能服务市场不存在市场准入制度，但只有备案企业才能获得中央财政奖励，对中小企业的兼顾还不够。同时财政补贴的标准应当将技术的先进性列入考核范围；完善监督管理机制，减少虚假申报的现象。最后，要解决好节能服务型企业融资难、资金回笼风险大等问题。节能服务型企业的发展与能源效率提升相辅相成，节能服务型产业的集聚与迭代能够促进节能技术的发展，提升能源效率。

8.1.2　打造智慧能源管理系统

智慧能源管理系统可以通过采集各个能耗监测点的能耗和运行信息，形成能耗的分类、分项、分区域统计分析，统一调度能源、优化能源介质平衡、提高环保质量、降低企业综合能耗和提高劳动生产率，帮助能源企业更有效地使用能源，实现"节能管理，绿色增效"（见图8-1）。包含对水、电、气冷热能源使用状况的管理及现场压力、温湿度、视觉影像、生物识别等参数实行集中监测、管理和分散控制。以区域数据为基础，结合"互联网+大数据"的有效利用，自由组成各个能耗单元，通过智慧能管平台实现实时监控、单耗指标、对比分析、专家评估、能源预测等功能。

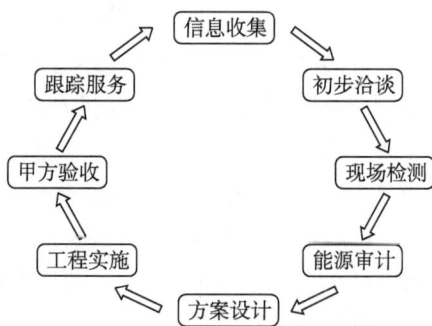

图8-1　智慧能源信息系统运转流程

推动绿色发展，需要每一家企业从生产经营各环节的一点一滴做起。各行各业都应节能降耗，勇当减碳先锋。位于光谷的盛隆电气做出了很好的示范，其通过科技创新抢占配电领域智能化时代"智"高点，创新打造物联网智慧系统，为众多企业、园区等提供智慧能源管理、智慧运维等一站式综合能源解决方案，实现对水、电等能源及基础设施的智能化管理，实现三维数据化、数据应用化，让数据"开口说话"，提升能源使用效率，助力节能减排。通过能耗管理系统为整个企业用能提供保障，为能源管理提供数据和决策依据，通过实时的数据采集技术、高速稳定的网络技术、灵活成熟的软件技术，将业主的普通建筑项目建设成为智能的管理中心。同时该智能化控制系统采用了电量、温度、湿度等多种能源及环境监测仪，可以实现对办公楼每层楼、每个房间、每个空调等的实际使用率进行实时监测，当房间内过热、过冷或无人时可自动调配，从而实现整个办公大楼的节能减排。这一合理利用能源智慧系统的示例值得其他企业学习借鉴。

8.1.3　寻找替代能源

目前，随着经济不断发展，对能源的需求越来越大，石油、煤炭等一次性能源即将耗尽，人类正处在新一次能源革命的转型时期。多次"五年计划"均对节能减排提出了具体要求。截至 2020 年底，全国实现超低排放的燃煤机组已达9.5 亿千瓦，占煤电总装机容量的 88%。我国重点统计的钢铁企业吨钢综合能耗也从 2006 年的 640 千克标准煤下降到 2020 年的 545 千克标准煤，不但低于吨钢678 千克标准煤的世界平均水平①，而且与日本等发达国家接近。在目前的技术下，大幅度下降能耗的空间已十分有限，众多行业减排面临空间有限的问题。

这意味着，要继续扩大能耗下降的空间，通过能源投入品的清洁替代更加有效。在当前传统能源短缺以及开发利用产生环境污染问题日益严重的背景下，新能源、清洁能源的发展利用显得尤为重要。新能源产业不仅是一种新兴产业，同时也是一种战略产业。新能源的产业发展开始纳入可持续发展战略，逐渐成为经济增长的新突破口和增长点，对促进低碳经济的发展和产业结构的调整有着重要的意义。目前，我国能源投入品的替代技术仍处于发展阶段。可着力于由天然气、核电、水电、风电和光伏替代煤、电，由电力、工业垃圾和生物燃料替代水泥生产过程中的燃料，由电炉炼钢、氢能炼钢一定程度上替代高炉转炉冶炼钢。从本质上来说，能源替代与能源结构转型密切相关。但需要注意的是，部分能源燃料受到替代能源的成本和供给约束，清洁能源替代空间有限，如煤炭等。具有储量丰富、供给稳定、成本低廉等特点的能源投入品，未必需要替代能源。

---

①　数据来源：光明网，国家能源局。

8.1.4 进一步开发能源

在我国常规能源已进入大规模持续开采阶段，开采非常规能源无疑是稳定能源安全的优良选择。郝德峰（2022）提出要综合规划、科学布局、系统开发非常规海域能源的建议，充分利用海洋绿色能源。我国海洋面积 300 多万平方千米，能源丰富，包括海洋能源、海底化石能源以及海面可再生能源。其中海洋能源包括海流能、海底地热能，海底化石能源包括石油、天然气，海面可再生能源包括太阳能、风能等。

如今开采海洋能源的主要问题是经济性问题和技术性问题，建议出台对深远海能源开发产业的扶持、优惠政策。其一，要从政策上加大对高温高压与深水天然气勘探与开发的支持力度。虽然我国现有油气深海勘探能力已实现历史性重大跨越，但深水与高温高压天然气资源的勘探与开发成本相对较高，是常规浅水勘探与开发成本的数倍，建议针对超深水油气田和高温高压气田开采的天然气给予资源税税收优惠。其二，出台扶持天然气水合物矿藏的开发和补贴政策，鼓励利用已有的油气生产平台进行综合性开采。其三，出台鼓励深远海绿色能源的就地消纳政策，对于深远海海上风电、地热能发电就近为海上设施（海上平台、海岛等）的供电消纳项目给予政策支持，进一步提高深远海绿色能源开发的经济性。其四，加大对技术创新的支持力度。在各环节制定相关的补贴政策和优惠措施，推动解决复杂生产流程中存在的问题。

以上四点建议不仅针对海洋能源开采，而且可以给其他非常规能源的开采提供借鉴。不仅如此，针对各非常规能源开采行业，都应部署相关技术装备研发、鼓励相关企业进行战略转型、加强与周边国家的合作，实现共同开发。

8.2 推进能源价格改革

"十三五"以来，我国深化能源价格改革已取得巨大成就。竞争环节价格已逐步开放，极大激发了市场主体活力，但我国能源结构转型的任务仍然十分艰巨。2020 年我国正式提出"双碳"目标，"十四五"时期深化能源价格改革将紧紧围绕"双碳"这一目标，促进经济社会全面绿色转型。本节从促进能源比价关系协调发展、能源价格市场化、创新能源定价机制三方面对推进能源价格改革提出建议。

8.2.1 促进能源比价关系协调发展

合理的能源比价可实现"节能"等同于"省钱"。节能技术是指采取先进的技术手段来实现节约能源的目的，即在完成同样产量的前提下减少单位产值的能量总成本。能量总成本包含节能技术运用后的能量运行成本、设备投资成本/设备生命及负效应成本等，若是成本总和超过节能技术运用前的总成本，这样的节能技术只有社会效益而没有经济效益。同时，当采用某种节能技术后导致能量成本提高，往往是能源比价不合理所致。

现阶段供能系统的分析方法主要有能量分析法和火用分析法。其中，能量分析法的重点在于能量"数量"变化，而非品质的变化。此种方法过于片面，无法真正指导科学用能。火用是指当系统由一任意状态可逆地变化到与环境相平衡的状态时，理论上可以转换为其他形式的那部分能量。节能的本质是实现节火用。能源的合理比价需建立在火用经济性优化的基础上。通过合理确定燃料（化学火用）、电力（电火用）、热力（不同温度的热火用）等能源的比价，使供能系统的能效和经济性实现统一，即节能率与"节资率"相近或一致。在这种能源价格体系下，"节能"与"省钱"具有等价关系，将促进节能技术开发和应用。

在能源实施定价期间，国内能源市场价格通常比国际市场更低，在具体的比价关系方面存在着不协调的缺陷（段婧婧，2022）。研究表明，低能源价格将激励生产者用能源生产要素替代其他要素，不利于能源效率的提高（史丹，2013）。比如美国能源效率明显低于欧洲发达国家，这与美国能源价格（包括成品油和电能）低于欧洲这一事实在逻辑上是一致的。因此，无论是提升能源效率还是从可持续发展的角度，都应当比照国际能源市场，调整国内能源价格。应当适度提高我国传统能源价格，为清洁能源的推广创造更多的市场空间。同时应积极响应当前我国倡导的"低碳零碳负碳"理念。积极推广新型能源、清洁能源、可再生能源等。

促进能源比价关系协调发展需要以改革为基础。首先，国内能源市场应与国际能源市场接轨。同时要构建完善的能源储备体系，以应对国际能源市场变化的冲击。当国际市场价格波动过大或能源供应链受阻时，能源储备能够保持国内能源的政策供应。另外，在改革期间，企业生产也应提高技术水平，提高能源利用效率。总之，提高我国传统能源价格后，实现能源价格与国际水平接轨，促进能源比价关系合理协调发展。

8.2.2 能源价格市场化

能源的行业特征并不是决定其必须实现垄断经营和政府定价的充分条件。在多数能源采用政府统一定价的背景下，能源价格难以体现出市场的变化。能源市场的垄断虽然在一定程度上可以避免无相对过剩的浪费，垄断者完全可以控制产品的生产和供应量，但价格垄断会拉高整个社会成本。

以电力行业为例，随着电力体制改革的落实，整体上输电行业主要由南方电网、国家电网两大巨头垄断。垄断现象也反映出能源市场化改革存在滞后的现象。当民营企业在不具备完善的利益保护机制、缺乏市场参与制度支持的情况下，很可能会面临较高的风险，难以生存发展。因此，先要明确能源商品的属性，以市场化作为改革的方向。在能源消费市场中，要以公平竞争为基础，建立开放统一的市场体系。可以建立市场化电价与优先购电电价的有效衔接机制，放开除公用事业、农业、居民和公益性服务行业以外的电价。要坚持"管住中间、放开两头"，燃煤发电（含燃煤热电联产发电）上网电量，不再实行原有政府定价制度，全部进入电力市场，通过交易在"基准价+上下浮动"范围内形成市场化的上网电价，持续有力推进市场配置资源。

针对煤炭能源，碳定价是实现能源效率最有效的市场化途径。碳定价需要碳市场和碳税机制的共同作用。冯超指出，目前我国碳市场交易仍然不够活跃，针对这一现状，可以采用碳定价机制推进碳市场建设。我国应坚持碳费及碳交易税收中性原则。针对能源密集型产业、相关收入群体应当给予一定的补偿机制，实现收入取之于"碳"，用之于"碳"。

当前能源市场存在销售期间垄断的问题，这往往是由于行业门槛、技术程度、资金需求等原因导致的。而在推进能源价格市场化的过程中，垄断是必须要克服的问题，应当通过政府有效管控，打造公平的市场竞争环境。首先要突破垄断的局面，保障市场交易体系的完整合理性，提升行业在全球市场中的竞争力。同时要完善行政指令、法律规定、公平竞争机制、有效监管、生态环境补偿、价格机制等，协调好政府与企业的关系，维护能源市场的公平竞争关系。

总之，我国应当通过深化改革，建立起现代能源市场体系，真正做到由供求关系决定价格。在竞争中优化资源配置，通过契约规范交易活动。同时要将各能源行业的竞争性业务与非竞争性业务分开。竞争性领域由市场主导，保持非竞争性领域的公平性，加强政府监管，提高普遍服务水平，真正形成政府与市场合轨的模式。

8.2.3 创新能源定价机制

结合全要素成本和合理利润的原则，应实行不同的价格形成办法，从而区分能源资源的可再生性与耗竭性。相应完善能源资源价格的成本构成，建立和完善成本制定管理办法和成本监审机制。

以电力为例，由于高比例可再生能源发电处理具有不确定性，美国加州独立运行机构和美国中部独立运行机构提出并应用了灵活调节产品，即可控资源在给定响应时间内的调节能力。灵活调节产品包括爬坡与滑坡能力，用于满足实时调度中两个时段之间的净负荷变动，其中系统净负荷是系统实际负荷与间歇性可再生能源发电出力之差。李伟（2021）提出我国部分地区系统灵活性不足，引入FRP可以提高电力系统灵活性。作为满足实时调度中两个调度时段净负荷变化的辅助服务市场产品，FRP有利于清洁能源上网，但我国电力市场目前尚未大规模采用。首先我国可以借鉴FRP的发展和交易模式，结合我国国情，为FRP本土化发展提供政策支持。其次要完善FRP相关的辅助服务市场机制，将辅助服务费逐步分摊到用户侧。英国在推进节能减排政策的同时引入了鼓励长周期新能源投资的"差价合同"机制，即为中标企业可再生能源发电上网支付长期稳定电价，以有效稳定企业投资的预期收益，吸引和支持对可再生能源的投资；"容量市场"制度为备用机组提供补偿，即鼓励现有煤电、气电等企业将一部分装机转为备用电源，用来保障以可再生能源为主的电源结构稳定运行。我国可借鉴英国经验，高度关注保障能源供应如电力供应，加强减排措施与能源政策有效配合衔接，为碳定价机制的实施奠定制度基础。

8.3　推动地区之间协调发展和交流合作

受能源资源禀赋影响，我国能源生产消费逆向分布特征明显。以"胡焕庸线"为近似分界线，我国中东部地区能源生产量占比不足30%[1]，而消费量占全国比重超过70%，重要的能源基地主要分布在西部地区。长期以来，我国逐渐形成并保持着"西电东送、北煤南运、西气东输"的能源流向格局。进入能源发

---

① 数据来源：《中国电力报》。

展新阶段，更要综合考虑区域间能源供需关系、能源输送成本、资源环境约束等因素，着力推动区域能源协调发展，对能源生产布局和输送格局作出统筹安排，逐渐缩小各区域之间的差距。本节从发展区域清洁能源、完善区域能源互联网以及发挥能源效率的空间溢出效应与交互效应三个方面进行阐述。

8.3.1 发展区域清洁能源

清洁能源和可再生能源经济、环保、污染程度小，符合国家绿色环保的能源发展理念，有利于我国区域能源效率的提升。但目前我国能源消费结构仍以常规化石能源为主，风能、太阳能、水能等清洁能源消费占比低，因此我国应当实施清洁能源消费策略，优化能源消费结构。

在发展思路上，要坚持走绿色低碳发展道路，把发展重心从普通能源产业向清洁能源产业转移。由于各区域能源结构与能源储量不同，各区域发展清洁可再生能源的侧重点不同，应采用不同方式推动清洁可再生能源产业的建设。对于能源效率较高的中东部地区，应着力提升清洁能源低碳发展水平。以京津冀及周边地区、长三角、粤港澳大湾区等为重点，加快发展分布式新能源、沿海核电、海上风电等，减少对西部能源的依赖性，推动更多依靠清洁能源提升本地能源自给率。对于能源效率较低的西中部地区来说，应加快推进清洁能源基地建设，选择科技先导型、环保节约型能源消费方式。西部地区太阳能、生物能、风能、地热能等化石能源和可再生能源资源都比较丰富，为清洁能源基地的建设提供了良好的基础，同时也要充分支撑起国家能源安全的战略意义，重点建设多能互补的清洁能源基地，加快推进以沙漠、戈壁、荒漠地区为重点的大型风电光伏基地项目建设。

8.3.2 完善区域能源互联网

能源互联网是把互联网技术与可再生能源相结合，将能源开采、配送和利用从传统的集中式变为智能化的分散式，从而在全国乃至全球建立起能源共享网络。区域能源互联网是区域能源发展到高品质阶段的形态，能够促进能源流、信息流、价值流互相融合，对于推动区域能源协调发展、提高区域能源利用效率起到重要作用。基于目前清洁能源的已建、在建和拟建区域能源互联网项目在投产及运营的过程中存在技术、政策、管理等问题，导致区域能源互联网项目难以达到预期。针对目前区域能源互联网存在的问题，首先要通过地方政策将区域能源互联网理念纳入发展规划。通过管理法规工具进行跨部门协同规划，促使投资开发企业在选择能源方案时选择清洁高效的合理方案（见图8-2）。

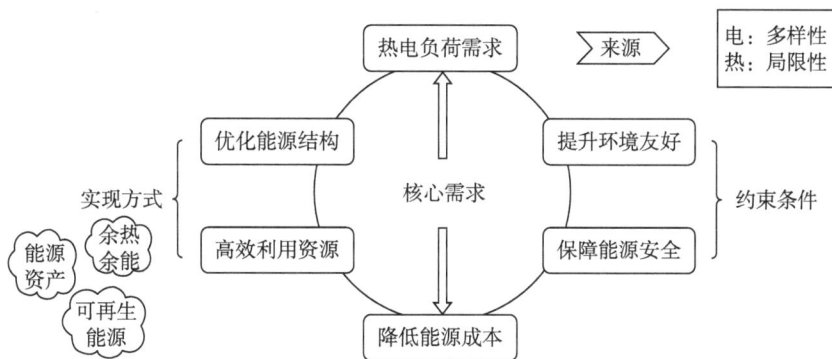

图8-2   区域能源互联网发展契机

要为区域能源互联网的优化提供财税金融政策支持。目前我国正构建高比例可再生能源系统，正突破传统能源电力系统向高比例可再生能源系统转化中的关键技术难点，加强多种能源互通互济，深化多能集成系统的理论研究和技术开发。通过税收优惠、直接资金补贴、财政奖励等一系列激励政策为区域能源互联网项目建设缓解资金压力，如为北方集中供暖地区提供高于燃煤供暖补贴额度的补贴、对于可再生能源技术研发进行奖励及对技术人才个人所得税进行减免等。

8.3.3　发挥能源效率的空间溢出效应与交互效应

我国不同地区采取不同的措施提高能源效率，不仅会影响该地区的能源效率，同时也会影响其他地区的能源效率，即产生空间溢出效应。要加强各区域间的合作与交流，应当充分发挥能源效率的空间溢出效应及交互效应。避免过度竞争引起的负外部效应，积极发挥由示范效应产生的正外部效应。

政府在制定政策时应从全局出发，重视区域间的协调发展，充分认识能源效率的空间交互作用，促进能源在区域间的优化配置。在正外部效应的作用下，本地区能源效率会随着邻近地区能源效率的提升而提升，应密切关注邻近区域能源政策、技术进步、城市化水平、产业结构调整等相关驱动因素的变动及影响，尤其是重视技术进步这一驱动因素，促进地区间的技术交流，加强能源技术合作和联系，缩小区域差距。加强区域间的协调发展与合作力度，合理利用积极的空间溢出效应，形成空间联动的能源效率区域协调发展模式，达到共赢的最优结果。

8.4 政府部门合理进行宏观调控

根据 Tobit 回顾模型实证分析，政府干预对能源效率存在一定影响。对东部地区的能源效率的影响尤为显著，中、西部地区影响程度次之。可见政府的合理干预有利于能源效率的提升。本章从政府的角度出发，从加大能源 R&D 投入、保持能源技术政策的稳定性、加强各个能源职能部门之间的协作、推动服务型政府建设四个角度对我国区域能源效率的提升提出合理建议。

8.4.1 加大能源 R&D 投入

能源 R&D 投入是指为了增进已有的能源利用技术，并利用这些技术去发明新用途所进行的系统的创造性工作。R&D 的决定因素是创造和革新。我国当前能源 R&D 投入主要针对新能源行业。苏屹（2021）指出，新能源企业研发投入强度与政府补助呈显著正相关，即政府补助对新能源企业 R&D 投入有显著促进作用。

首先，针对我国不同区域应采取多种补贴方式结合的补贴政策。东部发达地区市场竞争较为激烈，新能源市场更加完善、配套制度更加规范，新能源企业能够更好地追加 R&D 投入。而发展相对落后的中西部地区，新能源企业无论是意识不到位还是缺少技术制度与融资环境，都未对 R&D 投入实现有效利用。由于地区发展之间的不平衡，应该采用事前补贴与税后减免相结合的补贴方式。同时应当注重 R&D 投入的多元性，采取多元化的补贴机制来引导新能源企业增加 R&D 投入。针对东部地区，政府可以采用直接补贴的方式增加新能源企业 R&D 投入，原因是财政补贴对象由政府选定，可以迅速、有针对性地做出反应。而对于中西部欠发达地区的企业，应该采取税收优惠等事后补贴的方式，原因是税收优惠具有公平、透明的特点，可以为财政补贴提供补充支持。

其次，我国当前政府 R&D 资金倾向于补助曾获得资助的新能源企业和政治联系更紧密的国有企业。但相较于资金充足的大型新能源企业，中小型新能源企业往往更加珍惜补助资金，从而更加积极地开展 R&D 活动。所以，政府应该打破固有的扶持思维，优先考虑研发能力强的新能源企业。

研究表明，政府补助对于新能源企业 R&D 投入具有时效性，在正向作用一定时期后效果会变弱。这就需要持续性地为新能源企业提供补贴政策。由于R&D活动具有持续性，需要持续的资金投入，且考虑到我国新能源企业财务状况等实际情况，更加需要持续的政策扶持。政府可以对新能源企业的财务状况、资金需求、发展前景进行评估，对那些R&D成果显著的企业采取追踪式连续补贴政策，充分发挥政策的激励作用。

8.4.2 因地制宜制定政策

在制定能源政策时要注重因地施策，根据区域经济发展不平衡不充分的问题，制定差异化节能减排政策，合理分配区域间的责任。由于我国各区域经济发展水平不等，京津冀、长三角、珠三角、中西部各地区对待能源消耗型和污染型产业也存在很大差异，这也导致了各地区能源效率差异的动态演变。因此，在制定相关政策时，应考虑本地发展状况以及更长远的政策体系。从区域能源效率的空间分布格局来看，我国东部地区应发挥经济发展水平高、技术水平先进的优势带动示范作用，通过技术变革与创新来提高能源利用的效率，促进新能源、可再生能源与绿色能源产业的发展。进一步通过能源技术创新提升产业结构，促进经济的协调发展。中西部地区应提高外资引进门槛，关停、整改高能耗、高污染企业，限制双高行业进入。我国西部地区的能源效率较低，单位经济产出的能源消耗较高，这些地区应结合自身能效特点，引入东部先进的技术，转变落后的生产模式，加快产业结构调整与转型升级。政府可以通过能源价格改革和税收改革等方式抑制高能耗产业的过快发展。

以碳交易政策为例，东部发达地区要发挥引领示范作用，加快探索碳交易政策的创新发展模式，为中西部地区未来政策的制定提供规划指引。张雪梅（2021）提出，中西部地区碳交易政策的实施效果优于东部地区。因此，和东部地区相比，中西部地区在制定政策时需要加大政策的实施力度、增加试点，充分发挥政策的能动性。同时，中部地区应完善以提升能源效率为核心的政策调整，提升产业结构质量调整的效率。西部地区在注重产业结构调整效果的同时，也应提高其承接产业转移的门槛，减少因承接高耗能、高污染企业造成的空间污染。同时充分利用试点地区的政策优势和经济优势，激励大型企业积极探索能源技术新领域，率先建立低碳创新机制，发挥创新产业的示范作用，进而提高能源效率，且为节能减排助力。

8.4.3 推动服务型政府建设

服务型政府是建立在民主政治基础之上的，同现代市场经济相适应，以服务社会、服务公众为基本职能的政府模型。服务型政府对能源效率提升更多的是起引导与帮扶作用。通过营造良性的产业竞争环境，实现真正意义上的产业集聚。各级政府可以通过知识产权、专利等措施保护创新成果，引导产业良性竞争，为能源产业发展营造良性的产业集聚环境。同时，要遵循市场规律，减少地方政府对经济的直接干预，为能源市场化提供政策支持引导。各级政府可以通过对能源企业的税收优惠和财税补贴进行有效控制，增加人才培养、科技成果转化、能源基础建设等供给，尤其是 R&D 投入。不断克服由企业研发投入不足导致的技术溢出正外部性难以实现问题，诱发产业集聚的外溢和共享效应，实现能源效率的提升。

8.5　强化能源治理能力和体系建设

我国国家能源局发布的《2022 年能源监管工作要点》指出，我国 2022 年能源监管工作将以推动能源治理体系和治理能力现代化为目标，旨在提升整体监管效能，高效利用我国现有能源，加快能源方式的转变。作为国民经济发展重要的基础设施产业，能源行业以改革推动发展，在发展中深化改革，为国民经济和社会发展提供了强有力的物质支撑。梳理能源行业改革历程，总结其发展经验，对于进一步深化能源体制改革具有重要意义。本节从加快培育现代能源市场体系、借助新一代信息技术手段、强化创新能源监管服务能力三方面提出建议。

8.5.1　加快培育现代能源市场体系

我国发展改革委于 2017 年颁布了《关于进一步加强垄断行业价格监管的意见》，提出在输配电、天然气管道运输等重要领域要加快价格改革步伐。但目前，电力、成品油、天然气等仍以政府定价为主，我国当前能源价格形成机制改革仍未完全到位。垄断环节价格核定科学化、精细化不足，补偿机制不完善，各部门直接针对交叉补贴金额测算口径和分摊方法仍存在分歧。竞争性环节市场化不充分，仍然由政府主导，抽水蓄能电站、燃气机组等高价机组成本及销售定价机制仍待完善。

针对上述问题，首先，要完善市场化交易机制。交易机制的完善需要交易机构、交易平台和市场体系共同作用。交易机构应独立规范运行，推动各类交易平台规范透明运作，加快建立和完善以双边合约交易为基础、以现货交易为核心的能源市场交易机制。应推进并完善能源交易平台建设，统筹推进油气市场枢纽、交易中心、期货交易所建设，完善运营交易规则，形成合规适当的天然气、成品油现货交易价格，稳步推动原油、天然气期货市场建设。针对电力能源，应统筹完善市场体系建设，开展新一批电力现货市场建设试点，制定完善的中长期交易机制，探索电力期货交易，加快建设与电力现货市场相适应的辅助服务市场，推进市场运营机构规范运行。其次，价格改革也是现代能源市场体系建设的重要内容。推进能源价格改革，要充分发挥价格在市场调节中的主导作用，通过完善成本构成机制，建立反映市场供求关系、资源稀缺程度和环境损害成本的能源价格形成机制，以反映不同能源品种间合理的比价关系，引导清洁高效能源大力发展，促进能效提高，实现环境保护。积极稳妥推进能源价格改革，竞争性能源价格应逐渐放松管制，最终实现市场定价，应加强对自然垄断环节的价格监管，逐步建立起有利于降低成本的约束机制。

8.5.2 借助新一代信息技术手段

现代能源市场体系的建设离不开新一代信息技术的支持。随着新一代信息技术的不断发展，其与能源领域也不断融合深化。从目前的试点应用来看，单一的信息技术支持存在一定的局限性。多种技术优势互补，才能真正推动能源行业的根本性变革。新时期信息技术包括 5G、大数据、人工智能、区块链等，通过将多项技术融合、协同推进，才能创新能源治理模式与管理机制。在新一代信息技术手段的支持下，可以通过 5G 技术将传感器大规模及时链接入网，并将数据上传至云计算平台，为能源信息流通提供通道。大数据可以对巨大数据量进行处理、筛选、存储，为现代能源信息管理提供技术支持。借助人工智能技术，可以为企业决策提供人、机、制度上的精准管控。区块链技术既保障了能源信息源头可信，又能够对信息流通的整个环节数据进行可信记录。区块链与综合能源系统如图 8-3 所示。

同样，信息化手段也应落实到能源生产、供给、交易、监管每个阶段。在能源生产阶段，智能化机器的运用可以提升能源生产效率、降低生产成本，制定合理的开采规划；在能源交易环节，可以通过大数据使能源消费更加安全透明，推动能源供给向用户中心化转型。在供给与消费端也可以实现精准化，避免供求不相符；在能源监管环节，政府可以通过优化后的精准数据，科学合理地制定能源发展规划，针对不同的能源种类调整政策，实现能源高效利用，调整能源发展方向。

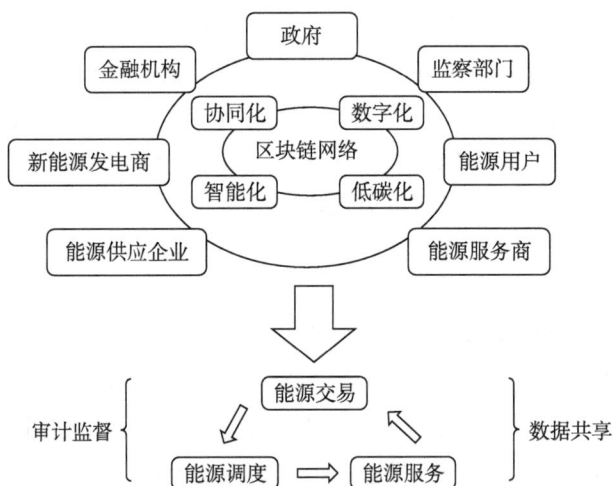

图 8-3　区块链与综合能源系统

8.5.3　强化创新能源监管服务能力

我国当前能源监管体系亟待调整，能源监管体系部分问题需要解决。中央与地方二者之间关系仍需理顺，能源规划、监管机构职能与责任划分不够明晰。政府与市场职责重叠，能源市场存在一定的行政壁垒，政策执行后监管对接机制不完善。部门间监管职能分散、目标存在分歧、监管措施缺乏协调性，对市场运行、公平接入、普遍服务、投资者及消费者保护等方面关注不够。针对市场垄断环节的监审和价格核定科学化、精细化、规范化程度不足。各地区和重点用能企业对能源管线网络监管均有待加强等。

针对上述问题，首先，要创新能源服务手段和监管工作机制，加大和提升能源监管力度及服务能力，针对竞争性环节应加强市场监管，管网环节的自然垄断监管和能源行业的社会性监管也应得到重视。其次，应大力推进信用监管，提升能源领域信用体系建设，完善相关信用制度。同时构建政府主导、社会参与、广泛支持、优质高效的能源公共服务体系，合理把握好政府与市场的关系。最后，完善能源数据信息平台建设，加强数据信息整合共享，提升能源公共服务质量和效能。

8.6 本章小结

本章从重视技术进步，推动能源效率提升、推进能源价格改革、推动地区之间协调发展和交流合作、政府部门合理进行宏观调控、强化能源治理能力和体系建设等方面提出我国能源效率现存不足之处及原因，并针对这五个方面提出提升区域能源效率水平的对策建议。

①通过技术进步能够提高能源效率，降低能源强度，从而节约能源。应从发展节能技术、寻找替代能源、进一步开发能源三个方面推动能源行业技术进步。②当前我国能源结构转型的任务仍然十分艰巨。要推进能源价格改革，需从促进能源比价关系协调发展、能源价格市场化、创新能源定价机制三部分着手进行。③基于综合考虑区域间能源供需关系、能源输送成本、资源环境约束等因素，需从发展区域清洁能源、完善区域能源互联网以及发挥能源效率的空间溢出效应与交互效应三个方面推动区域能源协调发展，对能源生产布局和输送格局作出统筹安排，逐渐缩小各区域之间的差距。④根据 Tobit 回顾模型实证分析的结果，政府干预对能源效率存在一定影响。故从政府的角度出发，应加大能源 R&D 投入、保持能源技术政策的稳定性、加强各个能源职能部门之间的协作、推动服务型政府建设。⑤梳理能源行业改革历程，总结其改革与发展经验，并从加快培育现代能源市场体系、借助新一代信息技术手段、强化创新能源监管服务能力三方面进行优化，进一步深化能源体制改革。

总之，在政府机构、能源企业与其他主体的共同作用下，应该针对实证数据结果深入思考投入要素的优化。要坚决贯彻实施"西部大开发""中部崛起"和"一带一路"等，重视技术进步、推进能源价格改革、推动地区之间协调发展和交流合作、合理进行宏观调控、强化能源治理能力和体系建设。

9 研究结论与展望

9.1 主要研究结论

9.1.1 我国整体能源消费情况结论分析

2012~2022年，在经济社会发展的需求下，我国能源消费总量持续上升，但是能源消费总量的增速整体呈现出下降的趋势。我国能源消费品种主要由煤炭、石油、天然气、一次电力及其他能源构成，随着我国能源转型步伐加快，能源消费结构持续优化，天然气和一次电力及其他能源等清洁能源占比逐渐上升，煤炭和石油等非清洁能源占比逐渐下降，但是我国能源结构失衡现象仍然较为严重。我国的能源消费结构的基本特点大致可以概括为"多煤、少油、乏气"。

从煤炭消费的角度来看，虽然我国煤炭消费占比降幅非常明显，呈现逐年降低的趋势，但仍远高于全球的煤炭消费比重。不论从能源消费结构来看，还是从能源消费量来看，煤炭在短期内仍是我国主要的消费能源。

从石油消费的角度来看，我国石油消费始终保持增长趋势，但我国石油储量较低，石油消费缺口巨大，因此原油市场的需求高度依赖进口，我国已经成为了世界第一大石油进口国、世界第二大原油消费国，随着我国油气生产企业加强供应力度，积极释放优质产能，油气开采力度不断加大，原油产量取得较快增长，原油产能稳中有升，预计在未来很长一段时间，我国经济的迅速发展将会推动石油需求持续上升。

从天然气消费的角度来看，近年来我国天然气表观消费量呈现快速增长的趋势，随着我国经济的发展、能源消费的持续增长和日趋严格的二氧化碳减排标准，天然气作为优质高效、绿色清洁的低碳能源，其消费量增速将长期高于煤和石油。预计未来，随着国家不断加大对天然气勘查的投资，新增天然气探明储量将持续增加，同时随着我国供暖领域煤改气进程的不断深入，叠加"双碳"目标下压减燃煤发电的刚性要求，未来我国天然气消费量将延续增长趋势。

我国幅员辽阔，各区域的发展情况不同，能源资源禀赋特点和能源消费量差异较大。本书按照京津冀地区、长江三角洲（长三角）地区、珠江三角洲（珠三角）地区、老工业基地、中部地区、能源富集地区以及西南地区的分类方法，分别从能源消费量和能源消费结构的角度，对能源消费的情况逐一做了分析。

9.1.2　区域能源效率和节能评价相关结论

我国的绿色全要素能源效率仍然偏低，提升的空间较大。考察期内在有、无碳排放约束的情况下，测度出的地区全要素能源效率的静态评价结果不同。相比于无碳排放约束的能源效率测算结果，有碳排放约束下的全要素能源效率变化趋势多为波动下降，无碳排放约束的全要素能源效率均值基本高于有碳排放约束下能源效率的水平，说明无碳排放约束下的能源效率存在高估的现象。在有、无碳排放约束的两种情况下，只有北京和广东均处于第一梯队，属高能效地区。就均值而言，只有北京的全要素能源效率在碳排放约束下有所提高，说明环境管制促进了城市全要素能源效率的提高。而其他省市在碳排放约束下的能源效率低于无碳排放约束下的能源效率值，说明能源资源耗费和环境污染对这些省区的全要素能源效率造成了消极影响。不论是否有碳排放约束，区域能源效率水平皆是东部最高、中部次之、西部最低。能源效率的动态评价结果表明，我国绿色全要素能源效率总体增长率降低。

考察期间，整体而言全国的节能潜力均值呈现先波动上升后波动下降的倒"U"型趋势，2000~2020年全国平均节能潜力为37.62%，这意味着各个省市的能源利用水平如果能够进步到最优的前沿目标，全国的节能潜力可以提高37.62%。节能潜力最大的是宁夏，为86.87%，北京的节能潜力最小，为0.03%，说明在整体的考察范围内，北京所能够节约的能源量接近零，此时的能源利用效率几乎达到最优状态。从东部、中部、西部三个地区来看，西部地区的节能潜力最大，中部地区次之，皆高于全国平均水平，在60%以上[①]，且呈现出逐年上升的趋势，说明有较大的节能空间；东部地区节能潜力最小，甚至低于全国平均水平的1/2，呈先上升后下降的倒"U"型波动趋势，相对节能空间较小，说明加强开展中西部地区的节能工作，对提高全国的能源使用效率有明显的推动

---

① 数据来源：前文第4章实证结果。

作用。

就节能规模看，东部地区可节约规模最大，高达全国可节约规模的42%；西部地区可节约规模次之，高达全国可节约规模的30.4%；中部地区可节约规模最小，高达全国可节约规模的27.6%[①]。意味着如果30个省市能源利用水平全部达到全国最优水平，那么东部地区能够节省的能源量最大，西部地区次之，中部地区则最后。也就是说，东部地区能源利用水平的提高对全国节约能源的贡献度最大，其能源效率的提升能大幅度改善全国的节能规模。

从各省的节能总量看，北京的可节约能源规模最小，节能潜力也最低，是表现最好的地区。河北的可节省能源规模最大，且只有河北的可节省能源量占全国比重超过了10%[②]。河北、山西、内蒙古、江苏、山东、河南和四川7个省市的节能潜力和节能规模均比较大，充分发挥这些省份的节能潜力，可以很大程度地带动全国的可节能规模。

总之，在有限能源资源投入的情况下，应该深入思考如何优化投入要素的组合，利用更多的科学技术来提升绿色全要素能源效率。为了缩小省份和地区间的差异，要坚决贯彻实施"西部大开发""中部崛起"和"一带一路"等，加大对外开放和合作力度，积极引进高新技术和先进管理经验，培育本区域的技术创新力量，努力提升本区域的绿色全要素能源效率。

9.1.3 与其他国家能源效率比较的结论分析

从能源消费现状、单位GDP能耗、主要产品能耗、能源技术效率、能源消费弹性系数等方面将我国能源效率与世界其他国家能源效率进行比较分析，最终得出结论，我国能源效率近年来得到很大提升，但我国能源效率处于中等水平，与发达国家存在较大差距。

首先，从我国能源消费现状的角度来看，相比于已经基本完成工业化，重视对高新技术、节能技术的应用以及节能降耗、保护环境的发达国家，由于我国还处于工业化阶段，在经济建设以及人民生活质量提升的需求下，人均能源消耗量持续上升。其次，将中国能源经济效率与世界主要国家比较，得出结论，不管是从宏观的单位GDP能耗，还是中观的主要产品的单位能耗来看，我国能源经济效率处在较低水平，但近年来得到很大提升。与其他国家相比，特别是与发达国家相比，我国的能源经济效率较低，且与国际先进值差距较大。此外，从中观的

---

①② 数据来源：前文第4章实证结果。

主要产品单位能耗来看，我国工业领域能源消耗占我国能源消耗的比重较大，产业结构较落后，企业的生产结构、机器设备、技术水平、管理水平还有很大的改善及提升空间，我国节能减排工作还存在较大的空间，处于工业化后期。同时，在比较能源技术效率时可以发现，在国际水平中，我国能源技术效率属于低水平，与其他国家存在较大差距，与同等水平的发展中国家存在一定的差距，与发达国家，如英国、美国等国相比更是存在巨大的差距，我国的能源技术效率还有很大的上升空间。从能源消费弹性系数等角度将我国能源效率与其他国家进行比较，可以得出结论，我国能源效率在国际比较中处于中等水平，与世界大部分国家都存在差距，特别是与发达国家相比，差距更大。分析我国能源效率与其他国家存在差距的原因，可以发现我国与其他国家的产业结构、能源生产消费结构、工艺技术水平、能源开发技术水平等方面存在区别，这也是我国与其他国家能源效率存在差距的重要原因。

从产业结构来看，我国还处于第二产业比重较高的时期，能源效率相对较低，而第二产业比重低、第三产业比重高的国家，如美国、德国等，能源效率也更高。通过与其他国家对比分析能源生产结构和能源消耗结构可以发现，我国能源生产结构和能源消费水平与其他国家存在差距，能源生产和能源消耗都以煤炭为主，以煤炭能源生产和消耗为主的结构不利于社会经济的可持续发展，会降低能源效率。从工艺技术水平来看，我国的能源开发技术和能源利用技术不够强大，还未掌握部分核心技术。与英国等工业发展比较早的国家相比，我国工业起步较晚，大部分行业的技术水平和机械装备都比不上发达国家，导致我国能源效率较低。并且我国能源开采难度大，开采技术水平较低，造成能源浪费较严重，能源利用效率低。

9.1.4 区域能源效率的影响因素总结

从能源消费结构、产业结构、技术水平、固定资产投资水平、政府影响力以及城镇化率着手，用实证的方法分析了六个要素对能源效率的影响，结论表明，总体来看，技术水平和城镇化率对能源效率的提高产生积极的影响，能源消费结构、固定资产投资水平、政府影响力三个因素对能源效率的提高产生不利影响，实证结果表明产业结构对能源效率的影响并不显著。

科学技术水平提高可以对生产技能、制造工艺等方面的改造或创新产生影响，也可以通过提升管理技术水平、智力投资水平以及服务技术水平，来提高能源效率。城镇化率加快会产生"集聚效应"和"规模效应"，从而对能源效率的提高产生正向的影响。能源消费结构中，煤炭所占的比重越高，越不利于能源效率的提高，相比于石油、天然气等能源，煤炭在使用过程中能耗大，效率低，污染严重，故煤炭占比降低有助于能源效率的提高。固定资产投资会消耗大量的钢铁水泥等高耗能物品，若没有足够重视节能环保的理念，会造成能源的浪费，此外，固定资产的投入比例不合理也不利于能源效率的提高。政府影响力方面，政府部门的过度干预可能滋生腐败，如由于腐败造成的过度投资，会干扰市场有效的资源配置；此外，政府过分追求经济增长和吸引投资等也会导致能源效率降低。

进一步将 30 个省份分为东、中、西部三个地区，对六个要素的影响进行实证分析，总体上与前文的实证结论一致，但由于各区域之间的经济发展水平、地理环境以及产业结构等方面差异较大，实证结果也存在许多区别。其中，城镇化率在中部、东部的实证中对能源效率产生了不利影响，且西部地区的回归结果虽然是正向，但并不显著。主要原因可能在于，中国的城镇化进程伴随着工业化的发展，消耗能源较多，高耗能、高排放、粗放式经济增长、重工业化经济结构和能源效率低等都是经济发展的阶段性基本特征。此外，技术水平在能源效率水平不同的东、中、西部地区也呈现出不同程度的促进作用。

9.1.5 国外相关借鉴总结

本书对美国、德国、俄罗斯等国家的提高能源效率经验进行了汇总。美国的节能政策，结合了立法约束和自愿性协议，同时补充了一系列节能激励方案，以及保证方案顺利进行的完善的实施工具，这些对美国的节能减排和能源效率提高都起到了很大的作用，包括注重政府机构的指导和示范作用，实施税收优惠与资金支持，制定能源效率标准，强调技术开发、推广与应用等。此外，德国为提高交通运输业能源效率，采用资金奖励和征税并举的措施；为提高建筑物的能源效益，采取复兴信贷银行直接管理项目的方式；重视工业能源效率，设立资金激励机制鼓励中小企业提高能源效率。俄罗斯同样出台了一系列与能源效率和节能减排有关的法规和政策，来提高能源效率。

在国外节能政策体系方面，本书选取了美国、日本、德国、丹麦等国的经验进行了分析。首先是美国，"技术上可行，经济上合理"是美国联邦能效标准的基本准则，节能标准划分为强制性和自愿性两个方面，法律和道德结合，既保证了效率又控制了成本，也取得了较好的效果；同时注重培育与配备节能基本能力，由于受到营利性等的影响，企业通常不会投资那些节能基础或者成本高、风险高的技术，政府通过国家资助大型研究机构来进行研发，以提升国家的节能基本能力；另外，针对节能服务的供需双方之间信息不对称问题，加强和完善官方发布信息途径，提高信息透明度，改善了由此带来的不利影响。其次是日本，日本的节能政策与美国类似，依赖政府的强制推动，同时依靠以经团联为代表的行业协会的支持和补充，进行一些自愿性的活动；随着节能需求的不断增长以及节能市场的初步发展，日本政府出台节能服务推广政策；同美国一样，日本政府也重视节能基本能力的培育与配备；注重加强监管，维护节能竞争秩序，重视节能宣传与教育等。再次是德国，德国主要在交通节能、建筑物节能以及可再生能源发电强制收购等方面积累了较多的经验。最后是丹麦，丹麦是欧盟25国中唯一一个能源净出口国家，建筑节能、电网重新国有化、热电联产以及加强能源与环保税收等方面的节能措施做得比较好。

通过对国外能源效率提升以及节能政策的研究，本书得出了以下启示：首先在提升能源效率方面：与国外相比，我国的能源呈现出人均占有量少，且利用效率不高，以及工业结构不够先进等特点。虽然我国已经出台了不少法律来促进能源效率的提升和节能减排的推进，但现存的法律法规过于原则化，还存在一些问题。我国要坚持可持续发展原则，将重心放在持久、有效、科学利用上；要加强完善具体法律制度和内容，同时跟进实施环节。其次，在节能政策方面：节能政策的完善是一个循序渐进的过程，为中国进一步完善相关政策提供了诸多有益的启示，要广泛征询利益诉求，壮大决策咨询与支持力量；创新节能技术，打造竞争性节能标准激发的技术进步机制；加强节能人才队伍建设，增强行业协会等第三方节能参与能力；不断完善企业参与节能的市场竞争条件，节能宣传与教育并重，提升全民节能意识与能力。

9.1.6 提升区域能源效率水平的对策建议

通过分析技术进步对推动能源效率提升、推进能源价格改革、推动地区之间协调发展和交流合作、政府部门合理进行宏观调控、强化能源治理能力和体系建设五个方面，得出了以下提升区域能源效率水平的对策建议。

第一，加大对技术进步，推动能源效率提升的重视力度。主要针对发展节能技术，打造智慧能源管理系统、寻找替代能源，以及进一步开发新能源方面给出建议，促进能源效率的提高。

第二，推进能源价格改革。首先促进能源比价关系协调发展，合理的能源比价可实现"节能"等同于"省钱"；其次推动能源价格市场化，能源市场的垄断虽然一定程度上可以避免无相对过剩的浪费，但价格垄断会拉高整个社会成本；最后要不断创新能源定价机制，区分能源资源的可再生与耗竭性，实行不同的价格形成办法。

第三，推动地区之间协调发展和交流合作。发展区域清洁能源，实施清洁能源消费策略，优化能源消费结构；完善区域能源互联网，促进能源流、信息流、价值流互相融合，促进区域能源协调发展；发挥能源效率的空间溢出效应与交互效应，加强各区域之间的交流与合作。

第四，政府部门合理进行宏观调控。加大能源 R&D 投入，充分发挥政府补贴对于企业 R&D 投入强度的促进作用，优化相关政策；因地制宜制定政策，根据地区区域经济发展"不平衡""不充分"的问题，因地制宜地制定差异化节能减排政策，合理分配区域间的责任；推动服务型政府建设，为企业提高能源效率发挥引导与帮扶作用，营造良性的产业竞争环境，实现真正意义上的产业集聚。

第五，要强化能源治理能力和体系建设。不断加快培育现代能源视察体系，完善市场化交易机制，推动各类交易平台的规范透明运作；借助新一代信息技术手段，多种技术结合互补优势，真正推动能源行业的根本性变革；健全完善能源法治体系，对体制改革起到驱动作用；不断强化创新能源监管服务的能力。

9.2　未来研究展望

国家社会经济的建设能力不断增强，各行业的能源消耗也在提高，环境污染问题也愈加严重，发展节能减排且高效绿色的新能源产业，是最有效的解决方式。目前世界各国都在倡导绿色发展和环境保护，我国积极承担大国责任，向世界作出承诺，力求在 2030 年之前使二氧化碳排达到峰值，争取 2060 年前实现碳中和。这要求我国在经济和能源结构方面进行深度调整，不断转向低碳化、无碳化发展，加快产业转型，坚持绿色、低碳、循环发展路径。此外，应该将目光投向新能源，明晰发展趋势，完善发展机制，为未来我国新能源的可持续发展奠定基础和创造有利条件。

虽然我国在积极发展新能源产业，但是在目前还存在一定的问题。如我国新能源产业统一化问题较突出，在该产业实际的生产过程中，有时忽略了市场的真实需求，因此两者在相互的适应度上存在一定的差距，这在一定程度上限制了新能源未来的持续发展；另外，在技术研发方面，要重视改善新能源技术研发和生产环节不同步问题，遵循市场规律，有的企业将重点放在新能源产品的研发上，但是研发成功之后却没有充实的后续理论研究，在成果推广方面也没有做到位，最终致使产品的实用性较差。与此同时，在新能源产业发展过程中，大多数企业以加工为主，对核心技术掌握不足。因此，虽然提高了加工水平和产能，但是没有核心技术的支持，企业生产出来的产品所带来的附加值和净利润等仍然很低，无法获得更高的收益；此外，相比于发达国家，在新能源产业的规划管理方面，我们的工作效率相对较低。最突出的问题就是缺乏明确的方向，使得各项管理活动呈现出较为混乱的状态，在发展目标的制定上也需要进一步完善其科学性和完整性。另外，新能源产业在发展过程中没有制定可持续发展战略规划，导致新能源产业在后续发展过程中遇到更多阻碍。

目前我国在能源公平、能源安全、能源绿色化和经济发展需求等方面仍存在很多挑战。我们先要做的是较为全面地了解能源系统目前的发展现状，在此基础上，通过科学的手段进一步对我国能源系统进行合理优化，包括强化各基础设施的联通、加强节能技术的推广、优化被动系统的设计、增强能源系统灵活性和可再生能源消纳能力等。与此同时，为了更好地实现对能源系统优化，还需要配合战略调整，改善能源治理问题。通过制定有效的政策，引导能源市场运行，促使能源治理的相关措施落地，在发展过程中，及时吸取经验，不断完善能源治理的相关制度和规则，推进能源的市场化。基于上述新能源产业发展过程中存在的问题及系统优化分析，本书总结未来研究趋势如下：

（1）制定长远的战略规划，促进能源的可持续发展。我国要加大新能源发展力度，为保证新能源的可持续发展，结合当前"双碳"战略发展目标，要以更加长远的眼光和战略目标，来制定相关发展规划，同时还要注重加强规划的引导作用。此外，在实际生产过程中，能源的过度消耗不容忽视，提高实际利用效率、减少能源过度消耗，对改善市场产业环境影响重大。针对当前的产业现状，结合各个地区的具体条件，制定适宜的战略规划目标。同时企业要紧随时代发展，及时对现有的技术和设备进行更新，并综合利用各类新能源，来更好地迎合大众不断变化的需求，并且时刻遵守相关环境标准，促使新能源稳定、持续、健康发展。

（2）不断提升新能源研发能力，科学利用现有资源。针对目前新能源产业发展过程中存在的与实际的市场需求不匹配的现象，一方面要注重对市场需求的调查，另一方面要保持企业的研发能力，企业不能满足于现状，而是要在了解当下时代发展的真实市场需求的基础上，对新能源产业进行创新和发展。在研发过程中，既要向前看，也要向后看，根据以往经验和研究方向，科学整合现有的资源，可以有效同步提升基础研究，同时也有利于提高前沿技术的研发创新能力。促进风能、核能等各类节能技术的综合发展，保证各类新能源资源的可循环利用。

（3）加强知识产权保护，注重相关人才培养。目前，全球倡导节能减排，"双碳"目标的制定在一定程度上推动了我国新能源产业的发展，在"双碳"发展目标的指引下，我国的能源体系和工业体系会产生一些新变化，出现更多新技术和相关知识产权，对于新技术及相关的知识产权，国家要加强保护，培养人们的知识产权保护意识，并采取有力的措施，不断完善相关的法律法规，加强宣传力度和执法力度，坚决维护相关主体的权益，以此激励不同创新主体、市场主体等投入多能融合技术的研发、示范和推广应用。另外，社会的进步离不开对人才的培养，人才是社会创新和发展的第一资源。"双碳"目标的实现涉及复杂性以及技术专业性等问题，解决这些问题离不开跨学科、跨领域的创新性复合型人才。因此我们需要结合实际问题，并以此为导向，厘清各个任务，以任务带学科，打破学科界限，培养所需要的创新型复合人才，推动新能源产业的发展。

（4）发展可再生能源，持续发展氢能。积极推动可再生能源的规模化发展，符合绿色低碳发展道路的要求。电和氢是可再生能源的主要载体，它们在动力、储能方面具有良好的互补性，同时，作为一种无碳工业原料，氢具有明显的不可替代性。可再生电力通过电解水来制氢，这种方法得到的氢的纯度很高，可达到燃料电池所要求的氢的纯度，这样一来，可以避免加氢站、储氢瓶和燃料电池受腐蚀或中毒等问题。由于良好的发展前景，可再生能源制氢受到我国能源行业的青睐，并得到了大量的投资，这为我国进行规模化生产清洁低碳氢能奠定了良好产业基础，可再生能源制氢将是我们坚持绿色低碳发展道路的必然选择。

（5）加强领导和管理，树立节能低碳理念。政府要加强在节能低碳方面的领导和管理，通过制定合理的政策，积极引导人们树立节能低碳理念；根据实际的发展情况，制定发展规划战略；加强市场方面的监管，规范有关行为；提供有效的金融支持等，来加强能源治理。引导人们培养并牢固树立"节能低碳第一、坚决抑制浪费"的理念，通过节能意识来规范人们的行为。此外，要加强能源战略决策，统筹协调能源相关的重大问题。国家能源委员会要充分发挥领导和带头作用，带动各主要区域的能源委员会积极开展工作，充分发扬节能低碳的理念，统筹领导和管理，做好能源发展的全程精细管控。

（6）深化能源市场改革，重视多能协同技术和系统的发展。不断加大创新力度，深化能源市场改革，激励民营资本进入来促使能源市场进一步开放和发展，并允许主要区域进行自主创新，同时研究和出台合理的配套政策，来促进我国能源新技术、新产业的颠覆创新。重视多能协同技术和系统的发展，并将此作为一项国家能源战略来推进，结合实际情况，鼓励各地区提出自主创新的多能协同技术和系统方案。

由于目前各种不确定性因素繁多，全球"新冠"疫情仍在持续、全球气温升高、控制目标等，这些因素都影响了未来能源的发展。要想实现能源的低碳化转型，需要付出多方面的努力，可以通过加快化石能源转型，同时发展可再生能源，实现双轮推动来实现这一目标。目前，我国由于受到资源禀赋等诸多因素的影响，在未来较长一段时间内，仍可能需要使用煤炭资源，也就是说，并不是简单地靠降低化石能源生产，就可以实现绿色低碳转型。未来，我们还需要积极推动技术革新，在能源技术领域取得更大的突破，来实现能源效率的提升。

附表 6-1　2000~2019 年能源结构数据整理

年份	北京	天津	河北	山西	内蒙古	辽宁	吉林	黑龙江	上海	江苏	浙江	安徽	福建	江西	山东
2000	0.461276	0.632235	0.9094	0.865284	0.852151	0.775	0.53	0.673638	0.584758	0.727405	0.604647	0.865095	0.544	0.705	0.7876
2001	0.443022	0.645024	0.9184	0.809432	0.846318	0.738	0.537	0.65514	0.565989	0.720895	0.604584	0.888479	0.514	0.715	0.7687
2002	0.401486	0.692318	0.9112	0.806108	0.842279	0.778	0.562	0.659455	0.546902	0.718314	0.582001	0.897444	0.556	0.687	0.8184
2003	0.410938	0.712078	0.9278	0.809332	0.851554	0.786	0.738	0.690469	0.527422	0.700673	0.545082	0.980281	0.614	0.745	0.7947
2004	0.40843	0.677976	0.9114	0.834611	0.845791	0.792	0.756	0.702915	0.496133	0.694418	0.551776	0.928697	0.638	0.726	0.7598
2005	0.396991	0.659794	0.9182	0.867308	0.836853	0.713	0.765	0.761825	0.47139	0.709396	0.574729	0.913971	0.594	0.74	0.8076
2006	0.369733	0.604615	0.9159	0.862893	0.831647	0.714	0.777	0.738762	0.413805	0.701208	0.6263	0.888505	0.598	0.738	0.798
2007	0.33925	0.56748	0.9236	0.857122	0.82744	0.732	0.761	0.750864	0.385811	0.690056	0.6575	0.90139	0.629	0.749	0.8047
2008	0.310241	0.528672	0.9231	0.851399	0.831647	0.731	0.777	0.801986	0.382378	0.666267	0.6381	0.976167	0.626	0.717	0.7798
2009	0.289743	0.501007	0.9251	0.842458	0.829561	0.73	0.787	0.754086	0.365522	0.632774	0.632	1.01701	0.655	0.72	0.7713
2010	0.270662	0.503614	0.8971	0.848824	0.842738	0.679	0.779	0.77693	0.374719	0.640193	0.613	0.984287	0.554	0.71	0.7928
2011	0.241606	0.494689	0.8909	0.862821	0.866559	0.653	0.782	0.778015	0.389284	0.708475	0.608	0.954405	0.62	0.74	0.796
2012	0.225893	0.461058	0.8886	0.8544	0.879748	0.613	0.773	0.781878	0.358533	0.687362	0.583	0.924729	0.571	0.695	0.8022
2013	0.214506	0.478375	0.8869	0.882913	0.860462	0.625	0.718	0.799501	0.357666	0.683509	0.568	0.9567	0.568	0.705	0.7974

续表

年份	北京	天津	河北	山西	内蒙古	辽宁	吉林	黑龙江	上海	江苏	浙江	安徽	福建	江西	山东
2014	0.181585	0.440882	0.8846	0.885737	0.876079	0.621	0.717	0.81232	0.315476	0.643729	0.544	0.938859	0.53	0.68	0.8075
2015	0.122341	0.389721	0.8883	0.855493	0.801477	0.606	0.693	0.801878	0.308966	0.639872	0.524	0.910135	0.499	0.666	0.7651
2016	0.087531	0.374053	0.8733	0.856238	0.796667	0.605	0.674	0.822148	0.293905	0.641935	0.508	0.88596	0.429	0.652	0.7392
2017	0.049427	0.353466	0.8605	0.853857	0.793691	0.591	0.658	0.81792	0.287291	0.601693	0.498	0.882367	0.451	0.644	0.727
2018	0.027137	0.343388	0.8361	0.846739	0.797511	0.582	0.656	0.835151	0.275681	0.573682	0.474	0.895793	0.484	0.644	0.6932
2019	0.017741	0.326433	0.8196	0.901085	0.880991	0.579	0.668	0.86982	0.258841	0.546871	0.453	0.860031	0.473	0.624	0.6728

年份	河南	湖北	湖南	广东	广西	海南	重庆	四川	贵州	云南	陕西	甘肃	青海	宁夏	新疆
2000	0.876	0.689461	0.59589	0.522	0.493	0.285	0.522364	0.532821	0.889223	0.6261	0.713	0.546331	0.3018	0.89	0.636
2001	0.87	0.719493	0.603448	0.525	0.508	0.273	0.647986	0.487738	0.87879	0.6233	0.6973	0.576	0.2802	0.891	0.604
2002	0.866	0.689827	0.599307	0.519	0.476	0.279	0.680636	0.519508	0.878413	0.6104	0.689	0.602	0.2642	0.892	0.622
2003	0.867	0.670745	0.61707	0.535	0.512	0.289	0.615848	0.562965	0.895731	0.6085	0.7107	0.687272	0.2872	0.878	0.603
2004	0.866	0.630808	0.593533	0.514	0.491	0.292	0.565212	0.546673	0.902728	0.633	0.6904	0.653608	0.2756	0.873	0.61
2005	0.872	0.627433	0.605505	0.528	0.56	0.3058	0.546374	0.6822	0.899712	0.6248	0.7958	0.6784	0.442	0.871	0.561
2006	0.874	0.640665	0.576659	0.504	0.537	0.277	0.624081	0.662	0.888344	0.677	0.7669	0.6909	0.4518	0.875	0.567
2007	0.877	0.634829	0.59293	0.52	0.59	0.3072	0.613767	0.6614	0.874464	0.6647	0.764	0.6878	0.4756	0.873	0.578
2008	0.872	0.566991	0.582569	0.508	0.561	0.3002	0.581969	0.6535	0.865873	0.6083	0.7237	0.6854	0.4372	0.866	0.617
2009	0.87	0.578402	0.534483	0.465	0.588	0.3212	0.587494	0.651	0.885102	0.6262	0.7392	0.6615	0.4299	0.863	0.659
2010	0.828	0.635594	0.545894	0.452	0.539	0.334	0.581642	0.617	0.875478	0.5673	0.7373	0.6408	0.3414	0.87	0.657
2011	0.816	0.680953	0.615196	0.502	0.539	0.35	0.584065	0.551	0.877005	0.5597	0.7496	0.6335	0.2858	0.884	0.669
2012	0.8	0.638485	0.58	0.464	0.534	0.3858	0.519673	0.57	0.883466	0.5316	0.7587	0.6185	0.3143	0.864	0.668
2013	0.772	0.553441	0.601036	0.464	0.575	0.3983	0.514224	0.538	0.871844	0.5063	0.7554	0.6063	0.3167	0.864	0.66

续表

年份	河南	湖北	湖南	广东	广西	海南	重庆	四川	贵州	云南	陕西	甘肃	青海	宁夏	新疆
2014	0.777	0.520311	0.56242	0.437	0.528	0.389	0.506717	0.501	0.866672	0.4307	0.7571	0.6041	0.2977	0.876	0.651
2015	0.764	0.509295	0.526178	0.402	0.461	0.4014	0.465368	0.452	0.761528	0.4099	0.7262	0.6021	0.316	0.865	0.671
2016	0.754	0.48257	0.506631	0.382	0.461	0.3559	0.434412	0.42	0.767734	0.3993	0.7497	0.5872	0.4337	0.853	0.675
2017	0.716	0.473311	0.540503	0.387	0.454	0.3426	0.45545	0.394	0.748818	0.3806	0.7466	0.5583	0.3786	0.878	0.67
2018	0.699	0.475291	0.532189	0.372	0.471	0.353	0.428189	0.372	0.702844	0.363	0.7378	0.5444	0.3009	0.892	0.671
2019	0.674	0.485454	0.507418	0.342	0.488	0.3385	0.403632	0.359	0.807496	0.3457	0.7273	0.524	0.2915	0.886	0.675

数据来源：《中国统计年鉴》和《中国能源统计年鉴》。

附表6-2 2000~2019年产业结构数据整理

年份	北京	天津	河北	山西	内蒙古	辽宁	吉林	黑龙江	上海	江苏	浙江	安徽	福建	江西	山东
2000	0.664	0.455	0.358	0.438	0.393	0.394	0.418	0.296	0.524	0.359	0.364	0.423	0.405	0.408	0.351
2001	0.687	0.466	0.366	0.445	0.408	0.411	0.436	0.313	0.526	0.365	0.387	0.424	0.406	0.406	0.36
2002	0.709	0.473	0.38	0.427	0.418	0.419	0.417	0.324	0.532	0.367	0.403	0.443	0.398	0.397	0.364
2003	0.708	0.456	0.371	0.392	0.472	0.418	0.344	0.321	0.512	0.361	0.401	0.464	0.398	0.376	0.342
2004	0.703	0.446	0.367	0.372	0.468	0.423	0.371	0.31	0.512	0.351	0.393	0.455	0.387	0.361	0.318
2005	0.721	0.448	0.377	0.353	0.442	0.408	0.415	0.3	0.521	0.359	0.399	0.443	0.394	0.352	0.325
2006	0.743	0.452	0.385	0.352	0.434	0.408	0.586	0.3	0.526	0.366	0.398	0.436	0.403	0.337	0.332
2007	0.759	0.463	0.376	0.342	0.442	0.404	0.681	0.302	0.551	0.376	0.405	0.435	0.413	0.339	0.341
2008	0.777	0.464	0.371	0.34	0.446	0.383	0.469	0.297	0.565	0.385	0.409	0.421	0.407	0.346	0.344
2009	0.779	0.487	0.393	0.366	0.458	0.389	0.475	0.334	0.6	0.396	0.43	0.42	0.417	0.352	0.357
2010	0.776	0.504	0.392	0.342	0.449	0.377	0.405	0.346	0.579	0.414	0.436	0.396	0.402	0.336	0.377

续表

年份	北京	天津	河北	山西	内蒙古	辽宁	吉林	黑龙江	上海	江苏	浙江	安徽	福建	江西	山东
2011	0.785	0.52	0.393	0.326	0.434	0.378	0.412	0.334	0.586	0.424	0.441	0.382	0.397	0.339	0.393
2012	0.79	0.527	0.401	0.358	0.426	0.397	0.46	0.345	0.61	0.434	0.458	0.386	0.398	0.349	0.411
2013	0.795	0.541	0.41	0.384	0.434	0.418	0.639	0.347	0.637	0.451	0.467	0.397	0.398	0.356	0.428
2014	0.8	0.551	0.419	0.412	0.444	0.449	0.524	0.379	0.653	0.465	0.468	0.41	0.398	0.37	0.444
2015	0.816	0.572	0.446	0.498	0.467	0.485	0.601	0.432	0.683	0.476	0.486	0.445	0.416	0.399	0.462
2016	0.823	0.605	0.459	0.511	0.475	0.524	0.601	0.459	0.709	0.495	0.503	0.467	0.432	0.428	0.483
2017	0.827	0.62	0.481	0.492	0.495	0.528	0.659	0.473	0.707	0.497	0.519	0.486	0.453	0.442	0.496
2018	0.831	0.625	0.5	0.511	0.499	0.529	0.623	0.491	0.709	0.504	0.53	0.508	0.451	0.474	0.513
2019	0.837	0.635	0.513	0.511	0.499	0.531	0.566	0.496	0.729	0.515	0.546	0.515	0.465	0.478	0.528

年份	河南	湖北	湖南	广东	广西	海南	重庆	四川	贵州	云南	陕西	甘肃	青海	宁夏	新疆
2000	0.326	0.409	0.415	0.442281	0.381	0.439	0.421	0.394	0.00357	0.370251	0.396	0.4152	0.541	0.432	0.414
2001	0.333	0.417	0.416	0.459576	0.41	0.429	0.429	0.405	0.003755	0.390547	0.481	0.4082	0.531	0.45	0.44
2002	0.323	0.428	0.429	0.468888	0.427	0.422	0.433	0.411	0.003866	0.404116	0.424	0.4179	0.535	0.454	0.455
2003	0.345	0.422	0.433	0.451974	0.423	0.412	0.428	0.411	0.00397	0.409742	0.356	0.4212	0.537	0.441	0.421
2004	0.319	0.408	0.43	0.44199	0.407	0.412	0.408	0.402	0.003924	0.402005	0.372	0.4173	0.521	0.427	0.389
2005	0.312	0.408	0.44	0.43339	0.404	0.412	0.416	0.393	0.004019	0.418588	0.435	0.4227	0.493	0.432	0.36
2006	0.317	0.416	0.425	0.435593	0.405	0.414	0.423	0.379	0.004169	0.418507	0.507	0.4088	0.498	0.417	0.353
2007	0.321	0.422	0.415	0.442829	0.399	0.428	0.433	0.378	0.004318	0.427457	0.501	0.3944	0.505	0.414	0.376
2008	0.307	0.41	0.413	0.443109	0.398	0.433	0.457	0.38	0.004406	0.421933	0.469	0.4071	0.494	0.411	0.363
2009	0.323	0.412	0.429	0.458106	0.418	0.456	0.459	0.379	0.004539	0.444039	0.566	0.4212	0.499	0.437	0.398
2010	0.325	0.397	0.415	0.453319	0.403	0.48	0.47	0.381	0.004637	0.436611	0.399	0.3958	0.496	0.438	0.35

续表

年份	河南	湖北	湖南	广东	广西	海南	重庆	四川	贵州	云南	陕西	甘肃	青海	宁夏	新疆
2011	0.34	0.386	0.402	0.458965	0.393	0.47	0.472	0.388	0.004732	0.453121	0.367	0.4158	0.485	0.433	0.366
2012	0.357	0.388	0.411	0.472748	0.414	0.487	0.466	0.4	0.004691	0.450427	0.379	0.4281	0.48	0.446	0.389
2013	0.373	0.419	0.426	0.484518	0.438	0.527	0.468	0.409	0.004769	0.463647	0.413	0.446	0.483	0.454	0.427
2014	0.389	0.433	0.44	0.487054	0.444	0.53	0.469	0.425	0.004698	0.474142	0.374	0.4601	0.496	0.462	0.435
2015	0.408	0.45	0.46	0.503415	0.462	0.54	0.484	0.444	0.004622	0.493917	0.539	0.506	0.518	0.475	0.479
2016	0.427	0.462	0.486	0.525338	0.477	0.553	0.5	0.476	0.004632	0.512929	0.527	0.5246	0.518	0.489	0.489
2017	0.44	0.483	0.513	0.540113	0.493	0.564	0.515	0.504	0.004853	0.531743	0.514	0.5399	0.507	0.483	0.494
2018	0.472	0.497	0.532	0.547504	0.505	0.585	0.526	0.523	0.005009	0.532286	0.492	0.545	0.504	0.496	0.504
2019	0.485	0.504	0.623	0.558106	0.509	0.595	0.536	0.525	0.005079	0.522	0.539	0.5502	0.505	0.502	0.517

数据来源:《中国统计年鉴》。

附表 6-3 2000~2019 年技术水平数据整理

年份	北京	天津	河北	山西	内蒙古	辽宁	吉林	黑龙江	上海	江苏	浙江	安徽	福建	江西	山东
2000	0.062814	0.015067	0.005168	0.006023	0.002355	0.008931	0.007358	0.00458	0.016216	0.008517	0.005533	0.006583	0.005408	0.004094	0.006087
2001	0.120605	0.032151	0.0089	0.015816	0.006944	0.01961	0.017639	0.013569	0.042705	0.023761	0.016018	0.016232	0.011908	0.007997	0.018499
2002	0.0908	0.030268	0.010202	0.017722	0.007574	0.026419	0.024441	0.013857	0.044121	0.025672	0.016942	0.018638	0.010744	0.009263	0.019123
2003	0.051017	0.015671	0.005505	0.005534	0.00268	0.013827	0.010443	0.008059	0.019255	0.012095	0.007749	0.008259	0.007525	0.006055	0.008594
2004	0.052357	0.017294	0.005167	0.006552	0.002565	0.016022	0.011371	0.007452	0.021195	0.014263	0.009915	0.007963	0.007964	0.00622	0.00946
2005	0.04707	0.016268	0.005136	0.005391	0.002996	0.013402	0.009193	0.007872	0.019712	0.012409	0.010389	0.007509	0.007068	0.005912	0.008909
2006	0.055	0.0218	0.0066	0.0076	0.0034	0.0147	0.0096	0.0092	0.025	0.016	0.0142	0.0097	0.0089	0.0081	0.0106
2007	0.054	0.0227	0.0066	0.0086	0.004	0.015	0.0096	0.0093	0.0252	0.0167	0.015	0.0097	0.0089	0.0089	0.012

年份	北京	天津	河北	山西	内蒙古	辽宁	吉林	黑龙江	上海	江苏	浙江	安徽	福建	江西	山东
2008	0.0525	0.0245	0.0067	0.009	0.0044	0.0141	0.0082	0.0104	0.0259	0.0192	0.016	0.0111	0.0094	0.0097	0.014
2009	0.055	0.0237	0.0078	0.011	0.0053	0.0153	0.0112	0.0127	0.0281	0.0204	0.0173	0.0135	0.0111	0.0099	0.0153
2010	0.0582	0.0249	0.0076	0.0098	0.0055	0.0156	0.0087	0.0119	0.0281	0.0207	0.0178	0.0132	0.0116	0.0092	0.0172
2011	0.0576	0.0263	0.0082	0.0101	0.0059	0.0164	0.0084	0.0102	0.0311	0.0217	0.0185	0.014	0.0126	0.0083	0.0186
2012	0.0595	0.028	0.0092	0.0109	0.0064	0.0157	0.0092	0.0107	0.0337	0.0238	0.0208	0.0164	0.0138	0.0088	0.0204
2013	0.0608	0.0298	0.01	0.0123	0.007	0.0165	0.0092	0.0115	0.036	0.0251	0.0218	0.0185	0.0144	0.0094	0.0215
2014	0.0595	0.0296	0.0106	0.0119	0.0069	0.0152	0.0095	0.0107	0.0366	0.0254	0.0226	0.0189	0.0148	0.0097	0.0219
2015	0.0601	0.0308	0.0118	0.0104	0.0076	0.0127	0.0101	0.0105	0.0373	0.0257	0.0236	0.0196	0.0151	0.0104	0.0227
2016	0.0596	0.03	0.012	0.0103	0.0079	0.0169	0.0094	0.0099	0.0382	0.0266	0.0243	0.0197	0.0159	0.0113	0.0234
2017	0.0564	0.0247	0.0133	0.0095	0.0082	0.0184	0.0086	0.0092	0.0393	0.0263	0.0245	0.0209	0.0169	0.0128	0.0241
2018	0.0617	0.0262	0.0139	0.0105	0.0075	0.0182	0.0076	0.0083	0.0416	0.027	0.0257	0.0216	0.018	0.0141	0.0215
2019	0.0631	0.0328	0.0161	0.0112	0.0086	0.0204	0.0127	0.0108	0.04	0.0279	0.0268	0.0203	0.0178	0.0155	0.021

年份	河南	湖北	湖南	广东	广西	海南	重庆	四川	贵州	云南	陕西	甘肃	青海	宁夏	新疆
2000	0.004827	0.008138	0.005201	0.011084	0.004097	0.001543	0.006355	0.011196	0.004227	0.003478	0.029803	0.007424	0.004932	0.006401	0.002345
2001	0.011133	0.022007	0.016128	0.02138	0.010047	0.004298	0.01886	0.026272	0.010942	0.009961	0.045508	0.019016	0.017992	0.016596	0.009453
2002	0.010687	0.023144	0.015874	0.021574	0.010302	0.004663	0.018241	0.027979	0.0115	0.010896	0.04278	0.019237	0.018494	0.016704	0.009239
2003	0.00498	0.011519	0.006459	0.011348	0.00397	0.001731	0.007656	0.014888	0.005539	0.004304	0.026278	0.009144	0.006151	0.005389	0.002014
2004	0.004957	0.010048	0.006558	0.011196	0.003466	0.002629	0.008801	0.012226	0.005185	0.004056	0.026294	0.008528	0.006436	0.005771	0.002716
2005	0.004497	0.009846	0.005788	0.00917	0.003076	0.001531	0.00819	0.011116	0.004703	0.005341	0.019479	0.008609	0.004626	0.004408	0.002102
2006	0.0064	0.0125	0.0071	0.0119	0.0038	0.002	0.0106	0.0125	0.0064	0.0052	0.0224	0.0105	0.0052	0.007	0.0028
2007	0.0067	0.0121	0.008	0.013	0.0037	0.0021	0.0114	0.0132	0.005	0.0055	0.0223	0.0095	0.0049	0.0084	0.0028

续表

年份	河南	湖北	湖南	广东	广西	海南	重庆	四川	贵州	云南	陕西	甘肃	青海	宁夏	新疆
2008	0.0066	0.0131	0.0101	0.0141	0.0046	0.0023	0.0118	0.0128	0.0057	0.0054	0.0209	0.01	0.0041	0.0069	0.0038
2009	0.009	0.0165	0.0118	0.0165	0.0061	0.0035	0.0122	0.0152	0.0068	0.006	0.0232	0.011	0.007	0.0077	0.0051
2010	0.0091	0.0165	0.0116	0.0176	0.0066	0.0034	0.0127	0.0154	0.0065	0.0061	0.0215	0.0102	0.0074	0.0068	0.0049
2011	0.0098	0.0165	0.0119	0.0196	0.0069	0.0041	0.0128	0.014	0.0064	0.0063	0.0199	0.0097	0.0075	0.0073	0.005
2012	0.0105	0.0173	0.013	0.0217	0.0075	0.0048	0.014	0.0147	0.0061	0.0067	0.0199	0.0107	0.0069	0.0078	0.0053
2013	0.0111	0.0181	0.0133	0.0232	0.0075	0.0047	0.0139	0.0152	0.0059	0.0068	0.0214	0.0107	0.0065	0.0081	0.0054
2014	0.0114	0.0187	0.0136	0.0237	0.0071	0.0048	0.0142	0.0157	0.006	0.0067	0.0207	0.0112	0.0062	0.0087	0.0053
2015	0.0118	0.019	0.0143	0.0247	0.0063	0.0046	0.0157	0.0167	0.0059	0.008	0.0218	0.0122	0.0048	0.0088	0.0056
2016	0.0123	0.0186	0.015	0.0256	0.0065	0.0054	0.0172	0.0172	0.0063	0.0089	0.0219	0.0122	0.0054	0.0095	0.0059
2017	0.0131	0.0197	0.0168	0.0261	0.0077	0.0052	0.0188	0.0172	0.0071	0.0096	0.021	0.0119	0.0068	0.0113	0.0052
2018	0.014	0.0209	0.0181	0.0278	0.0071	0.0056	0.0201	0.0181	0.0082	0.0105	0.0218	0.0118	0.006	0.0123	0.0053
2019	0.0146	0.0209	0.0193	0.0288	0.0079	0.0056	0.0199	0.0187	0.0086	0.0095	0.0227	0.0126	0.0069	0.0145	0.0047

数据来源：《中国统计年鉴》。

附表6-4 2000~2019年固定资产占比数据整理

年份	北京	天津	河北	山西	内蒙古	辽宁	吉林	黑龙江	上海	江苏	浙江	安徽	福建	江西	山东
2000	0.395814	0.382491	0.399125	0.338709	0.279653	0.271506	0.335113	0.300893	0.388531	0.350192	0.367769	0.277304	0.264409	0.27368	0.307155
2001	0.396349	0.401334	0.383555	0.34902	0.289665	0.282322	0.357577	0.319675	0.379395	0.349267	0.40081	0.275242	0.258748	0.303581	0.309357
2002	0.400888	0.421025	0.370851	0.360577	0.368425	0.294154	0.395479	0.325562	0.377403	0.362901	0.447266	0.296085	0.257134	0.377315	0.348264
2003	0.409534	0.463608	0.397246	0.391118	0.506385	0.352623	0.452586	0.329861	0.36039	0.428824	0.428609	0.343035	0.282313	0.490621	0.488703
2004	0.404366	0.480325	0.428538	0.422684	0.614784	0.46371	0.477189	0.354246	0.380749	0.460604	0.468936	0.373208	0.314838	0.535499	0.573264

续表

年份	北京	天津	河北	山西	内蒙古	辽宁	吉林	黑龙江	上海	江苏	浙江	安徽	福建	江西	山东
2005	0.395424	0.480225	0.479888	0.455804	0.762789	0.58314	0.649156	0.36412	0.38518	0.482289	0.471157	0.444156	0.349421	0.550329	0.661035
2006	0.401991	0.522811	0.547745	0.492505	0.81849	0.678121	0.869154	0.419509	0.370331	0.474155	0.455102	0.545307	0.401476	0.571362	0.587103
2007	0.380471	0.574409	0.566505	0.493156	0.852489	0.722413	0.981095	0.467525	0.346201	0.47206	0.413354	0.641391	0.448943	0.571506	0.551853
2008	0.325782	0.656854	0.624401	0.503274	0.897838	0.82545	1.159994	0.512461	0.33222	0.486677	0.401733	0.714455	0.470948	0.626667	0.569461
2009	0.376594	0.87683	0.804333	0.704226	1.060658	0.959183	1.335734	0.696616	0.334975	0.549723	0.433852	0.852596	0.497737	0.746154	0.644227
2010	0.367114	0.95325	0.837796	0.713463	1.09412	1.154482	1.500948	0.818663	0.296821	0.560225	0.417958	0.894312	0.537732	0.763562	0.686173
2011	0.343863	0.925813	0.766404	0.676774	1.152427	1.083853	0.962126	0.752431	0.253232	0.538802	0.441919	0.745953	0.551727	0.754248	0.685262
2012	0.339706	0.981012	0.851968	0.785434	1.252324	1.223418	1.096056	0.887834	0.24662	0.590418	0.49723	0.820806	0.616731	0.841226	0.727605
2013	0.332734	1.017673	0.956085	0.934347	0.916539	1.307091	1.058487	0.96658	0.243396	0.606283	0.540894	0.886664	0.677451	0.898608	0.777053
2014	0.329857	1.095245	1.058036	1.021482	0.993093	1.234953	1.137767	0.80758	0.238088	0.640944	0.588524	0.9439	0.72734	0.962437	0.836941
2015	0.322485	1.200898	1.115532	1.194381	1.067632	0.886572	1.268247	0.871078	0.236274	0.644229	0.612873	1.005638	0.794233	1.036186	0.87382
2016	0.312919	0.979904	1.115049	1.195756	1.121851	0.328172	1.335303	0.8952	0.226047	0.638272	0.625788	1.017121	0.78041	1.071002	0.907424
2017	0.299438	0.9067	1.090272	0.42397	0.121023	0.307783	1.216252	0.91708	0.220094	0.617216	0.593972	0.98348	0.774962	1.09275	0.876066
2018	0.243528	0.797486	1.089757	0.404438	0.081209	0.293077	1.199278	0.841198	0.211692	0.581135	0.536751	0.959395	0.759931	1.077215	0.862221
2019	0.222461	0.863581	1.07027	0.404832	0.08057	0.278553	0.963307	0.841481	0.20999	0.571392	0.499476	0.670061	0.735087	1.080332	0.740688

年份	河南	湖北	湖南	广东	广西	海南	重庆	四川	贵州	云南	陕西	甘肃	青海	宁夏	新疆
2000	0.292049	0.400957	0.300232	0.299134	0.317306	0.367205	0.359929	0.357377	0.390807	0.343799	0.413442	0.419184	0.587189	0.545117	0.44764
2001	0.294232	0.399881	0.315935	0.291624	0.320817	0.356423	0.398008	0.366555	0.470973	0.340347	0.423083	0.449115	0.671742	0.580286	0.473315
2002	0.301625	0.402396	0.326594	0.291922	0.330856	0.351263	0.436733	0.382052	0.508625	0.351312	0.432517	0.467383	0.719272	0.612013	0.504156
2003	0.332815	0.395924	0.334124	0.314809	0.352841	0.387052	0.485307	0.403689	0.527744	0.387782	0.494149	0.467927	0.740571	0.71894	0.530458
2004	0.368483	0.424819	0.357465	0.32294	0.379672	0.405244	0.530119	0.420126	0.52701	0.424247	0.491536	0.457188	0.716787	0.73251	0.535159

续表

年份	河南	湖北	湖南	广东	广西	海南	重庆	四川	贵州	云南	陕西	甘肃	青海	宁夏	新疆
2005	0.427462	0.438161	0.402514	0.32619	0.472743	0.428796	0.58182	0.483288	0.524887	0.501846	0.519246	0.46901	0.735153	0.767072	0.536513
2006	0.493221	0.474347	0.436301	0.31325	0.50853	0.414632	0.628634	0.532303	0.52899	0.54281	0.567977	0.465222	0.717115	0.75412	0.529886
2007	0.540329	0.479733	0.462483	0.302337	0.542501	0.412688	0.662691	0.554369	0.522852	0.55125	0.641019	0.48984	0.676985	0.708542	0.528806
2008	0.591491	0.504334	0.499647	0.304191	0.586142	0.480799	0.685695	0.595976	0.532019	0.586146	0.675893	0.565091	0.649878	0.753921	0.545554
2009	0.714491	0.622481	0.602473	0.338357	0.802301	0.618617	0.79954	0.846848	0.635521	0.688587	0.819396	0.758691	0.851878	0.883536	0.667278
2010	0.623468	0.665726	0.630593	0.350709	0.918927	0.658964	0.859835	0.788513	0.705093	0.714735	0.869586	0.856575	0.934058	0.931931	0.660369
2011	0.675205	0.648617	0.604362	0.317372	0.986457	0.654023	0.756396	0.718454	0.908468	0.649503	0.823284	0.867821	1.046651	0.856262	0.721486
2012	0.740628	0.730567	0.687342	0.338683	1.11781	0.769123	0.808944	0.754059	0.848057	0.70567	0.907918	0.934622	1.25617	0.989919	0.844378
2013	0.824704	0.817791	0.780686	0.365238	0.956565	0.874688	0.860099	0.793768	0.924814	0.777227	1.001814	1.065287	1.403074	1.151852	0.927894
2014	0.890308	0.885265	0.848133	0.380328	1.018796	0.881254	0.904263	0.816064	0.983934	0.818891	1.075104	1.19042	1.574216	1.293881	1.051838
2015	0.961607	0.962004	0.909444	0.40185	1.096635	0.898563	0.965075	0.856032	1.038378	0.902448	1.12733	1.315722	1.62437	1.369681	1.152838
2016	1.004118	0.884594	0.897418	0.401747	1.131556	0.916098	0.963274	0.878919	1.119709	0.984752	1.093433	1.380171	1.564611	1.378974	1.036656
2017	0.992683	0.855984	0.926096	0.40893	1.152239	0.917256	0.869147	0.846778	1.123671	1.024342	1.109248	0.776414	1.580919	1.191577	1.056969
2018	0.963259	0.841906	0.94856	0.415108	1.150919	0.735074	0.864402	0.824462	1.153082	1.009345	1.096362	0.675487	1.5217	0.888649	0.688802
2019	0.957428	0.85381	0.954451	0.428093	1.161564	0.61738	0.835605	0.836176	1.066264	0.982832	1.042095	0.669087	1.480373	0.739792	0.665121

数据来源:《中国统计年鉴》。

附表6-5 2000~2019年政府影响力数据整理

年份	北京	天津	河北	山西	内蒙古	辽宁	吉林	黑龙江	上海	江苏	浙江	安徽	福建	江西	山东
2000	0.135151	0.117519	0.089784	0.121934	0.160656	0.11096	0.148839	0.133733	0.126464	0.069126	0.069961	0.1035	0.086115	0.111565	0.074061
2001	0.14479	0.13357	0.101557	0.142645	0.186285	0.12625	0.171731	0.157151	0.134687	0.077155	0.086219	0.11528	0.091628	0.130403	0.08305

续表

年份	北京	天津	河北	山西	内蒙古	辽宁	吉林	黑龙江	上海	江苏	浙江	安徽	福建	江西	山东
2002	0.13884	0.137638	0.104475	0.143786	0.202775	0.126584	0.177485	0.16402	0.148815	0.081103	0.093264	0.119357	0.088988	0.139313	0.085411
2003	0.139506	0.138224	0.102113	0.145638	0.187264	0.132803	0.191135	0.156497	0.159969	0.084199	0.091945	0.117796	0.090468	0.135847	0.092692
2004	0.143667	0.143078	0.103518	0.148472	0.191721	0.143961	0.206816	0.168707	0.170649	0.088513	0.092573	0.117277	0.090454	0.133623	0.089372
2005	0.14802	0.139974	0.111606	0.163934	0.193512	0.165872	0.227306	0.165626	0.178997	0.092344	0.097137	0.125631	0.092443	0.14309	0.091941
2006	0.154625	0.153503	0.117531	0.19424	0.195142	0.16957	0.222645	0.181719	0.169411	0.094782	0.096183	0.144644	0.097569	0.148279	0.096661
2007	0.158218	0.16216	0.123974	0.176886	0.209468	0.171419	0.21659	0.193799	0.169402	0.098264	0.096931	0.156622	0.09765	0.156649	0.099562
2008	0.165857	0.167436	0.132511	0.18206	0.233015	0.177417	0.244095	0.216184	0.178437	0.104942	0.103764	0.17306	0.104074	0.174508	0.09978
2009	0.179783	0.196911	0.153368	0.218493	0.271224	0.209305	0.272172	0.260114	0.18991	0.116541	0.116203	0.197145	0.113691	0.204768	0.110616
2010	0.18159	0.201565	0.156649	0.216912	0.277261	0.229976	0.278801	0.271207	0.18436	0.118743	0.117077	0.195295	0.112987	0.20497	0.122191
2011	0.188799	0.221427	0.165417	0.216978	0.316047	0.238818	0.28466	0.281236	0.195649	0.127392	0.120628	0.202825	0.122682	0.218792	0.128045
2012	0.193712	0.237002	0.176771	0.236192	0.327215	0.255403	0.284765	0.287906	0.196381	0.130864	0.121047	0.215957	0.129143	0.235735	0.137451
2013	0.19748	0.256319	0.181766	0.25278	0.323594	0.270575	0.291137	0.284341	0.195164	0.131399	0.126705	0.211314	0.136368	0.242675	0.14128
2014	0.19736	0.271103	0.185542	0.255093	0.319124	0.253698	0.292303	0.282169	0.194835	0.130686	0.128914	0.207112	0.132575	0.247814	0.141356
2015	0.231554	0.297104	0.213353	0.28919	0.32844	0.221749	0.321132	0.34394	0.230281	0.135955	0.152754	0.219838	0.149204	0.262951	0.149217
2016	0.236926	0.322329	0.212457	0.28702	0.327263	0.224468	0.343923	0.355388	0.231503	0.129048	0.147591	0.209937	0.144393	0.251101	0.148993
2017	0.228375	0.263646	0.216678	0.259345	0.304062	0.224931	0.341121	0.376925	0.229237	0.123688	0.1437	0.20905	0.138411	0.252908	0.146931
2018	0.225682	0.232222	0.237769	0.268447	0.299333	0.227036	0.336738	0.364049	0.231911	0.125069	0.148778	0.193237	0.124915	0.249489	0.151555
2019	0.209005	0.252977	0.236694	0.277731	0.296349	0.231141	0.335421	0.368153	0.214368	0.127447	0.161231	0.200628	0.119777	0.258918	0.15225

年份	河南	湖北	湖南	广东	广西	海南	重庆	四川	贵州	云南	陕西	甘肃	青海	宁夏	新疆
2000	0.088171	0.104014	0.09794	0.099935	0.12427	0.12171	0.248073	0.047768	0.195714	0.203986	0.150643	0.178778	0.25888	0.03339	0.14004
2001	0.091917	0.124829	0.112658	0.108961	0.154277	0.136301	0.117914	0.138372	0.242835	0.229935	0.174101	0.209233	0.337504	0.04645	0.176537

续表

年份	河南	湖北	湖南	广东	广西	海南	重庆	四川	贵州	云南	陕西	甘肃	青海	宁夏	新疆
2002	0.104247	0.121389	0.128392	0.111829	0.166364	0.143538	0.13416	0.148491	0.254675	0.223379	0.17969	0.222406	0.348534	0.050252	0.223964
2003	0.10322	0.113598	0.123123	0.106111	0.158533	0.147625	0.130594	0.136976	0.232583	0.223039	0.16161	0.2143	0.316997	0.040442	0.195042
2004	0.104618	0.116516	0.12982	0.099309	0.153541	0.15847	0.129341	0.142014	0.253679	0.211593	0.164347	0.215853	0.309504	0.040208	0.193991
2005	0.108951	0.120364	0.137117	0.104224	0.163404	0.17092	0.14133	0.150388	0.268424	0.219091	0.167393	0.230259	0.339904	0.046472	0.205919
2006	0.120229	0.139011	0.143243	0.098352	0.165132	0.169874	0.152363	0.158616	0.269707	0.218444	0.17934	0.239946	0.366851	0.049537	0.22942
2007	0.126184	0.135147	0.146146	0.099537	0.180088	0.198701	0.161063	0.166551	0.279336	0.223585	0.185499	0.252451	0.391911	0.050696	0.227184
2008	0.128643	0.143534	0.156113	0.102947	0.200933	0.242748	0.17222	0.231168	0.300699	0.244364	0.19902	0.315276	0.405409	0.055023	0.255729
2009	0.151492	0.158498	0.173059	0.109829	0.228011	0.299987	0.194264	0.253035	0.355817	0.296963	0.230267	0.381329	0.51798	0.065005	0.317895
2010	0.15079	0.154151	0.173521	0.118002	0.234739	0.287716	0.211901	0.247201	0.361031	0.295491	0.225372	0.372384	0.649726	0.069127	0.316951
2011	0.161437	0.161201	0.186136	0.126475	0.247116	0.316092	0.252947	0.222077	0.400566	0.30763	0.240722	0.371863	0.705976	0.069471	0.349737
2012	0.172861	0.166429	0.194226	0.129594	0.264097	0.326836	0.262722	0.227861	0.408719	0.321937	0.235024	0.381887	0.758302	0.074544	0.36699
2013	0.176474	0.172261	0.199229	0.134569	0.257758	0.324525	0.235061	0.234592	0.386634	0.319405	0.23043	0.384007	0.71677	0.07081	0.365457
2014	0.174367	0.174709	0.193861	0.134256	0.256096	0.318857	0.22596	0.235247	0.386215	0.316058	0.227697	0.389895	0.729239	0.068413	0.358117
2015	0.183349	0.20211	0.200736	0.171165	0.274737	0.331914	0.236401	0.2471	0.373731	0.315029	0.244489	0.451199	0.753429	0.070976	0.408823
2016	0.185189	0.192576	0.20546	0.163651	0.275599	0.336531	0.222039	0.241679	0.361451	0.306608	0.230465	0.456003	0.675231	0.069608	0.429688
2017	0.18328	0.182658	0.203068	0.164077	0.275906	0.321058	0.216098	0.229382	0.339021	0.309043	0.225077	0.450396	0.62084	0.068412	0.415528
2018	0.184591	0.172726	0.205882	0.157379	0.270572	0.344412	0.210338	0.226271	0.327598	0.290941	0.221471	0.465474	0.599501	0.065731	0.391311
2019	0.18921	0.175443	0.201393	0.160185	0.275506	0.34865	0.20536	0.223195	0.354739	0.291516	0.221707	0.453254	0.628355	0.06093	0.390928

数据来源:《中国统计年鉴》。

附表6-6 2000~2019年城镇化率数据整理

年份	北京	天津	河北	山西	内蒙古	辽宁	吉林	黑龙江	上海	江苏	浙江	安徽	福建	江西	山东
2000	0.7754	0.7199	0.2608	0.3491	0.4268	0.5424	0.4968	0.5154	0.8831	0.4149	0.4867	0.2781	0.4157	0.2767	0.38
2001	0.7887	0.7263	0.2821	0.3631	0.4358	0.5514	0.5025	0.5185	0.8847	0.4319	0.5015	0.2926	0.427	0.2942	0.3937
2002	0.8015	0.7327	0.3045	0.3773	0.4448	0.5604	0.5082	0.5216	0.8863	0.4491	0.5162	0.3076	0.4384	0.3123	0.4076
2003	0.8136	0.7389	0.3278	0.3917	0.4538	0.5693	0.5138	0.5248	0.8878	0.4663	0.5309	0.323	0.4499	0.331	0.4216
2004	0.8252	0.745	0.3519	0.4063	0.4629	0.5782	0.5195	0.5279	0.8894	0.4837	0.5456	0.3388	0.4614	0.3502	0.4357
2005	0.8362	0.7511	0.3769	0.4211	0.472	0.587	0.5252	0.531	0.8909	0.505	0.5602	0.355	0.494	0.37	0.45
2006	0.8433	0.7573	0.3877	0.4301	0.4864	0.5899	0.5297	0.535	0.887	0.519	0.565	0.371	0.504	0.3868	0.461
2007	0.845	0.7631	0.4025	0.4403	0.5015	0.592	0.5316	0.539	0.887	0.532	0.572	0.387	0.514	0.398	0.4675
2008	0.849	0.7723	0.419	0.4511	0.5171	0.6005	0.5321	0.554	0.886	0.543	0.576	0.405	0.53	0.4136	0.476
2009	0.85	0.7801	0.4374	0.4599	0.534	0.6035	0.5332	0.555	0.886	0.556	0.579	0.421	0.551	0.4318	0.4832
2010	0.8596	0.7955	0.445	0.4805	0.555	0.621	0.5335	0.5566	0.893	0.6058	0.6162	0.4301	0.571	0.4406	0.497
2011	0.862	0.805	0.456	0.4968	0.5662	0.6405	0.534	0.565	0.893	0.619	0.623	0.448	0.581	0.457	0.5095
2012	0.862	0.8155	0.468	0.5126	0.5774	0.6565	0.537	0.569	0.893	0.63	0.632	0.465	0.596	0.4751	0.5243
2013	0.8639	0.8229	0.4802	0.5288	0.5982	0.6645	0.5574	0.5804	0.896	0.6439	0.6394	0.4787	0.608	0.4904	0.5346
2014	0.865	0.8255	0.4936	0.543	0.6097	0.6705	0.5681	0.5922	0.893	0.657	0.6496	0.4931	0.6199	0.5055	0.5477
2015	0.8671	0.8288	0.5167	0.5587	0.6209	0.6805	0.5764	0.6047	0.8853	0.6749	0.6632	0.5097	0.6322	0.523	0.5697
2016	0.8676	0.8327	0.5387	0.5727	0.634	0.6887	0.5875	0.6109	0.89	0.6893	0.6772	0.5262	0.6439	0.5399	0.5913
2017	0.8693	0.8357	0.5574	0.5859	0.646	0.6949	0.5971	0.619	0.891	0.7018	0.6891	0.5429	0.6578	0.557	0.6079
2018	0.8709	0.8395	0.5733	0.5985	0.6551	0.7026	0.6085	0.6346	0.8913	0.7119	0.7002	0.5565	0.6698	0.5734	0.6146
2019	0.8735	0.8431	0.5877	0.6129	0.6646	0.7121	0.6163	0.6462	0.8922	0.7247	0.7158	0.5702	0.6787	0.5907	0.6186

续表

年份	河南	湖北	湖南	广东	广西	海南	重庆	四川	贵州	云南	陕西	甘肃	青海	宁夏	新疆
2000	0.232	0.4022	0.2975	0.55	0.2815	0.4011	0.3309	0.2669	0.2387	0.2336	0.3226	0.2401	0.3476	0.3243	0.3382
2001	0.2458	0.4081	0.3113	0.5615	0.293	0.4111	0.3539	0.2789	0.2445	0.2451	0.3323	0.2514	0.3564	0.3431	0.3447
2002	0.2602	0.414	0.3255	0.573	0.3027	0.4213	0.3777	0.2912	0.2504	0.2571	0.3421	0.2631	0.3653	0.3624	0.3513
2003	0.2751	0.42	0.3401	0.5843	0.3137	0.4315	0.402	0.3038	0.2564	0.2693	0.352	0.2751	0.3743	0.3822	0.358
2004	0.2906	0.426	0.3549	0.5956	0.3248	0.4417	0.4268	0.3168	0.2625	0.282	0.3621	0.2875	0.3833	0.4023	0.3647
2005	0.3065	0.432	0.37	0.6068	0.3362	0.452	0.452	0.33	0.2687	0.295	0.3723	0.3002	0.3925	0.4228	0.3715
2006	0.3247	0.438	0.3871	0.63	0.3464	0.461	0.467	0.343	0.2746	0.305	0.3912	0.3109	0.3926	0.43	0.3794
2007	0.3434	0.443	0.4045	0.6314	0.3624	0.472	0.483	0.356	0.2824	0.316	0.4062	0.3225	0.4007	0.4402	0.3915
2008	0.3603	0.452	0.4215	0.6337	0.3816	0.48	0.4999	0.374	0.2911	0.33	0.421	0.3356	0.4086	0.4498	0.3964
2009	0.377	0.46	0.432	0.634	0.392	0.4913	0.5159	0.387	0.2989	0.34	0.435	0.3489	0.419	0.461	0.3985
2010	0.385	0.497	0.433	0.6618	0.4	0.498	0.5302	0.4018	0.3381	0.347	0.4576	0.3612	0.4472	0.479	0.4301
2011	0.4057	0.5183	0.451	0.665	0.418	0.505	0.5502	0.4183	0.3496	0.368	0.473	0.3715	0.4622	0.4982	0.4354
2012	0.4243	0.535	0.4665	0.674	0.4353	0.516	0.5698	0.4353	0.3641	0.3931	0.5002	0.3875	0.4744	0.5067	0.4398
2013	0.436	0.5451	0.4763	0.6809	0.4511	0.5228	0.5829	0.4496	0.3789	0.3999	0.5157	0.405	0.4929	0.5284	0.4494
2014	0.4505	0.5573	0.4898	0.6862	0.4654	0.533	0.5974	0.4651	0.4024	0.4121	0.5301	0.4228	0.5084	0.5482	0.4679
2015	0.4702	0.5718	0.5079	0.6951	0.4799	0.5491	0.6147	0.4827	0.4296	0.4293	0.5474	0.4424	0.5167	0.5698	0.4878
2016	0.4878	0.5857	0.527	0.7015	0.4924	0.567	0.6333	0.5	0.4556	0.4464	0.5639	0.4607	0.5355	0.5874	0.5042
2017	0.5056	0.5988	0.5462	0.7074	0.5059	0.5804	0.65	0.5178	0.4776	0.4629	0.5807	0.4812	0.5545	0.6095	0.519
2018	0.5224	0.61	0.5609	0.7181	0.5182	0.5913	0.6661	0.535	0.4954	0.4744	0.5965	0.4969	0.5727	0.6215	0.5401
2019	0.5401	0.6183	0.5745	0.7265	0.5298	0.5937	0.6824	0.5536	0.5148	0.4867	0.6128	0.507	0.5878	0.6363	0.5551

数据来源：《中国统计·年鉴》。

参考文献

［1］李全生，张凯．我国能源绿色开发利用路径研究［J］．中国工程科学，2021，23（1）：101-111.

［2］Patterson M G. Concepts, indicators and methodological issues［J］. Energy Policy, 1996, 24（6）：377-390.

［3］Bosseboeuf D, Richard C. The need to link energy efficiency indicators to related policies：A practical experience based on 20 years of facts and trends in France（1973-1993）［J］. Energy Policy, 1997, 25（7-9）：813-823.

［4］廖华，魏一鸣．能源经济与政策研究中的数据问题［J］．技术经济与管理研究，2011（4）：68-73.

［5］魏楚，沈满洪．能源效率及其影响因素：基于 DEA 的实证分析［J］．管理世界，2007（8）：66-76.

［6］王晓岭，武春友．"绿色化"视角下能源生态效率的国际比较——基于"二十国集团"面板数据的实证检验［J］．技术经济，2015，34（7）：70-77.

［7］Hu J L, Wang S C. Total－factor energy efficiency of regions in China［J］. Energy Policy, 2006, 34（17）：3206-3217.

［8］杨红亮，史丹．能效研究方法和中国各地区能源效率的比较［J］．经济理论与经济管理，2008（3）：12-20.

［9］方建春，夏雨昕．政策不确定性、进口产品多样性与能源效率［J］．科技与经济，2021（34）：91-95.

［10］陈菁泉，连欣燕，马晓君，米军．基于动态 StoNED-空间误差面板 Tobit 模型的中国全要素能源效率测算及驱动因素研究［J/OL］．中国环境科学，https：//doi. org/10. 19674/i. cnki. issn1000-6923. 20220129. 007.

［11］李倩．探究当前能源消费特征下节能降耗的改进方法［J］．皮革制作与环保科技，2022，3（2）：159-161.

［12］孙方煜．广东省能源消费状况与节能减排对策研究［J］．科技风，

2021 (35): 96-98.

[13] 付峰, 麻林巍, 李政, 倪维斗. 中国能耗动态增长机理和节能内涵探讨 [J]. 中国人口·资源与环境, 2012, 22 (8): 96-101.

[14] 郭祎. 节能及节能政策的微观经济探析 [J]. 中国外资, 2012 (2): 42.

[15] Meeusen W, van den Broeck J. Technical efficiency and dimension of the firm: Some results on the use of frontier production functions [J]. Empirical Economics, 1977, 2 (2): 109-122.

[16] Charnes A, Cooper W W, Rhodes E. Measuring the efficiency of decision making units [J]. European Journal of Operational Research, 1978, 2 (6): 429-444.

[17] 李双杰, 李春琦. 全要素能源效率测度方法的修正设计与应用 [J]. 数量经济技术经济研究, 2018, 35 (9): 110-125.

[18] Tone K. A slacks-based measure of efficiency in data envelopment analysis [J]. European Journal of Operational Research, 2001, 130 (3): 498-509.

[19] Färe R, Grosskopf S, Lindgren B, et al. Productivity changes in swedish pharamacies 1980-1989: A non-Parametric malmquist approach [J]. Journal of Productivity Analysis, 1992 (3): 85-101.

[20] Malmquist S. Index numbers and indifference surfaces [J]. Trabajos de Estadistica y de Investigaction Operative, 1953 (4): 209-242.

[21] Chung Y H, Färe R, Grosskopf S. Productivity and undesirable outputs: A directional distance function approach [J]. Journal of Environmental Management, 1997, 51 (3): 229-240.

[22] Fre R, Grosskopf S, Norris M, et al. Productivity growth, technical progress, and efficiency change in industrialized countries [J]. American Economic Review, 1994, 87 (5): 1033-1039.

[23] Hayami Y. Sources of agricultural productivity gap among selected countries [J]. American Journal of Agricultural Economics, 1969, 51 (3): 564-575.

[24] Battese G E, D. S P R, O'donnell C J. A metafrontier production function for estimation of technical efficiencies and technology gaps for firms operating under different technologies [J]. Journal of Productivity Analysis, 2004, 21 (1): 91-103.

[25] Radcliffe-Brown, A R. On social structure [J]. Journal of the Royal An-

thropological Institute of Great Britain & Ireland, 1940, 70 (1): 1-12.

［26］林聚任. 社会网络分析：理论、方法与应用［M］. 北京：北京师范大学出版社，2009.

［27］Granovetter, Mark. Economic action and social structure: The problem of embeddedness［J］. American Journal of Sociology, 1985, 91 (3): 481-510.

［28］Burt, Ronald S. Structural holes and good ideas［J］. American Journal of Sociology, 2004, 110 (2): 349-399.

［29］Granovetter M S. The strength of weak ties［J］. American Journal of Sociology, 1973, 78 (6): 1360-1380.

［30］Rowley, Tim, Behrens, et al. Redundant governance structures: An analysis of structural and relational embeddedness in the steel and semiconductor Industries［J］. Strategic Management Journal, 2000, 21 (S. I.): 369-386.

［31］边燕杰，Ronald Breiger, Deborah Davis, Joseph Galaskiewicz, 伊洪. 中国城市的职业、阶层和关系网［J］. 开放时代，2005 (4): 98-118.

［32］Patterson, Wadsworth. Updating New Zealand's energy intensity trends: What has happened since 1984 and why? ［J］. Energy Economics, 1993, 25 (6): 625-638.

［33］Watanabe M, Tanaka K. Efficiency analysis of Chinese industry: A directional distance function approach［J］. Energy Policy, 2007, 35 (12): 6323-6331.

［34］关爱萍，师军，张强. 中国西部地区省际全要素能源效率研究——基于超效率 DEA 模型和 Malmquist 指数［J］. 工业技术经济，2014, 33 (2): 32-40.

［35］范秋芳，王丽洋. 中国全要素能源效率及区域差异研究——基于 BCC 和 Malmquist 模型［J］. 工业技术经济，2018, 37 (12): 61-69.

［36］何伟怡，马胜仑，孙学珊. 中国装备制造业能源效率研究——基于 Bootstrap-DEA 模型［J］. 华东经济管理，2019, 33 (1): 87-92.

［37］张艳玲. 我国区域能源效率测度及投入冗余比较［J］. 煤炭经济研究，2020, 40 (5): 4-12.

［38］高鹏，岳书敬. 中国产业部门全要素隐含能源效率的测度研究［J］. 数量经济技术经济研究，2020, 37 (11): 61-80.

［39］陈菁泉，刘娜，马晓君. 中国八大综合经济区能源生态效率测度及其驱动因素［J］. 中国环境科学，2021, 41 (5): 2471-2480.

［40］范丽伟，张露平，张慧，王甜甜．基于异质性环境生产技术的我国城市能源效率测度研究［J］．中国石油大学学报（社会科学版），2022，38（1）：1-8.

［41］李国平，王志宝．中国区域空间结构演化态势研究［J］．北京大学学报（哲学社会科学版），2013，50（3）：148-157.

［42］周四军，李丹玉，廖芳芳．基于不同权重矩阵的我国能源效率空间效应研究［J］．工业技术经济，2017，36（5）：131-139.

［43］李恩平，郭晋宇．中国省际全要素能源效率差异的空间统计分析［J］．统计与决策，2017（6）：123-126.

［44］张志雯，王子龙．技术异质与雾霾约束下能源效率空间分异测度研究［J］．华东经济管理，2018，32（7）：65-74.

［45］陶宇，申俊，杨薇．空气污染视角下中国工业能源环境效率的空间效应及其影响因素研究［J］．西南大学学报（自然科学版），2019，41（6）：107-117.

［46］郭姣，李健．中国三大城市群全要素能源效率与节能减排潜力研究［J］．干旱区资源与环境，2019，33（11）：17-24.

［47］郭劲光，孙浩．中国制造产业专业化集聚比多样化集聚更有利于提高能源效率吗？［J］．南京审计大学学报，2019，16（4）：93-102.

［48］刘元玲，王颖婕，廖茂林．工业集聚与能源效率的空间相关性研究——基于省际动态空间面板数据的实证研究［J］．城市，2020（10）：36-48.

［49］邵帅，范美婷，杨莉莉．经济结构调整、绿色技术进步与中国低碳转型发展——基于总体技术前沿和空间溢出效应视角的经验考察［J］．管理世界，2022，38（2）：46-69+4-10.

［50］张慧萍，李彦华．中国省域能源系统可持续发展研究——基于韧性与效率协同发展视角［J］．环境科学与管理，2022，47（3）：178-183.

［51］花隆．碳排放约束下云南省全要素能源效率研究［D］．云南财经大学，2017.

［52］刘乐．中国省域生态全要素能源效率的测算［D］．东北财经大学，2018.

［53］Malin Song, Yu Chen, Qingxian An. Spatial econometric analysis of factors influencing regional energy efficiency in China［J］. Enviromental Science and Pollution Research, 2018, 25（14）：13745-13759.

［54］曾胜，靳景玉. 能源消费结构视角下的中国能源效率研究［J］. 经济学动态，2013（4）：81-88.

［55］李浩. 中国绿色能源效率的地区差异和空间收敛性研究［D］. 江西财经大学，2019.

［56］邹勇树. 云南省能源效率时空差异及其影响因素分析［D］. 云南财经大学，2019.

［57］陈浩. 江西省能源利用现状与能源效率影响因素研究［D］. 南昌大学，2019.

［58］方丹. 供给侧结构性改革下中国省域能源效率测度及影响因素的空间计量研究［D］. 浙江财经大学，2019.

［59］Yang Zhongshan, Wei Xiaoxue. Analysis of the total factor energy efficiency and its influencing factors of the Belt and Road key regions in China［J］. Enviromental Science and Pollation Research，2019，26（5）：4764-4776.

［60］方东方. 河南全要素能源效率及影响因素［J］. 价值工程，2020，39（21）：250-253.

［61］孙叶飞，周敏，石鹏，汤振朋. 碳排放约束下中国沿海地区全要素能源效率及影响因素研究［J］. 管理现代化，2016，36（5）：45-47.

［62］师博，任保平. 产业集聚会改进能源效率么？［J］. 中国经济问题，2019（1）：27-39.

［63］丁誉. 中国能源效率的时空格局演变及影响因素分析［J］. 能源与节能，2021（12）：26-29.

［64］牛凤君，崔光莲. 哈萨克斯坦货币政策的效率评价研究［J］. 金融发展论，2015（2）：72-79.

［65］王韧，邹西西，刘司晗. 基于 AHP 方法的湖南省农业保险补贴政策扶贫效率评价研究［J］. 湖南商学院学报，2016，23（2）：123-128.

［66］李伟伟. 中国环境治理政策效率、评价与工业污染治理政策建议［J］. 科技管理研究，2014（17）：20-26.

［67］张晶晶. 基于 DEA 模型的我国农业补贴政策的效率评价［J］. 统计与决策，2014（17）：65-67.

［68］郑勇，刘超. 中国货币政策效率研究——基于 1993-2012 年年度数据的评价［J］. 经济与管理评论，2014（5）：93-99.

［69］吕明洁. 我国自主创新政策绩效评价的 DEA 分析——以上海市高新技

术产业为例 [J]，经济论坛，2009（20）：63-65.

[70] 宋梅，王立杰，张嗣超. 基于改进 DEA 的煤炭产业政策相对有效性分析 [J]. 工业技术经济，2007（1）：79-81.

[71] 宁凌，汪亮，廖泽芳. 基于 DEA 的高技术产业政策评价研究——以广东省为例 [J]. 国家行政学院学报，2011（2）：99-103.

[72] 陈明艺，裴晓东. 我国环境治理财政政策的效率研究——基于 DEA 交叉评价分析 [J]. 当代财经，2013（4）：27-36.

[73] 迟美青. 节能财税政策的经济效应研究 [D]. 山西财经大学，2015.

[74] 曾怡萍. 京津冀协同发展的节能减排政策效果研究 [D]. 华北电力大学，2016.

[75] 李庆雪，綦良群，于金闯. 装备制造业服务化科技政策效率及其影响因素研究——基于 DEA-Tobit 的实证分析 [J]. 商业研究，2020（7）：52-59.

[76] 柳可，张涛，彭开丽. 价值追求指导下农村土地管理政策中的公平与效率分析 [J]. 中国农业资源与区划，2021，43（7）：85-91.

[77] 李慧宁. 电子货币规模对货币政策效率的影响研究 [J]. 现代商业，2021（6）：64-69.

[78] 王怀璐. 疫情冲击下中小企业生存困境与政策效率提升 [J]. 青海金融，2021（1）：34-38.

[79] 梁琦，肖素萍，刘玉博. 环境政策对城市生态效率的影响与机制研究——基于生态文明先行示范区的准自然实验 [J/OL]. 西安交通大学学报（社会科学版），2022：1-16.

[80] 彭顺绪，王骏. 普惠性政策背景下民办园的办园效率分析——基于南宁市 1184 所幼儿园的考察 [J]. 上海教育科研，2022（1）：48-54.

[81] 张兵兵，周君婷，闫志俊. 低碳城市试点政策与全要素能源效率提升——来自三批次试点政策实施的准自然实验 [J]. 经济评论，2021（5）：32-49.

[82] 邹艳芬，陆宇海. 基于空间自回归模型的中国能源利用效率区域特征分析 [J]. 统计研究，2005（10）：67-71.

[83] 史丹. 中国能源效率的地区差异与节能潜力分析 [J]. 中国工业经济，2006（10）：49-58.

[84] 左中梅，杨力. 基于 SBM 模型的中国省际全要素能源效率分析 [J]. 统计与决策，2011（20）：105-107.

［85］周超．中国绿色能源效率的省域差异与影响因素研究［J］．生产力研究，2012（6）：125-127.

［86］齐亚伟，陶长琪．我国区域环境全要素生产率增长的测度与分解——基于 Global Malmquist-Luenberger 指数［J］．上海经济研究，2012，24（10）：3-13+36.

［87］王兆华，丰超．中国区域全要素能源效率及其影响因素分析——基于 2003-2010 年的省际面板数据［J］．系统工程理论与实践，2015，35（6）：1361-1372.

［88］吴传清，董旭．环境约束下长江经济带全要素能源效率研究［J］．中国软科学，2016（3）：73-83.

［89］吴巧生，李慧．长江中游城市群能源效率评价研究［J］．中国人口·资源与环境，2016，26（12）：140-146.

［90］张忠杰，邓光耀．环境约束视角下中国各省全要素能源利用效率变动研究——基于 GML 指数的分析［J］．生产力研究，2017（12）：113-117+161.

［91］吴江，谭涛，杨珂，杨君．中国全要素能源效率评价研究——基于不可分的三阶段 DEA 模型［J］．数理统计与管理，2019，38（3）：418-432.

［92］田泽，张怀婧，任芳容．环境约束下中国三大城市群能源效率评价与影响因素比较研究［J］．软科学，2020，34（12）：87-95.

［93］崔琪，马晓钰，张思思．绿色全要素能源效率评价及影响因素研究——基于中国八大经济区数据的分析［J］．技术经济与管理研究，2022（3）：94-99.

［94］蔡海霞，程晓林．可再生能源视角下中国区域能源效率评价——基于不可分混合 DEA 模型［J/OL］．软科学，2022：1-11.

［95］韩亚芬，孙根年，李琦．中国经济发展和能源消耗的统计关系与节能潜力分析［J］．开发研究，2007（2）：82-85.

［96］杨红亮，史丹，肖洁．自然环境因素对能源效率的影响——中国各地区的理论节能潜力和实际节能潜力分析［J］．中国工业经济，2009（4）：73-84.

［97］郑明慧，王亚飞．能源消费省区配置及节能潜力分析——以河北省为例［J］．技术经济与管理研究，2012（4）：112-116.

［98］王蕾，魏后凯，王振霞．中国区域节能潜力估算及节能政策设计［J］．财贸经济，2012（10）：130-136.

［99］范丹，王维国．中国区域全要素能源效率及节能减排潜力分析——基于非期望产出的 SBM 模型［J］．数学的实践与认识，2013，43（7）：12-21.

［100］魏新强，张宝生．不同可持续发展目标下的中国节能潜力分析［J］．中国人口·资源与环境，2014，24（5）：38-45.

［101］郭玲玲，武春友．中国节能减排潜力测度与优化路径［J］．技术经济，2014，33（11）：60-67+89.

［102］于静，屈国强．中国区域生态能源效率与节能减排潜力研究［J］．统计与决策，2021，37（12）：66-69.

［103］郑陈亮．广西绿色全要素能源效率测度及影响因素分析［D］．广西师范大学，2021.

［104］Tone K, Sahoo B K. Degree of scale economies and congestion: A unified DEA approach［J］. European Journal of Operational Research, 2004, 158（3）: 755-772.

［105］魏楚，杜立民，沈满洪．中国能否实现节能减排目标：基于 DEA 方法的评价与模拟［J］．世界经济，2010，33（3）：141-160.

［106］张军，吴桂英，张吉鹏．中国省际物质资本存量估算：1952—2000［J］．经济研究，2004（10）：35-44.

［107］Oh D H. A global Malmquist-Luenberger productivity index［J］. Journal of Productivity Analysis, 2010, 34（3）: 183-197.

［108］于海燕．碳排放约束下西部地区节能减排潜力评价［D］．新疆大学，2016.

［109］许淑婷．中国能源生态效率的时空演变与影响因素研究［D］．辽宁师范大学，2016.

［110］刘晴晴．绿色全要素能源效率测度及影响因素研究［D］．吉林大学，2020.

［111］岳立，杨玉春．"一带一路"沿线国家绿色全要素能源效率的时空分异研究——基于超效率 DEA 模型和 GML 指数法［J］．经济问题探索，2019（6）：111-119.

［112］李慧．江西省全要素能源效率的时空分异及影响因素分析［D］．江西财经大学，2021.

［113］魏楚，沈满洪．结构调整能否改善能源效率：基于中国省级数据的研究［J］．世界经济，2008（11）：77-85.

［114］张勇，蒲勇健．产业结构变迁及其对能源强度的影响［J］．产业经济研究，2015（2）：15-22+67.

［115］吕明元，陈维宣．中国产业结构升级对能源效率的影响研究——基于1978-2013年数据［J］．资源科学，2016，38（7）：1350-1362.

［116］韩智勇，魏一鸣，范英．中国能源强度与经济结构变化特征研究［J］．数理统计与管理，2004（1）：1-6+52.

［117］白雪洁，孟辉．服务业真的比制造业更绿色环保？——基于能源效率的测度与分解［J］．产业经济研究，2017（3）：1-14.

［118］吴巧生，成金华．中国能源消耗强度变动及因素分解：1980—2004［J］．经济理论与经济管理，2006（10）：34-40.

［119］王俊松，贺灿飞．技术进步、结构变动与中国能源利用效率［J］．中国人口·资源与环境，2009，19（2）：157-161.

［120］李廉水，周勇．技术进步能提高能源效率吗？——基于中国工业部门的实证检验［J］．管理世界，2006（10）：82-89.

［121］王群伟，周德群．能源回弹效应测算的改进模型及其实证研究［J］．管理学报，2008（5）：688-691.

［122］王皓，朱明侠．能源效率、投资导向与政府行为研究［J］．技术经济与管理研究，2017（5）：8-12.

［123］张炎治，聂锐，冯颖．我国投资规模、投资结构与能源强度变化的实证研究［J］．软科学，2009，23（8）：54-57+81.

［124］杨珉．中国能源利用效率影响因素实证分析［J］．现代商业，2014（5）：193-195.

［125］杨超平．中国能源消费现状及能源效率影响因素分析［D］．广西师范大学，2018.

［126］万益嘉．中国省际全要素能源效率的影响因素研究——基于超效率DEA-Tobit模型［J］．价值工程，2019，38（19）：289-293.

［127］方春树，雷胜生，吴光明，陈燕，肖敏慧．江西国有企业固定资产投资效益问题研究［J］．金融与经济，1997（3）：35-41.

［128］林毅夫．发展与转型：思潮、战略和自生能力［J］．北京交通大学学报（社会科学版），2008（4）：1-3.

［129］郑丽琳．能源效率、要素投入与经济增长——基于面板门限回归的实证分析［J］．中央财经大学学报，2012（9）：48-53.

［130］赵新刚，刘平阔.经济增长与能源强度：基于面板平滑转换回归模型的实证分析［J］.中国管理科学，2014，22（6）：103-113.

［131］周四军，封黎.我国能源效率与经济增长关系研究——基于PSTR模型的实证［J］.湖南大学学报（社会科学版），2016，30（2）：81-86.

［132］汪行.中国区域能源效率测度及其影响因素研究［D］.中国矿业大学，2019.

［133］Li L, Qi P. The impact of China's investment increase in fixed assets on ecological environment：An empirical analysis［J］.Energy Procedia, 2011（5）：501-507.

［134］涂正革，肖耿.环境约束下的中国工业增长模式研究［J］.世界经济，2009，32（11）：41-54.

后 记

2021 年 3 月 15 日，习近平总书记在中央财经会议上提出，将"双碳目标"纳入生态文明总体布局，足见政治定位之高、决心之大。碳达峰、碳中和意味着我国经济社会未来的发展将会逐渐与碳"脱钩"，促使能源革命与经济发展结构得到新一轮升级，提高发展的质量，这与我们的绿色发展理念相契合。党的十九大提出了"两个一百年"奋斗目标，从时间节点来看，"双碳目标"与"两个一百年"奋斗目标相吻合。因此，测度我国区域能源效率、进行节能潜力评价对经济低碳转型、实现可持续发展有着重要意义。

本书出版得到了东华理工大学地质资源经济与管理研究中心、东华理工大学资源与环境经济研究中心、江西省资源与环境战略软科学研究培育基地及东华理工大学经济与管理学院的联合资助。

本书撰写期间得到诸多专家、同事、朋友的热情帮助和鼎力支持，为我的研究创造了良好的条件，在写作和研究过程中提出了具体的意见，对本书质量的提高起到了很大的作用，在此表示诚挚的谢意。感谢经济管理出版社丁慧敏编辑为本书出版提供的支持与帮助。在研究和写作过程中，学生李会娟、安昕婧、黄丝兰、常雅宁、张雯雯、吴文慧、余洁等在资料收集和相关研究方面做了大量的工作，在此表示感谢！

感谢我的父母和公公为我家庭付出的辛苦，感谢两个女儿给我带来的欢乐，感谢我的老公给予我的大力支持，也感谢他的陪伴以及为家庭的付出。他们是我最大的幸福和安慰。

写作过程中，对引用的资料、数据、前人的研究成果等尽可能地在书中进行了标注，在此表示真诚的感谢。如有遗漏，敬请谅解。限于作者研究水平所限，书中难免有不当和错漏之处，敬请读者批评指正。

王玲玲

2022 年 7 月